南明史

錢海岳撰

第十三册 列傳

卷一百一至卷一百八

中華書局

南明史卷一百一

列傳第七十七

無錫錢海岳撰

忠義一

明自延綏兵起，崑岡之炎，玉石俱燼。人知必死，懼而自保自裁者，果否激於義，吾無以知之。若清兵南牧，勳戚大臣、封疆守土，委符册、獻版籍、望塵泥首者，即膺高爵，仍故官，印纍纍、綬若若矣，不則男僇女俘，妻子滅，家室毀，降固可以生而富貴。而一時疏逖微員、斗粟末食、山谷退士、子衿處士、鄉社韋布、要荒土司、窮簷蔀屋，以朝不坐、宴不與之身，無不裹糧趼踵，流涕書檄，没虞淵而取墜日，攀龍髯而蕁螻螘，赤族不悔，鼎鑊如飴。以一郡抗者，有揚州、金華、忠誠、南昌、廣州；以一縣抗者，有江陰、嘉定、涇縣；以孤島彈丸抗者，有金山、舟山。一息存以一息抗，寸土存以寸土抗，自書契以來，未之有也。豈諸人之心，以爲不如是則天軸絶、地維抑、人類滅，故椎心泣血，而不共三光，以立人綱人紀歟？

抑太祖褒卹宗闕，歸蔡子英，黜危素，追討蒲壽庚，教忠之垂訓遠歟？嗚呼，何其盛耶！

余爲忠義傳，列死於清兵者爲上，死内難者次之。其能執干戈以衛社稷者，雖人奴、方外亦書之，重死事也。而姓氏湮没，不能盡述，所謂存什一於千百，然亦足以示勸矣。

嗚呼！明清之際，内憂外侮，如壟斷然，烽燧所至，積骸成山，灑血成渠，鋒銛矢鏃，萬死一生。當日蒸黎，如魚在釜，然愈抗愈殺，愈殺愈抗，清人如隤山走丸，勢不得中止，惟至血肉已盡，形影都消。死者浩然死，生者岔然傑然，迄不少沮。一時之生終死，一時之死終生，而清之計固已窮矣。

夫平時無犯顏之士，臨難無仗節之人，其漸漬厲磨者，豈一時一夕之故哉！養士者鑒諸！

徐三瘓脚　蔣爾恂　王道士　韓五桂等　李筱周　李潛　劉養威　何陽春　劉佚客　張治邦　王成宇　冉才美等　趙良玉等　韓上桂　子騏超等　汪鐘鳴　錢國瑞　張守約　趙爾圻等　劉爲衡　朱國彦　丁啟宗　張祖恒　馬德良等　桑開基　唐文運　黄豹文　王與胤　子士和　呂宫　馮時英　牟華野等　唐賓　周永明　孫國顯　劉武聚　趙振極　陳主忠　丁桐　朱啟明等　王曦如　孔興聖　光岳奇　劉芳聲　王勵　周啟魯　袁登觀　王劭等　王業新　李篤之　陳希程等　毛秉正　高冲斗　丁之箕

丁煒然等　劉爾調　蘇州璞等　王永祈　邵周達　張日新　張雲龍等　胡來順　王翰英　劉潤　王嘉護　趙允成　張毓謙　楊師德　李丕修　劉嘉禎　范謙亨等　山永俊　沈迅　弟迓　來儀等　李承胤　李景隆　七乞兒　宋偉　子佳蔭　桑拱陽　景星　趙天騏　韓所得等　孫國楨　文襄等　閻之徽　荊爾梃　劉見龍　葉成才等　石⿰阝崔　房建極等　韓友范　秦四器　王被徵　姬生　王六泰　王鼎安等　王雲聲　席增光　趙世英　單允昌　倪國寶　胡多見　張行敏　唐之英　陳朝紀　朱光見等　陳則從　王耀祖等　彭之燦　從子通　牛德富　岳兆鳳　王永隆　阮泰　李豫　張國光　古爲己　理安和等　郭孟秀　高廷寶　李弘宗等　冉中儉等　張瑾　吳汝琦　鄭之俊　張垣等　劉國會　劉燧　張琇　姚兆豸等　萬以忠　王道濟　程富　潘中立　莊仲祥等　高甲　程懋衡等　程履端　張克祥等　王養心　羅霖　安廣居　孫源文等　平若衡等　計翼照　任聃年　江陰賣餅叟　許琰　尹明徵　顧延灝　湯傳楹　洞庭山樵　陳大同等　龔立本等　屈坦之　祝舜齡等　戴允曦　顧國縉　陳濬　顧明德　劉世芳　陳公誥　姜金國　周日耀　方承宣　吳蒯　徐顯問　劉必登等　葛天裔等　汪鯉　汪有震　楊無墊　高翰冲　王載鴻　趙炯然　吳煜　何剛　從兄安民　何棐　任民育　曲從直等　段振文　王纘爵　子兆豸　周志畏　從弟志嘉　胡傳　羅伏龍　倪國祥　楊時熙等　黃鉉　吳道正　王志端等　李自明等　陶孔教　周之逵　談三傑等　保薦等　陸人龍　劉爾郊　華壯輿　高鏐　何文郁　魏櫃等　高孝纘　唐迅之等　王士琇等　宋祥遠等　韓默等　張映發等　鄒蘇　趙璘　饒餘等　陳三益等

吴昞等　何攀龍等　閻汝哲等　劉慶遠等　朱虎變等　劉成治　劉邦弼　黃端伯　吴嘉胤　子欽章等　龔廷祥　劉萬春等　黃鍾斗　陳爊等　韓國柱　黃龍躍　陳于階　方樹節　徐九錫　劉鉽

龔業新　吴可箕　程杰　黃金璽　潘履素　應之爾等　徐必選　陳士達　方岳鍾　董啟明　細柳巷瓦匠　曹存性卒　柳昌祚卒　牧馬卒　姚忠　馮小瑠　囂囂和尚　愧二　印公等　曾淳化　劉方茂　魯兆龍　顧德元　趙弼經　朱祚元等　許士楷等　史直　歐敬竹　石士鳳　貢獻祚　董元哲　陶鼎　陶士立　陶承先等　張纘等　吴渭等　薛奇　吴守棅　張明書等　吴初蟾等　許王家　宋學張　顧若齊

許暐　顧所受　殷獻臣　孫嗣芳等　劉宜言　劉一紀等　伍俊　金逸甫　金先聲　王統　蔣垣等　陸玠　王逢　范祖生　劉座等　顧充永等　素純　文震亨　從子乘秉等　尹曄　楊懷玉　馮延宀一　劉斅等　汪俊耆　錢禧等　毛允益等　沈貞之　綫廷獻　金必達等　張國學等　蘇州儒士等　蘇州老人

顧貞直等　王希　周邦彥等　周之蘭　閻應元　許用德等　陳明遇　邵康公　程璧　王之任　馮厚敦

潘文先　沈鼎科　戚勳　戚京　袁一義等　顧叔薦　夏維新　王華　吕九韶　楊樾等　蔣神乾　姚赤文　王錫黼　黃允茂　王允貞等　馮鋏等　謝永剛等　周應元等　顧齊程　王永光等　陳廷獻等　黃鳳岐　張之英等　月禪等　金允鏜等　高明德等　章懋賢等　張維禎等　王清芳　黃楷　邢漢　董臣虞等

李問政等　方有聲等　章重光等　陳式玉等　馬遇伯　曹有章　耿鳴雷等　沙志賢等　顧大本　趙應選　劉因可　宋玥　程永清　朱隆祧　黃楚勳　王從讓等　王廷材等　祝有明等　沈鳳章等　夏嘉祚等

王明儒等　陳永譽等　張鼎等　祝有春等　曹燧　王宗賢等　耿潤玉等　周高起　吴積鈺　朱倫召等
馮士仁　徐亮工　徐登階等　于皂隸　黄憲等　周日休　煎海和尚　張達　周新所等　顧杲　高明
珆等　周天霞等　周起瑛等　鮑大全等　華葆素　華應鶴等　嚴紹賢　嚴一騏　徐念祖　翁元益　嘗
壽凝　徐禎稷等　奚士龍等　章元復　蔡樅等　吴中秀　朱家臣等　姚臺等　錢穀　董夢金　陸厚元
瞽乞某　顔起鳳　申浦　吴期仲　林鍾等　儲邦輔等　李允新等　徐驥　朱巨卿　朱甲　沈寧祖　蘇滈
殷登　沈夢丹　蔡九韶等　楊謨　從子焜　周鍭　王明灝　王崇圖　王榮圖　王汝紹　徐摶　湯士
鼈　鄒淑　冷之曦　賀向峻　汪參　史虞侯　袁先　王允升　史澤　蔣舒　蔣雲卿　康三省　狄奇節

徐三瘓脚，河間人。業農，不識字。及長，痘疔瘓其脚，故以瘓脚爲名，行三，人皆曰徐三瘓脚。清兵陷北京，北直士民紛紛起義，瘓脚泣對其父曰：「我家胡不起義？」父曰：「癡兒，我鄉人也，而安於農，起義何爲？」瘓脚曰：「懦夫！懦夫！」疾走村學究，所問「忠義」二字書法；學究寫二字與之歸。即裂白布一幅，照前點畫大書二字於中，明日揭竿標之門，號召諸少，大呼起義。父知之，驚墜床下，裂布折竿，大唾面曰：「我一家幾死於爾也！」瘓脚氣涌卧床無言。唤之起，不應；與之食，傾於側。積五日，母探之，瘓脚已僵矣，告其父曰：「癡兒胡以死？」啟其床，五日之飯粒粒猶在。

蔣爾恂，字篤生，蠡縣人。父戶部主事範化，崇禎十一年清兵至，死難。爾恂痛哭誓復仇。少補諸生，工騎射，力絶人。嘗道遇四盜，劫婦女，一矢殪之。土豪欲爲難，大會，立斬三人座上。威宗崩，散財結死士，言君父仇，輒泣下。清初定，北京所在守令貪橫，爾恂憤惋形於色。一夕，遇走卒，自言殺範化者即其父也。爾恂乃陰監其姓氏，欲起衆殺之。先是，有王道士者，負异術，諸健者請以爲魁。曰：「我不能魁爾事也。」顧亦未見可魁者。」衆曰：「聞蔣公子嘗配舉事，盍投之？」道士曰：「善。」遂與其人謁爾恂。爾恂許之，遂共立爲渠，時永曆元年三月，乃稱大明中興元年。捕卒，磔而祭父。遠近聞之，以爲蔣公子爭起義，旬日得二萬餘人。與韓五桂東復河間。將入山東，清兵大至，戰敗投水死。

道士，山東人。

五桂，高陽人。精槍法。約同志數百人從爾恂復河間。孤軍力戰，與李茂恒、晏子姜同死。

當北京陷後，北直死義者：李筱周、李灊、劉養威、何陽春、劉佚客、張治邦、王成宇、冉才美。

筱周，高陽人。好劍術，陰合志士。事露，攻高陽敗，執死。

灊，字龍吉，欒城人。諸生。入太學。家饒散財，結客恢復。事敗，杜門力學。晚知志不遂，爲醫。久之，不食卒，年七十二。

養威，獻縣人。世襲千户。日練兵恢復。痛哭七日不食死。

陽春，青縣人。諸生。泗州學正致仕。北拜自經死。

佚客，字年逸，滄州人。諸生。經史草篆。自經死。

治邦，曲周人。官守備。同列走，起兵攻天津，戰死。成宇，深州人。走與邑人翟四起兵，兵敗死。

才美，曲陽人。崇禎十七年五月，以幾百人屯牧山寨。未幾，收高進孝，執夏克符、申紀。後敗死。

又，順天趙良玉、徐清，遵化張棟隆，沙河段焕然，保定党國賓、趙高明，真定趙治國，宣府張守奂，後以不薙髮死，事皆不詳。

韓上桂，字孟郁，番禺人。萬曆二十二年舉於鄉。歷定州、易州學正，轉南京國子博士助教、監丞。久之，出爲如皋知縣，遷永平通判。遼撫方一藻薦，陞建寧同知留餉邊。北京亡報至，不食，卒於寧遠城，贈福州知府。子騏超，字公弁；駿超，字公良，皆去諸生終。

同時，北直死難者：汪鐘鳴、錢國瑞、張守約、趙爾圻、劉爲衡、朱國彦、丁啟宗、張祖恒、馬德良、桑開基、唐文運、黄豹文。

鐘鳴，字鼎如，休寧人。好義振。授文華殿中書，餉代州，廉守無私，加太僕少卿。使薊歸，號哭死。

國瑞，字開先，武進人。崇禎三年舉於鄉。授醴陵知縣，拒臨藍燕子窩寇有功，調河間，招亡勸耕。陞給事中，未至憤死。

守約，字日唯，三原人。萬曆二十八年舉於鄉。歷聞喜、陽信知縣，沁州、宣府同知，赤城僉事，盡心守拒，不食死。

爾圻，字千里，廬陵人。恩貢。從李邦華撫左良玉軍，授台州推官。未行，北京危，倡議太子南遷，不果。南走至德州，悲憤死。子幼襄，字符子，去諸生，與叔禮部嶷，爲僧青原。

爲衡，字鑑寰，開州人。萬曆四十六年舉於鄉。歷揚州同知歸，坐土穴自蔽死。

國彦，三河人。薊鎮三屯營總兵。北拜自經死。

啟宗，字孟榮，麗水人。諸生。英勇，善弓馬，以守備從朱大典、馬士英破寇，禽劉超，陞參將，鎮紫荆關。北京亡，力守，不應招。聞安宗立，懷印南走。至易州，受圍，突出，手刃數人，被執死。

祖恒，肥鄉人。諸生。世襲千户。賦詩經死。

德良，保安人。崇禎六年舉於鄉。家遼東，躬耕不仕。涕泣死。妻朱殉。弟德鑾妻父，亦同經。

開基，字二南，玉田人。廩生。孝友，寇不敢犯，憤懣死。

文運，密雲人。諸生。自酖死。

豹文，字于變，内黄人。自經死。

王與胤，字百斯，濟南新城人，象晋子。崇禎元年進士，改庶吉士。遷湖廣道御史。總兵鄧玘殺良冒功，抗疏欲斬之，忤閣臣意，謫江西按察知事，歸。北京亡，自作墓銘，辭父，從先帝殉社稷。食腦子不死，赴水不死，偕妻子經於室不死，至四月二十六日始絶。子士和，字允協，諸生。當與胤求死，或諷乘間譬解。曰：「此世間好事，汝曹安用喋喋！」爲賦絶命詞，亦從死。

邑人吕宫，諸生。與妻田經死。

同時，馮時英，字平庸，章丘人。孝廉方正。歷刑部主事、遼東都司指揮僉書管經略大廳，與當事不合歸，嘔血死。

邑人牟華野，諸生，聞變死。妻甄，從殉。牟瑞野、穎野、興春亦死。

之。

唐賓，字敬所，滋陽人。諸生。魯府典籍，歷事四王。以海南行，隨至南郊，王以老止之。泣曰：「臣當死報國，不忍王獨去也。」自經死。

周永明，字孔炤，金鄉人。諸生。佐拒白蓮寇、峒寇，杜門憤死。

孫國顯，字瓚峨，單縣人。選貢。素服哭七日不食死。妾鮑，自經。

劉武聚，城武人。武生。自刎死。

趙振極，曹縣人。諸生。自剄死。

陳主忠，蒙陰人。諸生。曰：「先人以主忠命名，豈預知今日耶！」乃自經死。

丁桐，字鳳梧，濰縣人。諸生。力守全城，望闕北拜經死。

朱啟明，字東旭，襄陽人。以貢入京師。至臨清，得北京亡信，號痛披髮，餓三日死。妻宋，及家人六，水死。二僕長年、守信，護喪歸葬，自經墓側。弟開明，亦不食死。

王曦如，字御赤，即墨人。諸生。北京亡，痛哭文廟，杜門養母。母歿而南京亦亡，嘆曰：「爲大明臣，義當死。偷生，所學何事？」遂遺書告子曰：「吾身爲親之子，即爲君之臣。天地大經，無貴賤，一也。我生不辰，當兹酷亂，貪微生而害義，不可。以爲臣，然親不忍遺，故寧蹈不臣之罪以養母。服母服而殺身，不可以爲子，然君不忍後，故寧蹈不子之罪以殉君。是余之苦心，余之大罪也。」遂自經死。

同時，孔興聖，曲阜人。諸生。北京亡，狂哭，踰年自經死。

光岳奇，字平子，陽信人。諸生。工詩。棄衣冠，披髮狂走。市人曰：「髮不宜委地，薙之便。」曰：「吾知之。」號泣投井死。

劉芳聲，字東華，濰縣人。崇禎十五年武舉第一，守城有功。北京危，上疏請效死，不報。已召見。檄至，聞北京亡，辭家至南京，後不知所終。兄詒覓之，見於野店，相持而泣，忽見壁大書聯曰：「舊主恩難報，孤魂痛未消。」卒不反而死。

王勵，文登人。諸生。衣寇痛哭，數日不食死。

周啟魯，字牖蒙，寧陽人。諸生。有武略，授徒汶上。清兵至，知縣招守城。城陷，不屈死。

袁澄觀，青城人。諸生。日夜號泣，不食死。

王劭，諸城人。諸生。與妻王，執，大罵死。

邑人王業新，諸生。刃死。妻范，井死。

李篤之，字元相，長山人，化熙從子。崇禎九年舉於鄉。任俠好義，弘光元年憤死。

陳希程，字宗雒，嶧縣人。太學生。與諸生陳暹同死。

毛秉正，掖縣人。諸生。忽忽若有所失，半夜號泣，投海死。

高沖斗，字振北，海豐人。廩生。不食死。

丁之箕，字幼水，霑化人，郎中鳴陛子。歲貢。習掌故，好交結，黄道周、艾南英重之。狂疾死。

邑人丁煒然，與兄焕然、子太樸，不薙髮死。

劉爾調，鄆城人。廩生。不食死。

蘇州璞，濮州人。崇禎十三年舉於鄉。與濟寧王進西，蒲臺彭進嘗，登萊劉恒、王景明，山東張從仁、韓清、辛見國，諸生田逢收，皆以不薙髮死。

王永祁，字眉仲，紹興山陰人。副貢。授招遠知縣，平李廷實、李鼎鉉亂。弘光元年二月九日，清兵至，傳檄降則仍故官，三日不下則屠。永祁多方堅守，至十三日，援絶糧盡，北拜自刎。兵至，見永祈危坐，趨視之，形如生，口目盡張，皆驚愕去。

當清兵陷山東，文武官及鄉官先後死義者，有邵周達、張日新、張雲龍、胡來順、王翰英、劉潤、王嘉護、趙允成、張毓謙、楊師德、李丕修、劉嘉禎、范謙亨、山永俊云。

周達，禹城人。萬曆三十一年舉於鄉。授知縣，不仕。清逼起用，不屈死。

日新，浙江人。歲貢。齊東教諭。城陷，與子堅不屈死。

雲龍，山西人。舉於鄉。單縣知縣。白廣恩至，與典史連士章罵寇死。

來順，大嵩衞人。世襲指揮僉事。聞變，曰：「世受國恩，忍污命耶！」冠帶投井，獲救。遁跡，去姓名爲僧死。

翰英，威海衞人。自鎮撫歷嵩棚守備。爲威宗發喪，浮海南渡死。

潤，滋陽人。福山教諭，執死。

嘉護，福山人。世襲千户。一門死。

允成，安東衞人。世指僉事。悲號死。

毓謙，鄒平人。鴻臚序班，忤奄歸。北變，痛哭八月卒。

師德，字伯昭，招遠人，詹事觀光子。諸生。任内閣中書。家居悲瘁死。

丕修，字如初，萊陽人。崇禎十三年進士。行人歸，抑抑不食死。

嘉禎，字永符，武定人。天啟元年舉於鄉。尉氏知縣，以循良稱，致仕。清强起永康知縣，不就，叫号投井死。

謙亨，魚臺人。歲貢。睢寧丞歸。衣冠坐堂上，與二子諸生魯男、曾勇同死。

永俊，黄縣人。歲貢。冠縣訓導。勺水不入口死。

沈迅，字公餘，萊陽人。崇禎四年進士。授新城知縣，調蠡縣，育才稱盛。九年，清兵圍城，捐奉爲戰守，練兵力守，得全。遷刑部主事，大恚，以結楊嗣昌，改職方，尋轉兵科給事中。上疏萬餘言，請裁驛遞、寺廟，劾大學士劉宇烈，一登、榆缺。王萬□舉鄭三俊，迅劾萬□把持朝政。上怒，罷宇烈、萬□，以是廷臣爲之側目。郭廷臣好言兵者，任事輒僨敗獲罪，遂更諱言兵。迅極言其弊，乞敕廷臣五日内陳方畧。帝是其言。會羽檄交馳，公私並詘，陳新甲慮上怒不測，又欲得上賞，奏使馬紹愉和清，不成。迅兵科給事中，一日與新甲御前面折，至漏三下。迅貫穿史事，善談説，詞義清辨，援古論今，言皆中宜，新甲伏地流汗無人色。已以薦高斗光爲鳳陽總督，謫南京國子博士。十六年冬起用，會北京亡，完髮家居。與弟迓立寫樂寨自保。鄉人多從之。以砲矢殺敵多。清兵陽退敗數里，夜使兵潛登陴，寨上人以刀截其手，卒不得上。問此何地？曰：「沈兵科山寨也。」是以清兵皆知迅，聞迅名，皆摇手咋舌不敢一言。後革守許迅因寨蓄器謀不軌狀，清以向者迅守寨拒三日夜不下，殺我士卒，名捕。母命服，偕其媳女，二十三人自經死。迅積柴草梅下，爇柴草，身穿吉服，北拜投烈焰死。

弟迓，字羽弟，短小精悍，馬上舞百斤鐵錐可飛。聞清兵至，與兄守寨三日，後一門十二人皆殉。

來儀，字爻先，臨朐人。崇禎十三年進士。授蘭陽知縣，拒守有功。後自自成軍脱歸，謁當事陳可圖狀。撫按上聞，命以職方主事參軍事。南直亡，隆武元年十月起兵赴難死。妻黄。子綜生，以甲子紀年，隱居不出。

李承胤，萊陽人。武舉。大嵩指揮同知、廣西參將。崇禎十七年死難。

李景隆，字東岡，安丘人。累功官東萊守備。崇禎十五年死守。十七年斬令。清兵至，被執，不屈死。

又七乞兒魯人王成、晋人高經律去官，偕友孫石、松生、經升，及僕方有位、逢一峰，從宗室河□出亡，行至萊。餓死，土人瘞之。

宋偉，字鎮川，大同山陰人。沈雄多勇略，自千户累遷大同守備、葛峪參將、洮西副總兵，陞都督僉事延綏總兵。先後二十年，功爲多，調天津、山海。崇禎三年，與副總兵謝尚政復遵化，先登，加太子太保。四年九月，與丘禾嘉、吴襄率馬步四萬援遼，陣大淩河、長山。清太宗以二萬人攻之，不動。改以二翼騎兵先衝偉營，火器震天。偉殊死戰，斬其前鋒。襄旋引卻，清兵集攻偉營，偉遂不支，以病歸。山西不守，李自成召，未赴。北變聞，飲酖死。妻邊，被執，大駡，礮烙死。

子佳蔭，指揮僉事。妻樂昌鎮國將軍女，自經死。

同時，桑拱陽，字暉升，臨汾人。崇禎六年舉於鄉。袁汝成、吳甡薦講學平陽、太原，後絕粒死。

景星，安邑人。崇禎九年舉於鄉。痛哭不食死。

趙天騏，字平符，武鄉人。崇禎十二年進士，陳戰守八策。自成授官，衣冠投崖。衣挂木，未死。親歿廬墓。清召不赴。姜瓖敗後，不食死。

邑人韓所德等九人，邀清兵洪水死。

孫國楨，河曲人。選貢。與妻鮑不食死。

文襄，絳州人。歲貢。與恩貢張金鉉、文新命、張治先自刃死。

閻之徽，壽陽人。務農爲生。夫婦不食死。

荆爾樾，臨晉人。諸生。陽狂，酒死。

劉見龍，字文明，臨縣人。諸生。不薙髮，清吏再三勸，佛然曰：「丈夫寧玉碎不瓦全也。」引頸刃死。

葉成才，朔州人。清令不薙者大辟、二鄰連坐。成才堅不薙髮就義。鄰林伯鳳山連坐，林子建請代父死，不許，鳳山竟死。山西趙體富、喬一洪、李鳳翀、于奮龍，諸生孔如美、崇光國、王登進，鄉官賀孟飛，朔州柳玉首，皆坐不薙髮死。

石隆，字映崑，三原人。崇禎十六年進士。通兵法，多奇略。李自成逼，徒步入京，陳恢復三策，請以單騎走陝北，連甘肅、寧夏兵，外結羌人，召募忠勇，勸輸義餉，剿寇立功；否則內守西河，扼吭延安，使寇不得東渡。帝悅，欲用之。李建泰言：「俟臣西行酌用。」乃已。北京亡，走南京、贛州，痛哭絕粒死。

邑人房建極，字秉中，崇禎四年進士。新鄉、安丘知縣，車駕主事，致仕。關中失謀，入北京。與子廷祥抵河，不得渡，涉雒水，躡王屋、武功、太白山。聞北京亡，哭泣不食死。弟建祚，舉於鄉；建祥，字發公，諸生，父歿，廬墓讀書。清徵耆舊，迫促上道，不應卒。

韓友范，保德人。萬曆四十六年舉於鄉。廣陽知府，大荒，撫恤有術。被執，不屈死。

秦四器，字程寰，萬曆四十六年舉於鄉。□城知縣，致仕。僑寓揚州，不食死。王琚，朝邑人，國亡，與子諸生禮自經死。

王被徵，韓城人。張少保僮，詣墓哭曰：「僕從主上，食先朝澤久矣，今主上之主已崩，不忍苟生也。」不食死。

姬生，佚其名，乾州人。諸生。衣冠北拜，不食死。

王六泰，漢陰人。天啟二年進士。文選員外郎，出典河南，助城守。歸里，合鄉兵保邑。崇禎十年，爲李自成所執，脫歸，總兵伍珍畏之。陳勇至勸之，不允。一日，伍留酒，被執，與其戚屬十餘家皆死。

王鼎安，字盤石，鳳翔人。父嘉徵，崇禎三年舉於鄉。鼎安，十五年舉於鄉，自經死。嘉徵入山。

王雲聲，字長嬰，南鄭人。崇禎十三年進士。行人。北變，入沔陽山中教生徒。吴三桂逼，不從死。

席增光，字旦庵，南鄭人。崇禎六年鄉試第一。永曆時入南山鳩谷，自題其門曰：「不貳臣，行居坐卧止念先帝。」數日不食死。

趙世英，字秀含，蒲城人。崇禎三年舉於鄉。慶都知縣。黄冠隱白水，不薙髮死。邑人單允昌，萬曆四十六年舉於鄉。精研性理，不薙髮死。

倪國寶，上虞人，尚書元璐子，任秦州判官。痛哭死。

胡多見，字鳳虞，泰安人。選貢。東昌通判，博平、冠縣知縣。劉澤清兵南下，閉城拒之。陞職方主事，歸。清召不應，北拜長號，疽死。

張行敏，字公儒，狄道人。天啟元年舉於鄉。觀城知縣，致仕。不食死。

唐之英，寧夏衛人。慶府儀賓。痛哭，不食三日，自經死。

陳朝紀，字建表，鎮番衞人，世襲指揮。自成招，碎牌拒。北變，素衣寬博，蓬首祈死，旬餘卒。

朱光現，渭源人。諸生。薙令下，入密室。迫之，不食，仰天長嘆者數，瞑目以殁。邑人朱璿，字百川，同以入土室完髮餓死。

陳則從，莊浪衞人。諸生。謂子大勳曰：「謝枋得何如人？」不食九日死。當薙髮令下，陝西王耀祖、蘭州諸生吕可興等，皆不從死。澄城諸生自經文廟者十餘人，惜失其姓名。

彭之燦，字了凡，盩縣人。諸生。北京亡，挈妻子隱饒陽。已妻子死，乃辭祖廟，曰：「不蹈東海西山死，即溝壑道路無恨也！」遂出遊嵩山、王屋，依孫奇逢蘇門。晚歲愈困，或授之粟，不食，後竟餓死嘯臺之旁。奇逢題曰「餓夫墓」。

從子通，字雪翁，自號其佚山人，工書畫。與張秉曜結北邙社，行歌混酒人，絶炊不以爲意。一夕出亡，不知所終。

同時牛德富，輝縣人，農夫，執鋤力田。聞變，投百泉死。

岳兆鳳，清豐人。連窩驛丞，不取民一錢，見囚泣告。以義母喪歸，廬墓三年。起趙府大使。不食死。

王永隆，太康人。諸生。中書舍人，督催湖廣、江西織造，不受餽。改内閣中書，魏奄勢張，歸。聞變，痛哭曰：「此身義不可生。」北拜不食死。

阮泰，字熙陽，尉氏人。選貢。廣靈知縣，致仕。與妻朱，衣冠不食死。

李豫，字伯和，鄢城人。崇禎七年進士。歷刑部主事，浙江道御史，巡按山西，謫西寧副使，歸。不食死。贈太嘗卿。

張國光，字伯昭，大興人。崇禎六年舉於鄉。商城知縣，勞徠安集，斬令定亂。聞變，哭曰：「今日之難，受君禄者猶活，身肉食，與犬豕何異？小臣謹從先帝地下矣。」乃北拜經死。

古爲己，字還初，商城人。諸生。堅守拒寇。城陷，巷戰出，不食死。

理安和，字賡唐，西華人。去諸生，奉母蓬翟中，日飲酒怒叫，曰：「男兒既不死國，即當無所係心耳。」母殁，遂自盡。弟貞和，字閒雲，工詩。去諸生，隱居卒。

郭孟秀，字夢明，光州人。天啟四年舉於鄉，杜門不食死。

高廷寶，河南人。諸生。不薙髮死。

李弘宗，濬縣人。文章弘麗，與邑人劉襄宸、劉尚志及尚志兄子文貴、文顯，皆執，不屈死。

冉中儉，夏邑人。諸生。與從子廩生宗思，水死。

邑人張瑾，字文宇，業儒。用保鄉里，執，駡死。

吴汝琦，字奇伯，徐州人。以選貢授潁州學正，禦流寇有功。北京之變，與弟諸生汝球、汝瓚及同里王泰生，從鄭之俊、劉世昌立忠義社，起兵報國，用功遷歸德推官。時睢州鎮將許定國有衆數萬人，驕蹇不用命。汝琦之任，定國命中軍逆之寧陵。至睢州，見定國，儀衛甚盛，將士露刃立。汝琦單轡輕裝，推陳大義，醉卧帳中，遂勸上疏自陳，又請止私税，禁鈔略，布安民、通商二示，從之。初受任，上密書史可法曰：「定國，鷙將也，所部精練，又當衝要，宜深結爲用。不然，彼一摇足，蕭墻禍也。」可法然其言。尋擢知府、監軍僉事，張嶔代爲推官。定國與王之綱不和，復密白可法：「請以陳潛夫按河南，收之軍前；或亟畫定汛，以安其心。萬一不虞，失策非小。中州數十寨各結兵萬餘，雖名内向，勢難統一。公至，而鼓舞諸義，簡其精鋭，安置得宜，恃爲干城，收復河北，實所攸賴。時機一失，殆不忍言。」可法不能用。後高傑至睢州，果爲定國所害。清兵南下，之綱邀俱走。曰：「歸德，江、淮鎖鑰，必死守以待援師。」之綱去，城兵單弱，汝琦自任守城，而勸凌駉乞援於可法。行未數里，清兵大至，駉返入城。汝琦知救援已絶，城兵數百，不能守，欲乘夜劫營一勝以鼓氣，兵無應者。與駉登陴三日。知府董庭□潛出降，汝琦與張垣見執。多鐸命拜，不從，厲聲大罵，皆死。妻陸、子廷杰從殉。

之俊，商丘人。歲貢，舉賢良。孫傳庭薦監紀同知。余應桂、蘇京至懷慶，命招傑。自固原知州遷延安同知。

垣，徐州人。崇禎六年武舉，歸德通判。既死，鬚眉如生。子翃，字季超，通經史，能詩，不試，任俠好施，作長夜飲，追思泣下；膽，崇禎六年武舉，歸德參將，降清。

劉國會，字東之，武陵人。天啟七年舉於鄉。商丘知縣致仕，流寓未歸。城陷，亦被執死。

劉燧，字曦符，魚臺人。歲貢。代□拱極爲豐縣知縣。清兵至，走死。

張琇，字聰宸，襄城人。諸生。爲人奇偉，博極羣書，詩文雄壯。汪喬年署贊畫，因佐城守。城陷，鼻耳俱毁。撫按檄署西平知縣。時殘破之餘，多方安撫，招流亡，勸農桑，濬城池，修戰具，練丁壯千人，寇不敢犯。清兵陷中原，諸將略定各州邑。至西平，琇誓以死守。城陷，被執不屈死，暴屍城頭。事定，求骸不得，束藁衣冠以葬。邑人姚兆豸，字東吴，郎中成性子，諸生。任户部郎，督餉永平。糧匱軍飢，百方調停，得無虞。聞成性殉難，上書請復仇。河南亡，終日痛哭，歐血死。弟兆鶴，字鳴九。諸生。孝友，冒難尋屍歸葬，長號，聞者感泣。

萬以忠，字大孚，孝感人，副使言揚子。例貢。善射，負才氣。親殁，廬墓三年，以孝稱。寇起，傾財募敢死士，食恒數十百人。崇禎十年，張獻忠數萬人攻城，以忠登陴固守，出斬數十人，引去。十四年，大旱蝗，斗米千錢，發粟振給，全活無算。已與程良籌合軍白雲山寨，屢出奇破寇。以復城功，授信陽知州。清兵至，戰敗被執，不屈死。

王道濟，字元闢，武進人。萬曆三十五年武進士。授江陰把總。以三百人斬海寇江上，江水爲赤。自鹽城守備累擢廣東總兵。黎蠻反，敗之九星洋，斬渠，俘數百。黎平，加都督同知。憂歸。北變，絶粒卒。

程富，隆昌人。薊遼遊擊，累擢南直總兵。聞變，北向哭，曰：「食君之禄未得與君之難，偷生奚爲？」自刎死。

潘中立，字抱真，金壇人。進士。崇禎十七年五月五日嘆曰：「不能爲矣，吾忍見身后事乎哉！」自經死。

邑人莊仲祥，字瑞之，諸生。以孝義稱。疽發背死。子曾，字秀稡，去諸生。

高甲，江都人。諸生。自經文廟死。

程懋衡，歙縣人。諸生。居揚州，不食七日死。子岫，字雲家，博學工文，隱。

程履端，字於始，揚州通州人。諸生。號泣絶粒，投文廟泮池死。

張克祥，字雲庵，冠縣人。歷臨清守備，分鎮南京陀，封副總兵，寇不敢犯。崇禎十六年，李自成兵至，大破之。調沭陽。北變，自經死。從子在豐，字名山，京營參將。

王養心，字皜儒，徐州人。諸生。悲憤，七日不食，自經死。

羅霖，工詩畫。居徐州，閉户餓旬日死。

安廣居，字無曠，無錫人，光禄少卿希范子，尚書高攀龍壻，崇禎六年舉於鄉。十六年，特用知縣，自免歸。攀龍死，家禍且不測，力護持之。

邑人孫源文，字南公，尚書繼臯子。吴以馭，字永臨，副貢。皆號泣死。

平若衡，字佐時，自經死。子德清，字君輔，力學毁卒。

計翼照，畫士，客蘇州，絶粒死。

任聃年，宜興人。爲道士溧陽，哭臨畢，徧別所知，言於分當死，遂入玉華山端坐死。

江陰城北賣餅叟，孫曾男女幾百人。北變，年九十九，投江死。其後城陷，子孫多戰死。

許琰，字玉仲，吴縣人。諸生。威宗崩，毁家募士，欲舉義北向。時哀詔未頒，巡按周一敬猶吉服謁廟。琰突前褫其帶，叱責之，一敬慚謝。已而安宗監國，良久不發喪，琰縊於家，縊於僧寺，皆爲人救解，則出走投胥江。會潞王常淓南下泊舟，見之馳救，召問故。曰：「京師不可不復，君子不可不死。吾非惡生也，將以愧今之食其禄而不能死其難者。」有識者强掖歸，宛轉悲號，絶粒七日死。事聞，贈五經博士，祀旌忠廟。

時蘇、嵩聞變死者：

尹明徵，長州人。諸生。與妻徐，抱幼女井死。

顧延濵，字翔卿，吴縣人。中書舍人。泣血自刎死。

邑人湯傳楹，字子輔，諸生。風姿恬澹，善愁怨，嘗曰：「人生不可不儲三副眼淚，其一哭天下大事不可爲。」詩奇奥驚人。爲位哭啼三日卒，年二十五。妻丁，從死。

洞庭山樵，孔武有力，喜談忠義事，太息曰：「生年七八歲，知天子朱姓，今天子安在耶？何文武無一人？吾老矣，不能爲異姓民。」呼天，投太湖死。

陳大同，字裕所，崑山人。通古今全史，深研理學。召賢良，未行。聞變，一慟死。子起鳳，去諸生。

龔立本，字淵孟，嘗熟人。萬曆四十三年舉於鄉。授福安知縣，出寃獄數十人。調崇德，置温體仁子於法。遷陝西道御史，不屈璫。謫刑部主事，治獄多平反，致仕。長號餓死。子廷焕，字孟明，去諸生。清撫招，不出。

邑人屈坦之，字毓庵。舉鄉飲。不食七日死，年七十五。

祝舜齡，字嵩瑞。舉鄉飲。及子汝祥與妻葉、子萬壽，井死，年八十。

戴允曦，嵩江華亭人。太學生。與妻康，投笏溪死。

顧國縉，字寅美，上海人。萬曆三十四年舉於鄉。授南國子丞，操江劉志選倡建魏忠賢生祠文廟左，誓死力争，幾陷黨禍。遷刑部郎中。出爲桂林副使，有平瑶賊、楚寇功。以疾乞休。慟哭不食卒。

邑人陳濬，字扶一，諸生。募兵三百勤王。渡江聞變，望闕痛哭，沈江死。

顧明德，字文所，青浦人。諸生。不食死。妻蔡，觸棺從殉。

劉世芳，字穎玉，英山人。歲貢。歷廬陵、宛平丞，新河知縣，歸。久之，起濟南僉事，未赴北變，痛哭觸柱嘔血死。

同時死者：

貴池則陳公浩，字大誥，工古文，爲童子師輙橋。聞變而泣曰：「讀聖賢書，不能爲朝忠，生何爲耶！」自經死。

姜金國，以孝聞，過清溪二生祠，曰：「自古皆有死，今當見二生於地下！」投水死。

桐城則周日耀，字磐石。外兄左光斗被逮，獨送至京，後撫柩歸，仰天大哭，不食九日，嘔血。

方承宣，字孟相，選貢。休寧訓導，守城拒寇，歸。悲哭不食。

吴蒯，字志仁，大哭嘔血。

灊山則徐顯問，諸生。投江。

太湖則劉必登，諸生。與從父士元、士魁，弟必善，從孫明善，望闕投石龍潭。

彭法聖、張自達、高天相、萬元吉、章明寵、許治元、王家仁、黄祚增，皆諸生，不屈。

蕪湖則葛天裔，字仍民，諸生。與弟儒服投江。

歙縣則汪鯉，字子化，諸生。祁、黟堵殺黔兵，馬士英將嫁禍郡中，赴史可法請解，事乃止。長號不食。

無爲則汪有震，夫婦自經。

巢縣則楊無塾，諸生。不食七日。

合肥則高翰冲，字雲翔，涕泣自經。

靈璧則王載鴻，諸生。衣巾，與妻曹北拜自經。

壽州則趙炯然，字心陌。諸生。七歲能詩文。痛哭嘔血。

全椒則吴煜，世襲指揮。工詩。一夕自火其文，絶粒五日不死，自書小影曰：「成仁取義」。爲絶命詞八首，慷慨而絶。

何剛，字慤人，上海人。崇禎三年舉於鄉。英毅有才略，見海内亂作，與夏允彝、陳子龍、徐孚遠結幾社，講求經世。東陽許都，亦以豪傑自喜者，嘗從剛學，剛謂之曰：「子居天下勁兵處，高皇帝嘗用之平亂矣，盍不成一旅以待用乎？」都歸，散財結客，招致數千人。十七年春，疏陳選練滅賊諸策，帝褒納之。又言：

國家設制科、立資格，以約束天下豪傑，此所以弭亂，非所以戡亂也。今救民生、匡君國，則莫急於治兵。然平生未嘗學問，一旦畀以兵戎，孰能勝任？臣願陛下親簡强壯英敏之士，命知兵大臣教習之，日講韜鈐，練筋骨，拓膽智，陛下時召試之，特優其秩，寄以兵柄，必能建奇功，當一面。

臣嘗遊東陽、義烏間，見其人多智勇奮發，忠義慷慨。戚繼光書數言其兵可用。昔時名將勁旅，多出其地。臣願以布衣奔走聯絡，準繼光遺法，申詳約束，開導勸率；并收徽、婺奇才，歲餘必可赴湯蹈火。使諸分布河南郡縣，則巨寇不足平也。

因薦都、姚奇胤、劉湘客、周岐。時諸人多遠徙，而剛不知。帝壯其言，授職方主事，募兵金華。無何，都爲姚孫棐逼亂，募兵事無成。

會李自成逼京師，子龍、允彝以二千人聯海舟達天津，爲緩急計。安宗立，子龍言：「防江之策莫過水師，海舟之設更不容緩。臣昔召募得二千人，請委剛訓練。」從之。九月，與錢世貴及統兵官胡飛、黃金臺，贊畫諸生唐侯、張密防高資港，轉員外郎。時朝廷草創，庶務繁興，剛言：

臣請陛下三年之内，宫室不必修，禮樂百官不必備，惟日求天下奇士智謀者决策，廉明者理財，勇悍者臨戎。朝政、爵禄、軍務不出三者，驅天下材能以圖之，求富必富，求强必强。若漫無經制，空言恢復，是卻行而求前也；優遊歲月，潤色偏安，是株守以待盡也。惟廟堂不以文詞取士，而以實用爵人，則真才皆爲國用，而朝廷亦少浮議矣。令大度之士分兵四出求草澤英雄，得才多者受上賞，則梟雄皆畢命疆場，而内地亦鮮寇盜矣。

江南人滿，徙之江北地方，或以賜爵，或以贖刑，則豪右皆盡力農事，而軍資亦充實矣。

臣竊觀廟堂經國者，徒欲襲晉、宋之餘業，恐未必能及晉、宋也。

尋命以其兵隸史可法。可法甚奇其才，剛亦以遇知己，誓同生死。尋出爲遵義知府。未赴，徐、泗陷，泗軍退屯窑鋪，剛以所部會之。及逼揚州，因率之入衛。可法曰：「城危矣，死無益也，不如出城號召援兵，以爲後圖。」剛嘆曰：「剛計之熟矣。大勢已去，民心瓦解，誰復應者？剛爲國家死則死之，爲知己死則死之，濡忍而無成，非智士也。」城陷，以弓絃自勒死。紹宗贈尚寶卿，謚忠愍；監國魯王贈光禄卿，謚忠毅。

從兄安民，字子靖。嵩江陷執，不屈死。

何蜚，四川人。從剛起兵，官參將。南京亡，至嵩江，爲故部所害。

任民育，字時澤，濟寧人。天啟四年舉於鄉。善騎射，爲鄉里捍衛。真定巡撫徐標薦其才，用爲贊畫，經理屯務。真定陷，遂南歸。弘光時，授亳州知州。兵燹後，户口死亡略盡，民育覈州田計一萬九千頃，荒者半之，乃併八十里爲四十里，止徵見户，民感其恩。擢揚州知府，史可法倚之。城被圍，戎服守鎮淮門。城陷馳歸，易緋服端坐堂皇，曰：「此吾土也，當死此。」左右皆奔散，惟書記陳美侍。兵至，欲擁之出，不可，遂死之。美，亦自經以殉。民育幼女及其姊，諸生劉中行妻，中行女，陳某妻，劉幕客，陳善夫婦，自縊。妾姚，及子婦郭、幐著兒，幕客賈順子婦張，及僕聞道，投水死。

同時，曲從直，字完初，遼東人。天啟七年舉於鄉。官揚州同知。與其子指揮僉事允符，分守東門，父子皆死。從直妻寧死。

段振文，字雲蒸，南昌人。諸生。官汝寧推官，招集流亡，募兵守禦，可法薦監軍。被執，不屈死。妻胡在里，與二子一女，井死。

王纘爵，字佑申，鄞縣人，尚書佐孫。以任子入太學。授應天通判，署溧水知縣。清介剛直，忤上官，投劾歸。弘光元年，請赴史可法軍前自效，遷監軍同知，尋擢僉事。時可法內困讒口，外惟諸鎮不用命，一日謂纘爵曰：「君書生，不知兵，徒死此何益！吾當送君還京作後圖，可乎？」對曰：「下官世受國恩，豈敢避難，願從明公死，不願從馬、阮生也。」可法改容謝焉。城陷，遂從死。

子兆豸，字麟友，有異才。痛父殉難，不忍家居，躑躅揚州，竟野死。女亦嘔血死。

周志畏，字一畏，鄞縣人。崇禎十一年進士。授江都知縣。年少氣高，果於決事。高傑將士在城暴横，志畏屢戢之。及受挫辱，不勝憤，求解職。會羅伏龍至，史可法即命代之，調歙縣，告志畏去。曰：「大丈夫豈可苟免？」城陷竟死。

從弟志嘉，字殷靖，華夏弟子。夏入獄，視橐饘。年甫弱冠，不應試，與胡傳入山爲僧。

傳，字鱗羽，郡人。工詩文。伏龍，字佐才，餘干人，崇禎三年舉於鄉。梓潼知縣，代志畏，受事甫三日，内治民事，外事軍務，竭盡心力。城陷，亦死。

其時城陷死殉者，太醫院判倪國祥，兩淮鹽運使楊時熙，揚州監餉副使黄鉉，同知吴道正，寶應知縣王志端，江都教諭李自明、陶孔教，訓導周之逵，庫大使談三傑，揚州指揮同知保薦，幕客陸人龍、劉爾郊、華壯輿，鄉官韓鼎新、高一麟；高郵知州高鏐，鹽城知縣何文郁等。

國祥，字兆之，丹徒人。自經。

時熙，字知白，臨海人。萬曆三十四年舉於鄉。瓊州同知。經於城上。子廷棟，字隆仲，從死。

鉉，字九玉，宣府人。選貢。授閿鄉知縣，捐奉增堞及甕城，率宣大健兒陳之里、蝎子園守四十日不下。可法薦擢淮安同知、兵部郎中。

道正，餘姚人。

志端，字研方，孝豐人。貢生。江都縣丞升任，未赴。妻高、子南莪、兄子南徵從死。

自明，字先修，嘉興人。歲貢。課士嚴明。北京亡，北面再拜號泣，水漿不入口者累日，進諸生於庭，激以大義。城陷，與子鳳佀對縊署中。子麟友，事別見。

孔教，鳳陽懷遠人。歲貢。

之逵，字孺登，嵩江華亭人。歲貢。井死。

三傑，廣平人。貢生。衣冠府堂，與子廩生大岡，僕天喜、人衡死。

薦，字君聘，揚州通州人。城危，或勸出。曰：「世受國恩，得死所足矣。」遂同族人萬安、孕元、鳳鳴、景暉死。

人龍，紹興山陰人。一門死。

爾郊，字子野，紹興山陰人。崇禎九年舉於鄉。守城死。

壯輿，字方雷，長洲人。諸生。負膂力，戰死。

鏐，沂水人，侍郎名衡子。選貢。精悍絶人，出入行陣，守開封，突圍出，至興化，城守死。

文郁，字吾從，巴縣人，選貢。弘光元年五月城陷死。

先，瓜洲陷，魏欃，廣西通判歸，一門十餘人死。族人文煌，中書舍人；弟文耀，僉事，文焯，河南通判歸城守，一門數十人死。文煥，一門火死。車培，貢生，山西知縣；希武，浙江典史。未赴，一門經。希乙，諸生，蘇州訓導，亡隱。又六氏，男女死者甚多，皆江都人。

高孝纘字申伯，江都人。諸生。揚州陷，書衣衿曰：「首陽志，睢陽氣，不貳其心，古今一致。」入學宫，投先師座下自經死。

同時江都：迪功郎唐迅之；貢生張嗣祥及妻李，一門死；增生李友桂與妻車，弟諸生友梅與妻顧，諸生友枬與妻崔，子之珙、三奇與妻車死。

諸生王士琇於新城垂陷之日，設上位，號哭載拜，與弟士璃、士珍及妯娌。並縊死。

諸生宋祥遠，字玄來，與妻經死。

諸生韓默字文適，工二王書，爲史可法答多爾袞書，授官力辭，與妻蕭、子彦超，井死；長女，經死。諸生汪應坤，經死；子詮，字王銓，觸石死。諸生張映發，字爾中，居邵伯鎮，井死。

諸生鄒蘇，字建之，工文；諸生趙璘，字子璘；諸生饒餘，字吉人，以孝聞，皆經死。諸生汪自盤與妻徐，井死。諸生王廷珮，與弟廷璉、廷瑜題壁大書，談笑經死。

諸生陳三益，字友三，水死。諸生古之楝，經死。諸生吴昞，字闇卿，守城，衣冠井死；妻譚及子，與譚氏父子姑婦僮僕同經者數十人；弟諸生皚爲僧。

諸生何攀龍，字雲甲，上書陳事，自沈死；子璠，廬墓不試。

諸生閻汝哲字明之，一門井死。諸生張維則與青衣王茗卿，刃死。諸生趙時雍、徐耀吾，經死。時雍母姚、妻蕭及二女，經死。諸生曹復彬，一門死。諸生薛友龍，與妻丁及子明遠死。諸生尤守嘗及妻邵與女死。諸生井應科與妻徐死。諸生藍馨芝與妻高死。諸生俞臣，字清遠，與妻盛；臣從弟復盛，與妻王及女；復道，字用修，與妻錢、妾孫；子競，字無競，與妻瞿，德夔、元京等十三人，水死。諸生闞之芳，一門死。諸生陳玉庭與妻葉死。諸生趙君美與妻張玉貞，題詩水死。諸生謝于宸與母張、女希韞，井死。諸生陳士信、何金墀、狄崇謙、車從軻、車從輶，斫死。

流寓興化諸生劉慶遠，水死。諸生金飈，與妻，經死。諸生吕家齊，字令修，及子昇，水死。

儀真諸生史大相、大典、大成、大儒，經死。諸生金湯，字甸千，力拒死。歙縣太學生程宇，與妻吴及二子、二女死。諸生朱虎變，字登之，與父鹽商明揚，及弟諸生澄之，巷戰死。

江都士人方立乾與母汪，投火死。高士遇與妻張，投火死；子魁先遇兵死，妻張、女二人、婢二人，火死。高坦與子孝徵；車從輗、從軏兄弟；與張嗣祥及妻魯、婦桑，四十七人死。邵日强與祖母及伯叔弟日立與妻劉；井振宇與妻王；曹國卿祖父；朱一元；黄國相；卞炎生兄弟；駱日明與母王、妻蔡；周日昌；郭甲；申甲；井甲夫婦，與子三才，均死。鮑夢斗、鄭鳴鹿能燃礮，戰死。陳鹿樵，一門拒死。

儀真吏胥王國祚與妻、三子良幼子鱒、女二姑，刭死。車又軫，經死。

江都鄉人李蘧；邵永謙；仲之彦與子婦黄、張；夏起魁；于球；錢肖林與妻何；盧啟元與妻湯；顧文焕，李甲與妻；畫工陸榆字立梧，義勇張有德，舟子徐甲，錢禹錫與妻王，僕錢成、姚惠、陳德，皆死。

歙縣鮑璿吉，刃死。妻方，以計殺清兵，得脱。

其後江都戴學一、牛應時、胡應科，以不薙髮死。

當揚州受圍，祁門汪文德獻銀三十萬於清，清下令不殺，而揚人之士民死於刃者，屍凡八十餘萬，自沈河井樊死者，不與焉，而姓氏多不傳。

劉成治，字廣如，漢陽人。崇禎七年進士。授廬陵知縣，以計典罷。起國子助教，累遷户部江西主事、郎中。趙之龍將出降，查户、工二部存餉，揮廉幹司，衆推成治。成治憤拳毆之，之龍走免。聞多鐸命百官謁見，寅往午歸，慨然曰：「國家養士三百年，無一忠義以報朝廷耶？」題壁曰：「鍾山之氣，赫赫洋洋，歸於帝側，保此冠裳。」自縊死。先二月，有所善僧精易數，爲成治筮，得大凶兆。成治曰：「事果不測，則自靖以報國。」因寄其稚於洞庭，訣辭甚愴，卒成其志。

同時，劉邦弼，字方勖，合肥人，天啟四年舉於鄉，官户部山西司主事、四川郎中，亦自縊孝陵死。

黄端伯，字元公，建昌新城人。崇禎元年進士。雜治儒墨百家之學，性冲淡夷曠，虛懷下士。歷寧波、杭州推官。每出，則諸生以經史文藝及語録、禪旨、金丹、符籙，裒然競進者，恒數百人。端伯應接從容，莫不厭服而去。治行最，徵入京，以憂歸。乃屏棄一切，潛心儒學。益王由本與鄭芝龍結姻，勢横甚，端伯疏論之。由本亦劾端伯離間親藩，及出妻酗酒事。有詔候勘，端伯乃避跡廬山。弘光時，姜曰廣薦起儀制主事。南京亡，或曰：「公如老衲，盍浮沈山野！」端伯曰：「臨難毋苟免，先聖訓也。我豈藉口釋氏以苟活乎！」百官迎降，端伯獨不與。從者固請，乃大書其門曰：「大明禮部主事黄端伯不降。」多鐸趣召。

兵往，先捶其妾，端伯毅然不顧，曰：「殺即殺耳，我不投謁也。」繫之去，方巾不冠，左右使拜，叱之，南面趺坐。多鐸責之曰：「爾以弘光爲何如主，而欲爲死？」曰：「天王聖君。」問：「何指昏爲聖？」曰：「子不言父過。」問：「馬士英何如相？」曰：「賢相。」問：「何指奸爲賢？」曰：「不降即賢。」因指趙之龍曰：「此則不忠之大者。」多鐸曰：「夙聞先生耿介孤直，今欲相薦，如何？」不應。曰：「聞爾好佛。若以善知識禮相待，何如？」不答。以刃向之，即延頸曰：「頭在此。」多鐸曰：「南來硬漢，僅見此人。」在獄，端坐如平日。門生入見，勸少貶巽。怒駡，擲之以硯。閱月許，多鐸使騎問：「先生降否？決今日。」笑曰：「吾志遂矣。」及赴市，履忽脱，大言曰：「頭可斷，履不可失。」從容納之。至南門水草庵，曰：「此吾死所也。」向天大呼高皇帝、烈皇帝。將死，報恩寺僧過，呼之代書絶命詞，畢，合掌延脰。一卒左刃之，手顫，棄刀走；一卒右刃之，亦顫，棄刀走。端伯厲聲曰：「吾心不死，頭不可斷，盍刺吾心？」卒如之而絶。隨觀者千人，皆持香拜哭。一僕黄實，不從薙髮死。一僕竭資購端伯首殮之，自市棺大書「黄某之僕」，自經死。監國贈太僕少卿；紹宗贈太常卿，謚忠節。

吴嘉胤，字繩如，嵩江華亭人。天啟四年舉於鄉。以户部山西司主事管理新餉，奉使至丹陽。聞南京陷，亟馳還。從者曰：「往則投死耳。幸而不遇難，且歸爲後圖。」嘉胤曰：「是何言歟！君亡則率土皆非明有也，我歸欲安之？」止車城外報恩寺，上書請存明社稷，不報。冠服四拜，自縊於方正學祠。一僕欲解之，一僕曰：「嗟乎，主人有成言矣，解之必不聽，不如已也。」此僕亦從死。隆武時贈嘉胤太常少卿。妻徐，自經死。

子欽章，字含文，崇禎十二年舉於鄉，負經世才，守志不仕，卒年八十二；欽典，字敘甫，諸生，不應試。女爲吕臞仙母，守節二十年，松江陷，經死。

龔廷祥，字伯興，無錫人。馬世奇弟子，崇禎十六年進士。弘光時，授中書舍人。嘗過秦淮而歎曰：「大丈夫當潔白光明置身天壤，勿泛如水中鳧，與波上下。」復曰：「敢貪生以全軀者，有如此河！」，南京亡，慟哭曰：「吾固知國勢阽危，而不意其亡如是之速也。吾豈背恩乎？」遺書戒子善事祖母，肅衣冠拜先師訖，大呼曰：「吾不負師友馬君嘗、劉湛六也。」自投武定橋下死。女静炤，工詩畫，以父死國，惋結以終。

同時劉萬春，字公胤，泰州人，萬曆四十四年進士。歷授户部江西司主事，榷崇文門，上羨餘金。歷車駕員外郎、郎中，出爲參政，入爲禮部郎中。不屈死。子懋賢，天啟七年武選舉於鄉；懋贄，諸生，皆不試。

黄鍾斗，字指越，宜興人。太學生，歷内閣中書、兵部主事。自經死。

陳爌，字允業，孟津人。崇禎十六年進士。青浦知縣。安宗立，上中興大務四事。以扈從功，遷中書舍人。子伯俞，字其生，崇禎十五年舉於鄉。扈從不及。皆自經死。

韓國植，字君維，涇陽人。崇禎元年進士。歷武進知縣、永平推官；户部主事，監大運倉。遷郎中，理漕管河，督直省餉務，不半月，入五十萬，京軍得飽，乃解遵化圍。甫五月，催入三百五十萬。出爲成都知府，修城練兵。寇犯，引江環城，卻之。十五年召，行次揚州而北京陷，南京亡，走浙，不食死。

黄龍躍，字惕庵，全州人。崇禎十五年鄉試第一，居北京。李自成授官，不應。間至南京，疏陳時事。清兵至，貽書家人訣曰：「天下事去矣，我讀書何事！」後不知所終。

陳于階，字價一，上海人。嘗從徐光啟學曆法，薦授欽天監五官挈壺正。許都之亂，爲陳子龍造大小礮數百。安宗立，遷兵部司務，命督造火器。及清兵至，歎曰：「吾微員也，可以無死，然他日何以見徐公哉！」遂自經於天主堂。僕宋千秋，經於墓側。

同時方樹節，寧海人，孝孺十一世孫。任欽天博士。自經孝孺墓。

徐九錫，江寧人。太醫官，服毒死。

士民死者則劉鉽、龔業新、吳可箕、程杰、黃金璽、潘履素、應之璽、徐必選、陳士達、方岳鍾。

鉽，字鼎男，汝陽人。崇禎六年舉於鄉。居南京，痛哭死。

業新，字養明，光州人。天啟元年舉於鄉。避地南京，好義俠，擗踴哀號不食死。

可箕，字豹文，休寧人。以太學生居南京。聞上出狩，題絕命詩衣襟，自縊鷄鳴山關廟。隆武時，贈太常博士。

杰，上元人。太學生。與劉治化同死。

金璽，字士彩，江寧人。武舉。南京亡，兄金榜以舉人謁選知州歸，金璽責其不死。欲糾八鋪子弟城守，不果。聞諸勳臣大僚出降，大書於壁曰：「大明武舉黃金璽以一死而愧人臣之貳心者。」遂抗吭死。

履素，江西人。諸生。先一日自盡。

之璽，字爾玉，慈谿人。諸生。自經。兄之球，字用之，吏員，舒城丞，拒寇有功，隱。從弟夢鎖，字萊公，去諸生。

必選，字台玉，江寧人。舉神童，痛哭不食死。

士達，上元人。不薙髮，投水。

岳鍾，江寧人。年九十八。

跡最奇者：孝陵衛卒董啟明，與妻王、子女望闕自經死。

細柳巷瓦匠，南京士民爭薙髮，獨不從，妻强之，陽醉，中夜經死。

總兵曹存性卒。存性將出降，使卒前馬，卒問：「今日之事何如？」存性曰：「降耳。」曰：「公降我不降。」存性曰：「若小人，何知，勿復言。」卒大呼曰：「我真不降。」痛哭，投中和橋死。

柳祚昌卒。祚昌將迎多鐸，卒哭止之曰：「公世受國恩，願自愛。」祚昌叱之。牽衣力阻，祚昌批其頰。行及中和橋，卒曰：「公不我聽，我去公死矣。」乃躍水死。

又有曹郎令牧馬卒，凌晨早至，對曰：「何事尚欲來乎？」詰旦，待馬不至，召卒，已自縊死。

乞人姚忠，題詩死。

馮小璫，題詩百川橋曰：「三百年來養士朝，如何文武盡皆逃。綱嘗留在卑田院，乞丐羞存命一條。」自投秦淮死。

嚻嚻和尚，上元人。諸生爲僧天闕，種芋爲生，時至江上飲酒賦詩。南京亡，長號。請某夫婦死而自經，葬山中，人呼「三義冢。」

愧二，不知何許人。行乞曲市。百姓去，狠憤懣，政府大臣降，乞飲，誓手殺敵。適騎百餘至，手握一長竿馳刺，一敵中目墮馬，取石擊其首，立斃。北騎群刺之而死。

僧印公，主南京。南京亡，京人争往孝陵伐木。印公宣言於衆曰：「吾君雖去，猶有高皇帝在天之靈。吾與若受蔭於兹三百年，安可遽忘其恩澤乎？」靈谷寺一僧奮出奪衆斧斤，衆擊之死，韓宗來埋之。是僧既死，無復有争之者。倪嘉慶泣告多鐸禁止之，而洪承疇以弛其禁，陵木頓盡。時承疇在南京，有金壇諸生二人、福建諸生十三人道遇之，大罵死笪橋，臨命曰：「我死骨馨於爾矣。」姓名皆不傳。

曾淳化，字穆士，金谿人。崇禎三年舉於鄉。授六合知縣，愛民如子，民戴之如父母。黄得功道六合，兵欲入城養馬，民洶洶，閉關勿納。淳化縋城力陳其困事，乃已。南京亡，清下令薙髮，民皆不從。清令屠城，淳化徒詣清營曰：「不薙者，淳化也，民皆無辜，殺淳化可。」欲降，不可。清將誘之降，大罵，遂遇害，並籍其家。清兵亦感其忠義，免屠城。六合人哀金贖淳化屍，痛哭殯殮。妾王將妊，義民劉才茂冒難送歸家生子。六合人約市貨出入私榷一錢贈其母子，號「曾家税」。

清兵陷鎮江死者：魯兆龍，字子猶，丹徒人。廩生。鎮江指揮僉事，被執，不屈死。顧德元，字又元，長洲人。鎮江守備，散財餉軍，不食死。趙弼經，字公正，丹徒人。諸生。餓七日不死，赴學宫經死。邑人朱祚元，字仁卿，與父皆不屈死。朱有懷，及子仁禮、孫元禎，經死；仁禮妻張，從死。朱之幹，及子祚俊，經死。錢廣鑛，執死；妻何，經死。徐元美，執死；妻朱與母，水死。朱有聯妻趙與女，水死。周統從走福建永安死。

句容陷死者：許士楷，字節齋，句容人。諸生。七日不食死。姚貞泰，自經死。

金壇陷死者：史直，字羽侯，金壇人。靖江參將歸，自經死。

歐敬竹，武進人。賣扇爲業，年垂八十。黄家鼒爲清安撫嘗、蘇，嘗州紳民立順民旗，縣丞趙福貞、守備王之弼，以牛酒迎之鎮江。敬竹聞而將殉，妻笑曰：「子休矣！聞舊官皆作新官，又安在子！」曰：「嫗何知此而翁之所以死也。」闔户自經死。

邑人石士鳳，字君翔，市人。先翦紙爲位，大書「大明布衣石某之位」，夜赴忠義祠池中死。

一時邑人聞變就義者：

貢獻祚，字九芝，崇禎十三年武進士。官無錫守備，禽巨盜，張國維薦金山參將，未赴，自經死。

董元哲，字質明，諸生。日夜痛哭，曰：「食人祿，死人事。吾諸生，可無死，然不可不死。」嘔血，不食死。子珙，以布衣終。

陶鼎，字志白，年七十，與妻陸、子婦二、孫女四，水死。

陶士立，字振瀛，年八十六，投河救歸，不食死。

陶承先，字復本；弟際盛，字復遇，謁父母塋，經死。陶嚴，年二十，娶甫二月，亦經嵩下。

張纘，字公緒，工書力行，不食七日死。子九㙻，字椒頌，哀毀終身。

吴渭，字清之，居馬山，攻木爲生，賦詩不食死。許之溥與妻吴，走烏山死。薛皮匠，經死。

文城壩賣柴人聞變，易酒獨飲，棄船躍河死。

薛奇，字鳳溪，蓄鴉烏五枚，年七十，自經死。

吴守楝，字秉玉，諸生。輕財結客，賦絶命詞不食死。

張明書，字珍季，與友董生，麻衰入茶山，賦詩經死。妻吴，爲雙棺，夫死，飲滷汁死。

董生，拔刀自刎死。

吴初蟾，字鏡甫，諸生。衣冠如故。清以其病盲，將舍之。握拳齧齒大駡死。陳嘉猷、陳完策、陳蜚聲、陳怡南、陳其忱、陳一萃，皆完髮死。許之濬及妻吴，刃死。

許王家，字君聘，長洲人。諸生。南京亡，清吏趣之出，以利劍封示以期，曰：「不出則死。」王家曰：「死分也，固甘之。」薙髮令下，徧體書「崇禎聖上」四字，衰絰哀號不食，曰：「此髮可薙耶！」或勸曰：「子一秀才耳，未食天禄，奈何以殉。」曰：「國家養士三百年，所養何事？吾已列名膠庠，亦朝廷士也。」衣冠入水死。

同邑宋學張，安吉判官，聞變死。

顧若齊，太學生，不食死。

許暐，字仲暉，諸生，不薙髮，與妻朱及僕死。

甪直顧所受，字性之，諸生。作捲堂文，儒服拜泣辭光聖，自經學宫，遇救，仍赴水死，屍直立不仆。

殷獻臣，字汝劼，諸生。周順昌被逮，痛哭於巡撫毛一鷺，被斥爲民，避於狄溪。見家人有薙髮者，號慟不食死。

孫嗣芳，字逸傳，諸生。不食死。弟嗣鏗，字滈濤，工詩，隱。

劉宜言，字茂萱，諸生。經官瀆死。

劉一紀，字仲威，諸生。居官瀆，不薙髮，朝見李延齡曰：「我寧斷頭不屈膝。」與諸生夏舜臣同死。

伍俊，字彥先，諸生。大呼：「大明秀才如何可薙！」死。

金逸甫，字駿聲；金先聲，字子威，皆諸生，刃死。

王統，字定宇，諸生。與妻郭，北拜不食死。

蔣垣，字公藩，諸生。嘔血死。蔣錦侯，諸生。扁舟載米海濱，米盡餓死。

陸玠，字韞之，諸生。抑之死。

王逢，字茂林，被執唯亭死。

范祖生子域，自沈死。

劉座，字右銘，諸生。侍父戰陳湖死。李澆餹，與妻痛飲，率二子投下津橋死。俞六居唯亭，磨豆爲業，不薙髮，痛飲，經死。玄妙觀前賣麵夫婦，對經死。

三吴摇船客，不知何許人，精射擊，引二石弓命中。蘇州亡，櫂小舟湖中，載貨爲生，日飲痛哭，誦離騷、天問，其聲悲慘。嘗題詩寒山寺，情見於詞。緬甸訃聞，長號，舍舟投水死。

流寓顧充永，字長發，六安人。諸生。居厦門，執死。子鳳山，字鳴歧，冒刃收屍，廬墓。

素純，天台人。齊門無量寺僧，不屈，刃死。

文震亨，字啟美，吴縣人，大學士震孟弟。天啟中，與瑺禍。崇禎初，以善琴供奉，授中書舍人。妖僧大悲之獄，阮大鋮造十八羅漢、五十三參、七十二菩薩之目，羅織朝野之異己者。張孫振已具疏將以震亨爲汪文言矣。馬士英與震亨有文字交，力出之，即休致歸。薙髮令下，自投於河。家人救之，絶粒六日死。

震孟二子乘、秉，皆諸生。乘，字應符，有聲復社，任中書舍人。南京亡，謀起兵恢復，不克。監國擢乘僉事，與秉出資助餉。隆武元年，土國寶執吴易，偵卒言及乘與嵩江諸生王時伯治兵太湖，與易謀内應，被執，昂然不拜，大聲曰：「信國，吾祖；文肅，吾父。吾自必死，不願生。」以手推案壓清吏。清吏怒，下獄，賦詩駡不絶口，南拜三、北拜一，怡然不改色，遇害，懸首闗廟，吴人哭者數千人。妻周，太嘗卿順昌女，生祭，大慟，觸石死。秉，字蓀符，任左軍都督府斷事，與姊壻張封同繫，免，入山廬墓終。子點，字與也，工古文、山水人物，少棄舉業。清欲以國子博士薦，不應。湯斌屏車騎問政焉。從弟蘭，字若芬，弘光時上書，幾得禍，隱。

時與震亨同以琴供奉者：

尹曄，字爾弢，賜名芝仙，會稽人。中書舍人。晚隱蘇門。

楊懷玉，字正經，酉陽人，世襲宣慰使。崇禎二年，自思石提兵入衛，立功山、雒、闗、宣府、欒城。彼時能歌十曲，上嘉其聲調雅麗，使定大祀郊廟樂章，改中書舍人。樂成，上稱過於師襄，遷太嘗丞，時召便殿彈琴，爲太古聲，遂賜漢、唐琴各一。國亡後，爲僧淮安，抱賜琴流轉吴、越，自製二操：一西方思，一風木悲，人比之汪元量。先，上有御琴名「翔風」。亂後，濟南李生得之。懷玉每歲上忌，輒至生所拂拭御琴，設玉座拜奠義禮。會屈大均至，請撫琴，懷玉奉御琴不敢彈，乃陳賜琴伏拜，一再作叙變亂國破亡之故，變徵哀愴。拜起，林葉亟落，聽者皆泣下，留一月去。其後不知所終。

馮延亠，字長年，吴縣人。崇禎十二年舉於鄉。隱西山，不薙髮。宗室盛澂走湖州，從之。被執誘降，不從，大罵，剖腹投夾浦橋湖中。友人徐汝珍覓屍不得，憂憤死。

同邑廩生劉斆及子副貢洪膺起義，事洩死。妻徐，火死。

汪俊耆，字彦先，諸生。不薙死。

錢禧，字吉士，有聲復社，與子及傅伯㝃，投烈燄死。計天培，諸生，遇兵死。彭毓泉、陳文，以傳屠城，殺於市。

毛允益，字裕之，選貢。光禄丞，册封秦王，遷廣東布政都事，致仕。與妻程，經滸墅關死。

沈貞之，居滸墅關，被執死。

錢廷獻，諸生。與妻袁刎死。惠有名、徐振，被執死。振父成璧，教授西莊終。蔡方燧，居葑門外，與母張，水死。

金必達，字伯昌，代父死。顧爾智，少孤，事母孝，嘔血死。李宏選，投迂里井中死。

張國學，字君習，被執死。葉奉清，居婁門，刃死。

蘇州儒士，名姓不可詳，聞城陷，自書几曰：「非自同於匹夫匹婦之諒，實不忍爲披髮左衽之人。」儒冠襴衫躍入虎丘劍池死。又諸生十餘人，痛哭投吴縣學宫泮池死。

蘇州老人，業瓜爲生，死。

顧貞直，賣菜；與徐大業，皆不薙死。李甲，不薙，先令妻子入井，自沈死。

其後王希，字公晋，大學生鎏五世孫，諸生。隆武元年除夕，衣冠經死。

周邦彦，字念祖，諸生。二年冬，賦絶命詩，投吴淞江死。弟邦穆，字子遠，蘇州衛千户，先於是夏謀起兵不克，絶粒六日死。

周之蘭，梨園子弟，從亡廣東，號大班。廣東再陷，與妻井死。

閻應元，字皕亨，順天通州人。崇禎中爲江陰典史。十七年，海盜顧容以百艘乘潮至黄田港，應元率鄉兵拒戰，手射三人，應弦倒。以功加都司銜，遷英德主簿。道阻未赴，寓江陰砂山。

弘光元年六月，清兵入常州，楊庳守備沈廷謨降。薙髮令下，諸生許用德倡言於明倫堂曰：「頭可斷，髮不可薙。」衆曰：「然則城守乎？」以閏六月朔，設太祖高皇帝像，率衆拜且哭。北門季世美、從孝兄弟，王試，何嘗，何泰首義，遠近應者數萬人，殲清兵秦望山，推新典史陳明遇爲主，奉義陽王朝墠令，囚清知縣方亨、主簿莫士英，斬守備陳端之。以邵康公爲將，前都司周瑞龍泊江口，相犄角。與清兵戰，不利。世美死虞門。高瑞被執，不屈死。泗港萬輔弼父子以五百人來援，至三官鎮，盡死。靖江高傑故將夏起龍、泰興張逵渡江，先後戰死。陸家橋徐玉青斬清騎將，清兵不敢進。程璧出家資三萬五千金充餉。康公戰不勝，瑞龍水軍亦敗去。守備顧元泌謀内應，誅之。勢益危，明遇謂衆曰：「吾不如閻公智勇，可屬大事。」馳騎迎應元。

應元率家丁十四人，夜馳入城，召士民盟之曰：「今日之事，非有所强於諸君者，諸君其無以生死計！」衆諾之。應元則料尺籍，治樓櫓，户出一丁登陴，餘丁傳餐，發道庫火器貯城樓。勸輸巨室，曰：「輸不必金，凡菽粟、芻藁、布帛、酒酤、鹽醯皆是也。」城苟完，何患無財。」四門分堡而守，如南門堡内人，即一人守南門一堞，戰則兩人守之，晝夜輪換。十人一小旗、一銃，百人一大旗、一紅夷礮。夜則五堞一燈。清兵之攻城者，空船及棺負之，蔽以牛皮，城上礮石碎之。一人駕雲梯上，城上槍刺之。其人口納槍躍而上，城上一童子提而斬之。

時清兵南牧若破竹，守土吏非降即走；間拒守，攻之輒拔。及至江陰境，輒多殺傷，乃相與大駭。於是薄城下者兵且十萬，列營數百，圍十重，依山起壘，瞰城中，矢集如雨。城中發礮石中之，夜遣壯士縋城下，順風縱火。軍亂，自相踐踏，騎都尉五納哈賚等死傷萬餘人，乃移營去。居民丹徒黄雲善作弩，傅以毒藥，中人則死。守備陳端之子某在獄，請以造軍器贖死，製木銃，投城下，近者輒糜爛。應元出新意，造鐵撾，繫以長繩，能城上刺人十步外。清兵發大礮，城裂，應元用鐵葉裹門板，貫鐵索護之，實空棺以土，障潰處。北城壞，於城内更築堅壘，一夜成。又嘗以矢盡，束藁爲人，人竿一燈，立睥睨間，兵士伏垣内嗚鼓叫噪，若將縋斫營者，獲矢無算。

清兵攻既久，劉良佐與應元雅故，遥語曰：「天子蒙塵，中國無主，君早降，可保富貴。」應元曰：「我一典史耳，猶不忘天朝。君爵通侯，握重兵，不能捍疆圉，乃爲敵前驅，何面目見我耶？」良佐愧沮去。

應元偉軀幹，性嚴毅，號令明肅，犯者不少貸，然輕財與，中賞輒逾格，傷者親爲裹創，死則酹酒哭之。明遇以寬厚稱，毀家徇義，善撫循，往往流涕相勞苦，士故樂爲之用。會中秋，給軍民賞月錢，分曹携具，登城痛飲。用德製樂府五更轉曲，使善謳者曼聲歌之，其聲凄惋。清兵聞之，皆泣下。

既知城中無降意，博雒、李成棟率所部十四萬趨江陰，攻益急，礮聲徹晝夜，死傷日積，巷哭相聞。命王之任、陸子通乞師崇明不得歸。外援絶，應元慷慨登陴，意氣自若。隆武元年八月二十二日，大雨如注，日中有紅光一縷起土橋，直射城西，城遂陷。應元引千人巷戰，殺傷無算，曰：「吾力竭矣。」踴身自投於河。水淺不死，乃被執。良佐持之泣，應元曰：「死耳，何泣爲！」見博雒，不屈膝。一卒槍刺之，脛折踣地，擁入棲霞寺。夜半，寺僧聞大聲呼「速斫我」者再，已乃寂。陸先正從死。

應元子民望、士望，女歸陸培。培父瞻岑，率僕季自明助城守。城危，應元以民望、士望及幼女託瞻岑，瞻岑命培同亡。城陷，瞻岑與自明自焚死。後民望、士望渡江，死於水。

用德，字孝儒，江陰人。與母李、妻某、少子某、女二、妹三、妹婢僕十一人，及伯父諸生國泰妻李、婦林，次子謙亨，與甥女二及客，皆自焚死。

明遇，字拱辰，上虞人。城陷，搏戰被創，手握刀僵立，倚壁不仆，一門四十三人，自焚死。

死。

康公，歙縣人。賈江陰，壯勇善戰。清兵入境，以兵抵夏港，連矢斃二人。後巷戰被執

璧，字崑玉，休寧人。太學生。典商，雄於資。清兵至，乃入城。乞師田仰，復出十四
萬犒師。志葵以仰不應，間詣金聲乞師。歸而城陷，爲僧終。

之任，江陰人。工於法治。史可法揚州城突圍出，守北門死。

同時官紳守城死者：

訓導馮厚敦，字培卿，金壇人。歲貢。北京亡，四鄉盜起，與教諭許晋、訓導徐廷選、邑
紳湯澄心等宣諭散之。清令至，士民見之。厚敦曰：「公等毋自誤降。」

前訓導潘文先，字符仲，丹徒人。歲貢。自經明倫堂。妻王，與姊結衽投水死。女適
丹陽諸生姜夢熊，聞變經死。

車駕主事沈鼎科，字鉉臣，崇禎四年進士。歷建陽知縣、袁州推官，以清介稱。自經
死。妾沈，抽刃斬清兵死。

文華殿中書舍人戚勳，字伯屏，督閩餉歸。清設官防江。比反，南京亡，書「大明中書
舍人戚勳」八字於壁，視妻侯，妾程、葉、梁及三女，及婢，投繯畢，北面再拜，自焚。一門死
者二十九人。

兵道中軍守備戚京，戰死。母章，經死。

鎮江都司袁一義，與兄弟一駒、一智、一鸞、一鴻、一鴿，糾鄉兵，戰三官塘，俱死。一騏子大來，戰城中死。

把總顧叔薦，力戰死。皆江陰人。

流寓則武進夏維新，字燦焉，崇禎六年舉於鄉。王華，字人玉，諸生。自書「存千古不磨忠義，留大明一片江山」，上屋斬數十人自刎死。

呂九韶，字虞聲，諸生。登陴自刎死。

楊梃，字賓臣，諸生。歷嘗州後營防哨、江陰守備，戰死。妻馬從死。金泉爲江陰快手，經死。

蔣神乾，居芙蓉湖。清攻江陰，十三騎入鄉，以六十人秉魚叉拒戰秦望山。衆潰，力竭死。

嘉善姚赤文，字香塵，諸生。城陷死。

當城之陷，邑人諸生王錫黼，字秀之，力戰，多斬獲，經死；妻朱與妾，火死。黄允茂，字進卿，率兵拒敵死。王允貞，字彦伯，與子命鼎、從子命新、啟新；馮鋏，字無咎，與子廷用，力戰死。義民謝永剛，字卯生，巷戰死。湯瑞明力守西城死。周應元，字天授，斬數十人，中弩死。顧齊程，字子鶴，戰死。王永光，字元彩，與二子戰死；妻李、女二、婢四，井死；僕古元從死。陳廷獻，字售之，力戰中矢死；妻子女，井死。黄鳳岐，字鳴岡，工騎射，能造火藥，歷數十戰，力竭自刭死。張之英，字念我，與陳以仁以義兄弟，及以仁子澄源，守城力戰死。倪某，不知名，殺妻女六人首置桶，力拒刎死，尸立不仆十餘日。北城民戚磐、韓某等巷戰尤力，斬清兵數十人。觀音寺僧月禪，弩銃不虚發，中敵十人。城陷，出戰死，尸植立，銃猶在手作點放狀。先鋒季從孝死城頭，斬清兵數十人。貢生邢介繁奴善投石，僞爲瞽人，獨投殺數十人。劉敬泉、丁才、王壽，所殺亦多，翌日猶巷戰，清兵以火殲之。

其他可紀者：職員金允鏜，字君若，有善行，贈八品冠帶，與妻黄死。典吏王朝用，經死。太學生高明德，字中和，與子啟隆，字子升，經死。諸生章懋賢，字爾希，懋學，字爾敏，懋才，字爾嘉；張維楨，字有秩，偕子諸生邁同，母高，及孫誠，水死。湯起鳳與妻趙；任大受與妻沈及子；王清芳，字遠之，與妻徐，經死。黄楷，字端伯，與妻女子媳一門，井死。邢漢，字友石，工詩；董臣虞，字重華，子大有，字希友，水死。章明敍，與妻及子獻、女及媳，井死。李問政，字涵醇，與妻陳及子芳，刎死。方有聲，字克駿；林鳳儀與妻某，女子媳；史補袞與妻張、女、子媳，一門井死。方啟明、朱見亭，一門火死。陳宗虞與妻張，水死。章重光，字璧陳，與妻沈、子方振，井死。陳式玉，字尊度，與尹全、蔣文經、王泰、王謝、何石奇、高一鯤、董去華、馮延同、陸鴻圖、陳定育、史纘勛、吴幼學、吴幼志、吴幼蜚，同死。談新，一門二十一人死。史達尊，父子叔姪死。馬遇伯，字利城，與妻金，水死。曹有章，字斐卿，書「大明」二字，絶粒死。趙某與妻及三子二女，火死。耿鳴雷，字元聲，叱咤，一門死。黄正鶴與妻媳，井死。商錦伯，抱親屍，水死。沙志賢，字與齊，與族人某等，火死。義民陳士傑，字仲靈，與子龍泉、玉泉，一門三十八人，火死。胡甲及妻張，刃死。凌啟芳，一門死。蔡良臣，一門十八人死。薛耀明與妻鄔，一門二十四人死。袁象鼎，及妻李，水死。高日增與妻吴，經死。耆老則沈應乾、蕭憶、江高旭、陸慎所、高應麟、王肅衷、薛啟芳、季惟明、錢求、王秀、徐彬、陳憲忠、顧瑜；義民則顧大本，字南宇；趙應選，字少泉；劉因可，字叔宗，皆斷首不仆。宋玥，字采兮；程永清，字舒白；朱隆祧，字慎初，戰死。隆祧母夏，經死。黄楚勳，字弼明；王從讓，字遜甫，與子之經；王廷材，字用之，與弟子固宦、士元，與二弟四子；王之蕃與子元得；管燕翼與弟某；王鳴弟子某；祝有明字垚封，與妻吴，刃死。袁應祺與二子，刃死；妻錢、婦陳，水死。繆鍾祥與妻陳；繆鍾俊與妻慎；繆文炤與妻陳；及倪紹祖、趙行芝、俞大舍；沈鳳章，字瑞華；沈大勳，字子建，弟大業，字于立，三子翼明，字湘雲，四子自明，字湘谷；陳仕奇與子五人；夏嘉祚，字文漢；張身建，字致其；張應瑞，字五輯，與從子湛，字蓮生；袁良驌及族人太平教諭茂德；及卿瑯客、卿應祥，或刃死或經死或水死。升禮部儒士五望琦，同子希祖；應祺，同子邦華、邦瑞，妻錢、媳陳，一門十五人死。王明儒，字正伯；王明傑，字仲英；陳永譽，字與善，與族人所志，字君與；所知，字君選；所傳，字君受；宗緒，字宏基；修德，字有永；滋德，字有益；善教，字迪甫；元勳，字際明；□大有，字雲儔，與妻季、子應逵，弟大成及子應登，從弟大節，從子應元；張鼎台，字爾上，與族光裕，字友于；光祓，字恭于；國威，字凝宇；廷樞，字君辰；鼎新，字爾成；鼎鉉，字爾攀；高一鶚與族三捷、三握、毓奇、懋功、懋貞、懋良、懋祉、懋德；顧大全與族道成、紹魁、紹進；顧爵與子秉憲、文憲、章憲；華希聖、黎啟齡、徐汝翼、徐汝爲、徐汝明、徐爾大、王命先、王希曾、王命凝、王大德、王鞶、張汝揚、沙謹、沙登明、沙復、張自新、張汝發、徐從益、繆鍾理、繆鐘粹、繆文煇、繆文炫、繆文炳、繆文煥、繆文燿、繆文烔、繆文灼、繆際亨、繆大章、湯文懿、湯文瓖、湯文駿、湯文騄、湯鳳翔、湯驗鳳、湯一和、湯一鼒、湯一宗、湯映蓮、湯揚、湯扶、湯抬、王汝鳳、王汝華、王汝豹、王居之、王行之、范可裕、范樹名、李國茂、李德茂、李芝茂、任葵陽、任光祐、繆鈺、夏器之、袁任選、徐一駿、徐光祖、施懋訦、沈璘、沈羽搏、高觀、王景、陳景雲、唐馱、姚甲；祝有春，字堯俞，與子道通；徐五柱、徐六柱、王應科、王應甲、張士偉、張士偀、何君碩、胡正泰、胡正升、吴鼎隆、耿以誠、史上表、程斗望、梅舒白、周克新、王惟敬、王運泰、王元吉、王穆如、王永昌、王大政、王大諫、王大讓、王大成、王世茂、王遜、王錫福、黄錦雲、姚如玉、黄瑞伯，或戰死，或火死、水死。徐步與妻許，一門十五人井死。

又翌日，清兵收出亡者盡殺之，乃止。踰月，有歸姜者，入城被擲死。

四鄉亦屠。諸生曹熸，字開禧，戰倉墩死。義民王宗賢，字尚之，戰清化鄉，中矢死。耿潤玉與妻蔣，居荼歧；及胡甲與妻張，刃死。徐嵩路拒敵，兄弟與從子之昌，戰白石山死。周振伯與弟懷亮，戰白石山，振伯死，懷亮將子女投井，自刎，妻陳經死。陸甲戰妯娌山，斬數十騎死；妻揮斧力斬三騎，中叢矢死；女掠至營，置酒飲，潛抽利刃斷兵頭。朱視連斬五六人，一軍皆驚，自刎死，年十八。諸生周高起，字伯高，被執怒罵，死由里山。諸生吴積鈺，字無躍，工詩文，居薛稷山，一門死。諸生朱綸召，字伯升，在砂山泰清寺，不食死；子衷純，字粹然；衷朗，字瑩然，逃，不知所終。江陰城守章經世，字理之，恩貢考知縣，治學明敏，國亡後爲僧。季星，字夢白，諸生，城陷，大開重門，伏斬數兵，披其衣獨出城，得免。

江陰凡攻守八十一日。清兵圍城者二十四萬，死者至七萬五千有奇。城内殉者九萬七千人，城外七萬五千人，自殺者無算，屍骸枕籍，街巷池井皆滿，然竟無一人降者。後涇縣亦以城守被屠。紹宗聞而泣曰：「吾家子孫遇江陰、涇縣三尺童子，亦當哀而加敬也。」

當應元兵起，四鄉奴僕勾結，向本主索身券，少不如意，則殺之。馮士仁，字允愚，梁山人，崇禎七年進士，江陰知縣，文選郎中致仕，爲人殺於琉璜鄉。徐亮工，字虞欽，江陰人。崇禎十五年特用吴堡知縣致仕，與妻蘇、三子死。

先城陷死者：徐登階，字鳳南，諸生。南京亡，麻衣痛哭死。青暘狗屠，張有譽族兄，事親孝，年七十，北京亡大哭，聞安宗立大喜，清兵徇南直，以刀自屠死。于皂隸不願應清役，經死。

後死者：黄憲，字子貞，工文，不薙髮，一門死。韓建國，諸生，授經他所死。周日休，字逸少，諸生，永曆元年死於兵。煎海和尚，本諸生，有文名，身長九尺，工騎射，用刀重八十斤，率壯士五百守城，先突圍求救，五百人從亡爲僧海島，煎鹽自給，清招不應，與五百人自刎死。

張達，字九逵，泰興人。有膽力，善拳棍。清兵陷南直，田仰在江上，達以武生上謁，大悦。江陰城守請救。先是，靖江夏起龍以鄉兵八百來援，清兵誘至營中，徧地皆金，人腰數元寶出，伏兵起，盡死，靖江哭號沸天。靖、泰接壤，達請師。時朱長源起兵，衆數萬，仰檄借兵二千，達以三十餘人爲前哨，餘以次濟江。中流，遥見二石灣，牛馬蔽灘，達喜，將收以犒衆，不知其爲敵誘也。乃以戴氏兄弟三十餘人先登。伏起，圍幾重，奮鬭。有耿和尚者翼之前，大呼同命，三時不解。而兵皆烏合，長源以家僕爲將，見敵盛，駐舟江中不敢進，三十餘人皆死，無一脱者。

同時儒生周新所，投定山虎跑泉死。張志雍，墾田江陰，富甲一邑，從應元守城。城陷，暮行歸里。皆靖江人。

顧杲，字子方，無錫人，侍郎憲成從孫，棻弟。諸生遊太學。詩文卓犖，善草書，好擊劍，豪邁尚氣節。酒後與吴應箕掀髯抵掌談天下事，輒痛哭，哭罷則狂歌。阮大鋮僑居南京，思結納後進，以延時譽，蓄聲伎，日置酒高會，附風雅者多歸焉。周鑣惡之，倡議草檄以討，名曰留都防亂公揭，復社列名者百四十餘人，而難於爲首者，杲曰：「舍我其誰！」大鋮銜之次骨，及得志，將捕諸人，興大獄，杲猶無所顧忌，爲萬言書上於當事。祁彪佳嘉其義，保護甚至。大鋮嗾署正徐禹英具疏劾杲，馬士英擬旨逮問。鄒之麟與杲爲姻連，稽其駕帖。南京亡，事得解。清兵入嘗州，無錫王玉如、顧君起持册獻降。會黄蜚復無錫，杲請援江陰，不允。華六御聚衆蕩口，杲至，謀援江陰，分兵出江湖，不利，入海至浙東，遂盡散家財，與袁黄糾敢死士千人入蕩口，執玉如舟中。時長涇、華墅鄉兵雲起，杲進援江陰，遇之砂山。砂山人團練禦寇，倉卒不加辨，群起執杲。杲無以自明，乃曰：「願誅王玉如、顧君起而後死。」砂山人聽之，於是與子點、庶、蒸及高明玿、陳君寬呼酒痛飲數升，皆被害；袁黄等皆死。已而審爲杲，大悔，就地立祠以祀。

明玿，字聖培，精天文。子綿士，馳救父，亦死。

又，周天霞，字寄青，諸生。與從子吴縣諸生顒起兵，逐令。兵敗，皆執死。

周起瑛，字受之，諸生。與華保赤、華學孔謀起兵。事發，起瑛執，保赤、學孔走，起兵敗，皆死。

鮑大全，字逸卿，諸生。黄蜚參謀。蜚敗歸謀兵，事洩執死。

華葆素，字伯沖，諸生。沐浴冠帶經死。

華應鶴，字少峯，與華碩敏、楊冠世，俱死於兵。

嚴紹賢，字與揚，諸生。題壁書「此何乾坤？讀聖賢書，守義全歸」字，與妾張生春對經死。一女幼，絶乳死。

嚴一騏，字遊虚，太學生。資助杲起兵，不薙髮，一門火死。皆杲邑人。玉如、君起與周竺祐、華臨亨，皆崇禎十七年恩貢。

徐念祖，字無念，嵩江華亭人。任尚寶丞致仕。從沈猶龍城守。城陷，與妻張，妾陸、李，女逑姑、美姑，僕孫汝濱、孫宋、倪喜，十七人投繯死。幼女六歲，入井死。念祖從弟涑，沉黄浦死。

清屠嵩江，城中死者五萬餘人，姓名可紀者：

翁元益，字景韓，上海人。崇禎七年進士。授嵩漢知縣，遷刑科給事中，劾鄭二陽、高斗光疏防玩寇，均逮治。北京亡歸，被刃死。

嘗壽凝，嵩江華亭人。中書舍人。投水死。

邑人徐禎稷，字叔開，萬曆二十九年進士。歷刑部主事、員外郎，夔州知府，川西副使，以平允稱。乞養歸，起温處，不赴。不食死。子銘嘗，字成紀，崇禎六年舉於鄉，不仕。

奚士龍，字春躍，崇禎十年進士。歷景陵、潛江知縣，德安推官，致仕。

王匡，字就之，諸生。通判。工書。刃死。

章元後，字生公，天啟元年舉於鄉。資縣知縣，致仕。不食死。

蔡樅，本名文瀛，字季直，諸生。工書畫。與周規友，被兵死。

吴中秀，字端所，醫士。年八十，經死。子懋謙，事别見。

朱家臣，字藎卿，與陳元爵夫婦，沈懷敬及女孫，駡寇水死。張秉淳，諸生，不食死。

姚臺，字元可，諸生。兵至，高誦離騷，大駡，與子諸生朔，字歲子，一門死。

錢穀，字子璧，諸生。夏允彝高弟。經明倫堂死。

董夢金，廩生。長號死。

陸厚元，衣工。城陷，積薪於門，語其妻曰：「能完節乎？」曰：「能。」厚元舉火，與妻子皆焚死。

瞽乞某，不薙髮，南拜自經死。

顧起鳳，知天文。與蔣從平、從治兄弟友。城陷，謀渡海。起鳳欲從平兄弟先殺妻子，約夜半揮刃。蔣氏聞之，殺起鳳。

申浦，本名柳南，字自然，諸生。陳子龍客。工山水。散財起兵。城陷，一門七十二人自縊死。浦被執，將殺，忽有人易之得脱。鬻畫江湖，後以謀脱友人獄自殺。

吴期伸，歙縣人。居嵩江，斬數十人，被執死。妻沈與女，水死。

先，青浦陷，林鍾，字歸曉，青浦人。年八十，絶粒死。高橋下麵坊夥，負膂力，斬清兵一隊，逸去。

上海陷，儲邦輔，字蓋卿，宜興人。歲貢。上海教諭。與子封，經明倫堂死。女適任綽，墮樓死。

李允新，字元映，上海人。歲貢，中書舍人。郭開泰，字宗林，弘光元年選貢。不薙髮死。

徐䪁，字安友，上海人，光啟子。諸生。傳父學，兼通兵法火攻。南京亡，憤卒。

朱巨卿，與妻王死。

朱甲，商人。傾財佐軍。載家人沈河死。

沈寧祖，字秀康，諸生。禮部儒士。與子諸生鏌及女，死高橋。

蘇滉，字眉起，有孝行，麻衣居楊行，號泣死。

殷登，代父死。

沈夢丹，字仙臣，孝子，給冠帶。死寶山。

蔡九韶、陳回，居新場。九韶水死，回經死。

楊謨，字鼎式，嘉定人。史可法開府揚州，授監紀推官，遷職方主事。從遂平王紹焜嵩江。嵩江陷，與從子焜，合周瑞太湖兵。隆武二年五月，吴易軍潰。八月，謨奉紹焜之嘉興，將謁閩、粵。十一月，從至上海，被執。謨母錢、妻趙、女二及焜亦執，十二月，同死。焜官監紀推官。

周鍭，字繼序，金壇人，鑣弟。諸生。與王明灝、王崇圖、王榮圖、王汝韶，以志節相砥礪。南京亡，奉宗室議洮起兵，復句容，聲勢甚盛。已城破，戰長蕩及安吉、孝豐之間，皆不利。再從議瀝攻南京神策門。清兵突擊，明兵潰，鉢募千金，付楊崑招山東忠義爲用。崑敗連及。時有歐君重者，來與鍭共死。鍭忘之矣，固辭不去，竟同詣南京。鍭時別閉浴室。及訊，鍭不一屈膝，謾駡。忽有大聲稱機密重情排入，則故君重之願死鍭者也。訊者以鍭能得人，鍭雖力外君重，卒坐君重死。

明灝，字碩生，諸生。於金壇陷，慟哭投水死。

崇圖，諸生。經死。

榮圖，字介休，諸生。不食七日死。

汝韶，字希高，水死。

又，徐搏，父子拒鬥死。

湯士鼇，木工，不薙髮入井死。皆金壇人。

鄒淑，字起潛，丹陽人。清兵渡江，與邑人二百會盟保鄉里。兵至，輒斬之。後清兵大至，走。與諸生荆碩、鄒桓、張兆畿謀起兵。碩倡洮湖議，於是冷之曦、賀向峻、汪參、史虞侯合之，衆千人，奉宗室議淞號令。弘光元年閏六月九日，夜襲下金壇，不能守，乃棄之。於十二日，將之竇莊營與袁先合，爲丹陽諸生張巨鱗奪其貲。會劉良佐至，脅衆薙髮不暇，淑得脱。二十三日，又與之曦、王允升謀攻金壇。將下，良佐兵至，内外夾攻，允升大敗，入浙；淑孑身入大坏山。當宜興、金壇、溧陽之交，有孔甲等三人，以士人數百，奉淑爲帥；史澤兵敗歸之。聞溧陽薙髮，假黄蜚曉諭，張於城之東寺，城鄉無人敢薙髮者。蔣舒與子育生，聞兵起，亦募兵臨湖普明院，以楊原鎮、徐如英爲選鋒將軍，而自署爲監軍。蔣雲卿、康三錫亦聚衆大坏山長蕩湖，來合軍。同時九里祠、陸村、溧陽、高淳梁村、廣德義兵首趙王臣、蔣王新戰死，葛、謝、岑、史等二十餘人執死。隆武元年八月，潘茂往南京，淑等襲之南渡蕩，不克。十一日霖雨靄，溧陽清兵散，淑等共圍城。雲卿自引本營兵伏城下，先令數十人入城，至二城門戰死。雲卿退，清兵追至三郎廟，各有殺傷。以無繼，引去。未幾，淑等於夜中潛攻城，不克，退馮家橋。潘珍以爲怯，追之。雲卿先鋒陳叔美素驍勇，黄衣大刀，率數十人逕衝珍，大破之，斬甲長史老住，陸秀等三百級，珍僅以身免。諸軍至城下，令原鎮攻城，雲卿自逐衆於鳳凰橋。城内膽喪，無人敢守。原鎮兵有七八人梯登，原鎮懼伏，反捽之下。及雲卿至，事已不及，大怒，欲斬之，中止，遂怏怏退。清兵自宜興至，攻淑等，道經西莊，適育生募衆於此，甫集三百人，踴躍迎敵。中有毛耀卿者，勇壯，匿隘港口，乘敵不備，一戰搠死其較將，並斬十餘級。淑振旅來迎，清兵遁。茂復引清兵五百餘騎攻淑。淑、雲卿合兵土山，與如英、馬英如、原鎮、育生、陳立本大破清兵，斬三十餘級。翌日，溧陽兵至，三省自金壇降清，淑兵遂入湖。清已先伏小舟於蘆葦中，乘淑兵不備，突出截之，淑等大潰，溺死者五百餘人。雲卿父子爲三錫誘執，英如等仍奉議瀝去。淑以千人聚丫髻山口，誅應試諸生鍾山。後孔甲三人赴鄉富家請餉，且行暴惡，爲淑所斬。其黨怨，執淑送清兵，至南京死。

之曦，字子晉，丹徒人。善騎射，總郡兵。以參將從史可法調和四鎮。高傑重之，疏請共事北伐，遂留右軍。至歸德，傑死，率數千人南歸，守丹陽，再攻金壇，被執不屈死，年二十五。弟湄，自有傳。

向峻，字葵忱，丹陽人。諸生。慷慨負氣，嗜博弈樗蒲。參，字中子，武進人。諸生。北京亡，慟哭嘔血一二升。南京亡，麻衣繩屨旁皇山澤間。居數日，帓首跨兩刀，率壯士十餘人入大坏山，與倪文炳聚衆一二千人。金壇再陷，向峻被執，詢主謀，曰：「天下有人心者皆吾黨也。」極刑百拷不變，死年十九。

虞侯，金壇人。諸生。夜襲下金壇，義兵大掠民物，投兵散去，虞侯大恨曰：「若等非起義，直盜賊耳！吾爲其所誤矣。」自刺死。

先，字野人，丹陽人。諸生。

允升，金壇人。諸生。

澤，字天沐，丹陽人。諸生。

舒，字若木，溧陽人。崇禎六年舉於鄉，當塗教諭致仕。南京亡，草勤王檄。兵敗隱。

陳名夏招，不赴。

雲卿，金壇人。起兵長塘湖，降後殺於鎮江。

三省，金壇人。工騎射，議瀝授總兵。起兵，勢甚鋭，衆推爲帥。圖山瞿大梧被執，三省乃降。

又，狄奇節，字允任，溧陽人。南京亡，聚衆田家山，謁議瀝廣德，授副總兵。隆武元年八月，募兵烏魚庵，四方起義者來會。終事不詳。

南明史卷一百二

列傳第七十八

無錫錢海岳撰

忠義二

嚴栻子熊　胡來貢　陳志仁　杜興龍　李顯光　歸紹隆　宋奎光　胡志學　陳震之　何鳳翔　芮觀　王英　金鑛　程嵋　陸三錫　錢飛　何雲鵬　項志寧　顧維寰等　王道焕　桑升吉等　張芳潤　陳治統　何述禹等　袁克舉等　畢九龍　顧鎧等　徐懌等　徐守質等　吴懷南　宋奎然等　沈璜　吴栻　許士儉　郭際南　陳秉鉞　郭肇慶　汪熙中　薛維奎等　張國寶等　吴鑑　潘承祚　王喜武　蕭家駿　吴銘訓　黄應熊　陳孝基　任世德　沈煌等　陳清　沈龍含等　王有明　陳啟瀛　丁士俊　馬桂徵　顧觀光　陳孟台　陳宗道　葉敷奏等　張衡遠　周莊四義士　張起生　葉樹人　王上壽等　仲時鉷　邵世俊等　徐賢　陳裕容　王志學等　王佐才　楊永言　陳宏勳　陳大任等　張陽豫　孫志尹　周室瑜

子朝鑛　吳其沆　朱集璜　陶琰等　朱國輔等　朱漢徵等　柴墀等　周道行　周錫等　徐開宏等　桂琳
等　朱維宗等　周復培等　孫道民等　高國柱等　趙伯玉等　一登等　潘康侯等　金駿聲等　莊士翔等
張錫眉　龔用圓等　馬元調等　夏雲蛟等　王雲程　嚴愛棠　油坊匠　唐景耀等　陳謙光等　唐咨
禹等　李磨鏡等　巢之梁　張龍文　須成孫等　何敬義等　包行素　毛瑞之　丁先　錢晉謙等　孔興
賓等　王文聰　徐元　馬純仁　詹明宇　劉鳳池　李長似　劉鼎甲　劉定應　趙士林　楊師祿等
瞿德毅　朱朝紳　劉士鵬　姚義士　侯義士　王湛　兄淳等　王會華等　王國璠　黃通理等　魏虎
臣　蘇應昌　趙學基等　張啓　侯龍泉　田稼　葛麟　從弟敏等　朱興公　吳中奇　莫大猷　管
元聲　錢振先等　顧棻　王日如　錢圭　陳克昌等　盧象觀　兄象晉　從弟象同等　陳安　吳敞瑩
張琳　蔣永儒　丁丕選　吳遴　朱邦彥　陳僎等　陳貞禧　吳國士　儲啟祚　王德源　蔣永儼　王孝源
等　儲謙等　毛重恭等　張緒吉　陳寅　許樹遠等　周濂儒　潘敏成等　吳蜚　黃守正　潘朝選等　吳
洪化　李文注等　蕭鄰之　李皜　陸志　儲京祚等　蔣暉　鍾楚石等　孔師　朱襄孫等　吳之蕃
張斌臣等　王若之　李大載等　高孝貽　子驥英　楊謨　王台輔　石屋僧　張東啟等　許生
王謀　吳匏山等　朱鎔如等　顧大任　子項　毛爾張等　顧咸正　子天逵等　弟咸受等　劉
曙　子蕃等　欽浩　汪敬　喬塏　徐汝純　董巽甲　董剛　張謝石　徐佑　袁楠　朱仲貞　陳安邦　葉
鶴林　管定　洪中孚　毛雲台　朱啟宸　沈臺　沈彰　朱彥選　楊芳　彭鶴齡　馬都　笪有德　華賢祥

朱玄端　吴鴻　孫龍　吴成林等　**許德溥**　王熊　李一乾等　李幹才　樂大章　宋吕　邵德舜　李藁雅　**華允誠**　許學等　**劉永錫**　陳三島　濟南老人　**吴古懷**　子越彦　**張秉純**　徐正大等　錢明學　**王之慶**　姜之齊等　李盛英等　胡士昌　**周泗**　劉守中等　趙大中　趙鶴　徐逵　趙崇炫等　劉天寵等　劉大京等　**楊維嶽**　夏烺等　程鳳翥　朱稽逸　**温璜**　子天璧　唐良懿　歐陽鉉　程遇德　程繼約　江玉冰　黄明邦　丘嶽　吴道會　方國焕　馬嘉　黄士良　俞元禧　**吴應箕**　子孟堅　族弟應筵等　姜可法等　陳尚義　**丁燿**　兄燁　龐昌胤　孫象壯等　趙宗普　吴源長　裘有緯　杜鶴年　吴日昺　**梅衝華**　張弘化　**陳衷壹**　張生　謝一魯　吴邦畿　劉鎮等　**沈士柱**　弟士尊　**沈壽岳**　子麟生等　楊昌祚　徐之慶　湯斯祐　湯纘禹　吴振魯　田徵瑞等　查如龍

嚴栻，字子張，常熟人。大學士訥孫，文震孟婿。崇禎七年進士，授信陽知州。能騎射，負才略。王國寧攻城，勢鋭悍。與陳必謙、陳永福破之。盧象昇督師河上，倚如左右手。轉戰趙莊、邢集、平關，輒以少勝衆。祖寬兵不戢，牛酒犒之，不令入城，民得安堵。以憂歸。安宗立，祁彪佳薦起職方主事，晋員外郎。

南京亡，劉孔炤、胡來貢、陳志仁戰蘇州，敗入海。弘光元年六月，知縣曹元方去。周荃爲清招撫至，縣丞馬鳴珮降，典史杜興龍不從。福山參將蕭世忠殺荆本澈部馬都司。

本澈、顧容攻福山，鄉兵長方愛溪拒戰死，世忠不敵，走蘇州降清。李顯光奉鄉官歸紹隆，欲起兵，爲奴所弒。閏六月十日，宋奎光與士民集議慧日寺倡守城，斬主簿陳元芳，推訓導杜如蘭爲知縣，奉栻爲主。乃與胡志學備戰守具，於南門外二圖設一大營，各鄉設哨柵。參將陳震之，遊擊何鳳翔，守備芮觀、王英，亦以福山兵來歸，衆萬餘人。東至支塘、唐墅，西至顧山、羊尖，南至相城、宛山，北至大江，鄉人皆白布帕首起兵，聲勢大振。時江陰圍急，命金鑛及其叔廣東參軍仲禹以兵四百援之。至砂山，劉良佐截之周莊，一軍盡殁，鑛僅免。

時鄉官時敏亦起兵於鄉，憾邑人之不推奉，且惎栻威名。會義陽王朝墠至，以總兵何沂及來貢率兵迎至。敏以蜚語中栻。隆武七月，來貢執栻致朝墠所，欲殺之。都司陸三錫迎栻城中，斬懷貳經歷陳孟立。來貢以兵入城守，殺三錫，凡戰守事一反栻所爲。栻尋以錢飛及死士曹行素計得脱，鄉兵仍推爲主。

十三日，世忠引都統馬喇希恩格圖兵至南門塘，敏走，來貢閉門自保。栻與興龍戰陳學士橋、南社壇，練兵官何雲鵬合進。通河橋鄉兵長朱南泉，賣麵爲業，負膂力，多斬獲，而來貢按兵凌駕山不救，亦不許栻等入城。

十四日，金老姜迎清兵，城陷被屠，來貢去福山。項志寧方食餅，聞變，扼吭死。諸生顧維寰自經死。百户王道焕挺矛力拒，與二子一女死。諸生桑升吉、潘良玉、興玉、張芳潤、陳治統、何述禹、袁克舉、克正、陳興治、嚴基、吴玉英、張拱薇、陳萌新、尤之俊、王日昌、張鍾、郁巽、章廷試、張國珙、國球、周卿宷斫死。太學生瞿式鋐與妻蕭、妾婢，井死。徐萱與二子，刃死。蕭爾亨，刃死；妻許，磔死。文童章淳，從父死，妻簡從死。言誾如與妻，刃死。蒙師狄某、周秋卿、陳汝揚、翁本厚與妻沈及二婢，斫死。張良卿、蔣瑞徵、陳上卿、叶道登、孫開之、查完吾、鄒佛郎、同二官、蔡純商、張敬懷與妻，刃死。陸廷祥與妻徐及女，水死。士民濮芏亭、葉某、汪某，一門死。秦君台，教授里中，聞城陷，曰：「我家世忠孝，不幸丁喪亂，守正以俟，分也。」父子衣冠危坐，大駡死，二子手搏兵堂上死；妻以二孫墜樓死，幼子被掠沈水死。北水門鄉兵長姚胖，力鬥死。城中鄉兵戰死者屍滿寺前，河水爲赤。

十六日，清兵大掠去蘇州，鳳翔命褚世培以兵三百入城，欲與清兵一決。圬者欲斬清將而清兵已去，不值歸。時栻屯南門外三里橋，與練塘淩飛熊、莊窩陶巨卿、大義橋黄思竹、相應畢九龍，於十七日入城。

八月十二日，顧鎧、曹以曾及洞庭參將周某，以四百人自福山至北門，屯瞿園，號召城守，無應者，乃入海。大義橋朱伯韜引世忠、汪甲，世忠及知縣洪一緯，都司夏甲、徐元直兵再入城。伯韜爲鄉兵長戴次山所誅。栻屯連墩，濱莫門塘。

十七日，命飛熊截清兵練塘，栻親戰於華蕩，敗績，投水獲救；九龍走。清兵再屠城，蒙師錢明之、商人程如京等皆死。分兵略四鄉，諸生徐懌家徐市，嘆曰：「我家世科第，可無義士耶！」題壁曰：「不敢立名垂後代，但求靖節答先朝。」布袍別親友，自經死。諸生徐守質奉母避，鄉兵至，母與妹投井，急從之。兵挽其髮，乃踞坐大罵，殺於井傍。諸生馮知十見守質死，奮怒格鬥，叢射死。淩雲橋徐某、金某、庵橋金某，東門陸甲，廟涇周竹品、張甲，謝官橋李湖州、王甲，新涇陶甲及孫繞燭、姚收汝父子，瞿橋許饅頭，皆斫死。丁耀夫居西莊，善琴兵至，聲不絶死。

八月二十五日，清兵攻福山，曹、陶二姓，周明甫，薙髮引至謝家橋，九龍走。清屠陳家橋、上墅橋。世忠屯萬福橋。九龍請以李將官衝鋒，自與趙牧與、銅塘鄉兵長金善章夜襲之，鳳翔不從。時李將官屯三里浦，英屯次之，鳳翔大營在後。三里浦後爲九龍屯，西山上爲牧與、善章及鄉兵長楊端甫所屯，以西洋、鹿苑、田莊各營爲援，港上爲觀營，衆猶五六千人。

九月十三日，清攻三里浦，李將官兵敗，與吴懷南爲殿，戰死福山城下，福山遂陷，宋奎然死。鳳翔退福山港，鄉兵散。十五日，遂與九龍、英、觀、徐梅上、丁元炳去崇明。明年，朝墠副總兵曹士奇薙髮至福山降清。沈璜、吴栻、許士儉、郭際南、陳秉鋮、郭肇慶等後亦死難。汪熙中、薛繼奎亦從栻起兵死。栻自嘗熟陷後二旬，復與志學以兵趨羊尖，戰河口。志學夜半接刃，失利死；栻行遯於鄉。入清屢薦，以衰病辭。

子熊，字武伯，去諸生，遠遊。

來貢，字龍光，嘗熟人。圬工。遼東都司，從孔炤爲孟河總兵，授都督。孔炤敗苏州，獨全師反。後與金臺、志仁走舟山。名振屯南田，率象山士民羊酒迎師。後爲黃斌卿所殺。

志仁，嘗熟人。諸生。來貢副總兵，後歸執死。

興龍，漢中人。吏員。

顯光，字小泉，商丘人。拳勇嫻弓馬。

紹隆，字從之，常熟人。

奎光，字培巖，嘗熟人。萬曆四十年舉於鄉。官龍川、寧海知縣，立方孝孺祠。卒年八十一。

志學，字熙雲，江陰人。少從張國維軍，戰安慶。弘光初，爲張調鼎軍前贊畫，後依張宿。鄭鴻逵兵過，城中洶洶，説林之驥出城謁止暴。江陰兵起，謁魯王，請兵黃蜚不得。

震之，常熟人。水師。

鳳翔，字羽君，嘗熟人。孔炤部。福山兵起，推爲帥。

觀，世忠中軍。

英，字梅生，揚州通州人。

鑛，字貢南，嘗熟人。諸生。周莊敗後，與仲禹歸隱。

嵋，字禹升，不受官。兄芳楨，字仲翼，自光山降清。

三錫，嘗熟人。劉澤清部。

飛，字冲霄，嘗熟人。靖江守備。

雲鵬，字萬里，餘姚人。武舉。精馬務，力舉百斤。敗後爲僧隱。

志寧，字靖伯，嘗熟人。弘光元年恩貢。

維寰，字含英，長洲人。威宗崩，哭臨於明倫堂。巡按周一敬鳴金繡衣而來，維寰與張長瀾奮前牽其裙曰：「此何時，尚如此章服耶！」一敬慚而易之。長瀾，長洲人。父文熙，苏州陷死。長瀾，諸生。遊四方，齎志以歿。

道煥，大興人。太僕少卿鈇玄孫。

升吉，字階貞；良玉，字伯潤；興玉，字仲起，一門死。

芳潤，字芬男，與妻王死。

治統，字聖功，與妻死。

述禹，字公遠，與子怡然，及妻張，斫死。

袁克舉，字君猷；克正，字君聖；陳興治，字振甫；嚴基，字公宏；吴玉英，字叔文；張拱薇，字紫宸；陳萌新，字鼎生；尤之俊，字偉人；王日昌，字雲士；張鍾，字南英；郁巽，字雨公；章廷試，字顯甫；張國珙，字天瑞；國球，字輯五；褚世培，字德卿，皆嘗熟人。

九龍，字輝揚，歙縣人。少征流寇。從朝壆，官總兵。

鎧，字生辰，諸生。不薙髮，從朝壆入海。

懌，字瞻淇。從父錫璋，字士趨。與子浩，經死。

徐守質，字野王；馮知十，字彦淵；金善章，字言愉，諸生。

懷南，鄭芝龍旗牌，身經百戰。福山兵起，爲城守。

宋奎然，字元若；徐梅上，字子春，與謝家橋蔣大、曹梅、王先玉等投九龍，官都司；王元炳，字景秦，圖山都司。皆嘗熟人。

璜，字璧甫，長洲人。任俠，工詩，遊袁崇焕幕。

栻，字去塵，休寧人。工詩書，精琴理。兵至，走嘗熟死。

士儉，字季約，詹事士柔弟，諸生。命義士陳龍威間謁紹興，授職方主事。不薙髮死。

際南，字春卿，諸生。草檄討降臣。城陷，不薙髮。隆武二年，馬紹愉按臨，招之不赴。强至講書，詆之，下獄死。

秉鉞，字仲謀，武舉。永曆元年，以完髮與肇慶同死。

肇慶，字子建，諸生。三弟爲史可法衝鋒官，先戰死。皆嘗熟人。

熙中，字垚載，長洲人。戰死大市橋。

繼奎，吴縣人。力戰死。又錢汝紹，字希孟，自沈死。嵇源，長唐市老僧，聞苏州陷，宴會親朋，題詩大壇，投河死。

張國寶，字天珍，諸生。觸柱死；從弟國琰，字玉重，諸生，與弟國珩，不薙髮死；國佩，諸生。與妻王，子順、治從死。再從弟自俶，字載庸，與子德儔水死。從子映昂，字廬平；兄舜年同死。

吴鑑，字子儀，吴江人。諸生。弘光元年六月清兵徇蘇州，縣丞朱廷佐以吴江降。鑑入縣廷駡之，廷佐執送蘇州知府。訊其黨，厲聲曰：「孔子、孟子、張睢陽、顔平原是也。何問爲！」遂殺於胥門學士街。叔易聞而哀之，閏六月十二日，率衆禽廷佐，授鑑父汝延，令斬以祭鑑。推訓導潘承祚爲知縣，二十二日城陷死。

承祚，字用卿，宜興人。貢生。贈左春坊司直郎。

先後死難者：

王喜武，字南軒，劍州人。吴江主簿，起兵戰敗，見圍力鬥，中七矢死。

蕭家駿，字燕良，涇縣人。崇禎十六年武進士，官平望守備，力戰死。

吴銘訓，字繩之，副貢。有名復社，自經死。妻沈，擊兵死。

黄應熊，字渭飛，諸生。方巾不薙，執漾南村死。

任世德，字遂初，諸生。執，不食卒，年七十二。子大訓，字六詁，副貢，歷成都通判、衡州同知、湖州知府歸，爲道士。

沈煌，字葵臺，舉賢良，死年七十五。弟煋，字蘭臺，孝友；烜，字芝臺，任俠爲僧。

陳清，字西雍，諸生。大駡，刃死。

沈龍含，字晋叔，諸生。與弟致杲、致昺同死。昺妻周，從死。

陳孝基，兵死。妻陸，水死。

王有明，兵死。僕范敬，水死。

陳啟瀛，諸生。死同里。妻沈，斫九截死。

丁士俊，字籲卿，太學生。經死。

馬桂徵，字爾芳，毁家從軍死。

顧觀光，字賓容；王日章，字闇然，醫生，不薙髮死。

陳孟台，刃東溪死。妻顧，駡死。

陳宗道，字夷甫，儒生。以舉子當及，居西山。路九成至，曰：「此非公偷閒時也。」後坐不薙髮死，投首於湖。

葉敷奏，諸生。有文名。與費元謙，字子美，刃死。程某，刃妻於蘆墟，水死。

張衡遠，被執蘆墟。問起義人姓名，不答，掠死。

周莊四義士：浙醫主僕某，徽州客某，及一里人。白蜆湖義師潛莊中，清檄獻，過時則屠。事急，四人挺身出代免，義師匿他所荷池走。

張起生，醫生。不薙，死曹村。

葉樹人，字古爲，居同里，治古文。不薙髮，賦絶命詩死。

王上壽，字調之，諸生。結淳社里中。清兵至盛澤，見巾服如故，與族子諸生臣良，字爾諫；族孫諸生湜，字其沚，皆死。

仲時鍈，字儒育，居盛澤，不薙髮死。
邵世俊，字奕楡，諸生。鬥盛澤死。
徐賢，居盛澤，中數刃死。
陳裕容，死沙墿。妻徐，水死。
王志學，字仲求，諸生。謁監國魯王，中道死於兵。子國安，承志謁福京，及至而汀州凶問，乃投井死。皆鑑邑人。

王佐才，字南陽，崑山人。萬曆四十一年武進士。通兵法，負膂力。自援遼都司調河南，累遷狼山副總兵，年老乞休於家。南京亡，楊永言走泗洲陳宏勳家。縣丞閻茂才降清，弘光元年閏六月十二日傳令期，以五日薙髮盡。民傳陸世鑰克蘇州，遂斬茂才。十五日，朱集璜等兵起，以佐才宿將，推爲主；陳大任副之。壇設高皇帝像，樹大明旗，痛哭誓師，爲久守計。午後，忽傳太倉浦六將亂崑，貯火藥陳孔昭家，並結故相顧秉謙子台砥、太嘗卿萬錫璠子鼒等內應。民執孔昭、台砥、鼒三人殺之。十六日，又傳清賂丐人以毒投井。是日天晴，雷震死者二人，衣裏皆火藥氣，衆信之，誅捕不遺，凡三日夜戳數百人乃止。十七日，永言、宏勳、張陽豫、孫志尹、夏有光，亦自泗橋率壯士數百人來助。

隆武元年七月四日，清都統馬喇希恩格圖兵三十萬，挾紅夷大礮數十東至。宏勳舟師迎戰，舟碎於礮，敗歸。五日，佐才欲出戰，永言止之，自率兵五百，小舟出西門。未數里，清兵至，乃退入城。志尹自西門出拒倉橋，二矢殪二人，斬驍旗較西來。無何，伏兵傷胸，拔矢，復中二矢，遂陣歿。是日大雨，日暮諸軍斂兵入城，佐才冒雨登陴，命部下矢射殺清將一人、騎兵二十餘人。六日，清大礮日夜攻城，丸重十餘斤，中人立糜。自寅至巳，城遂陷。佐才縱民出城，自率兵巷戰，矢盡，冠帶坐帥府，遇害。

永言，字岑立，昆明人。崇禎十六年進士，崑山知縣，濬夏駕河、大石浦，嚴明有治聲，嘗薦顧炎武於朝。崑山之守，爲監紀。事敗，依吴志葵黄浦。志葵敗，爲僧，名懶雲。

宏勳，字建侯，崑山人。善槍法。顧錫疇薦憲標參將，守城爲右帥。

大任，字天中，崑山人。弘光元年恩貢。始倡議迎佐才，以其宅爲帥府。身自裹甲，署行伍，修器械，斬敵間首懸城東門，士氣倍奮。嘗力戰，斬清兵。城陷，與子思翰，衣冠坐堂上死。大任妻張，環射死。從姊井死。弟大化，字神令，掌造礮藥，自刎死。

陽豫，字孟和，太倉人。歲貢，寧國教授。與子王桂、吴儒登陴，以黄旗麾軍，戰死。

志尹，字咸一，崑山人。武舉。精騎射，歷京營遊擊、參將。城陷，巷戰死。妻朱，經死；女，井死。

周室瑜，字服堅，崑山人。天啟七年舉於鄉。授儀封知縣。許定國畔，招之不應，歸。王佐才兵起，楊永言、歸莊、顧炎武、吴其沆，各自城外以壯士百人來助。室瑜與朱集璜、陶琰舉兵應之，協守東關甚力。城陷，清兵屠城，死者四萬人。室瑜率家丁阿辰、夏壽、夏八、夏連、俞元、俞四、徐成、王大、周順、劉用、張龍、夏忠、董祥、楊仲、顧元、周乾、陶魁、徐元、余佃、周長生父子二十二人，斬清兵，力戰死。妻朱與成妻，斫死。

子朝鑛，字若金，諸生。登屋擲瓦擊清兵死。妻王，經死。

其沆，字同初，諸生。有奇才，被執大罵，投河死。妻從死。

集璜，字以發，歲貢。學行爲鄉里所推。書絶命詞衣帶，被執大罵，投河死。子用純，自有傳。

瑛，字稚圭，諸生。以理學稱。居鷄鳴塘，去城二十里。率三百人赴援不及，還家曰：「集璜其死矣，我後之哉！」拒户，書襟曰：「生爲明人，死爲明鬼。」自經死。子甄，字康令，去諸生。皆崑山人。

同時殉難者：

邑人朱國輔，字左車，萬曆四十三年舉於鄉。授宜興教諭，忤周延儒，謫保寧簡較。陞潼川知州，斬抓地虎、七條龍。擢河北屯田推官。弘光時，改開封，乞假歸葬。兵至，索金。

曰：「大明廉吏，安所得金？」被斫死。妾蕭，號死。子湛，字心水；諶，字令蓉，諸生，抑抑死。

朱漢徵，字方黯，賢良方正。上林典簿得知縣歸。博學好古，以詩文名。與妻張，刃死。子羽九，與妻顧、妾李；虎鶴與孫虬及女，漢徵弟侃與妻任及子仁謐、仁讓、仁謐，妻季，一門殉者數十人。

柴墀，字對之，歲貢。餘杭訓導歸。子士蘭，字九滋；弟胤初，字開殷，廩生，及子士迪，字忱九，諸生。刃死。

周道行，字啟西，有勇略，累功官漳平千總，解餉南寧歸，自刎死。從父世佩，字復吾，武生，漳州參將，降清。

周錫，字上蓮。祖九鼎，字岳岱，諸生。與妻丁，創死。女與夫顧尹若，水死。父此召與妻潘，水死。從父此聘，字枚求，副貢。與妻陸及女慈大、慈二，刃死。錫，崇禎十五年舉於鄉；兄京，字武錫，皆戰死。

徐開宏，字孟博，副貢。與子諸生履恂、履恪、履慥，坐堂皇死。

桂琳，字孟華，歲貢。能詩工畫。與子一枝，字林先，同死。

朱維宗，字新卿，禮部儒士，與妻周，水死。弟諸生耀宗，字濳卿，與妻葉，經死。子旦，字與明，登屋戰死；曄，罵寇死。旦妻龔，刃死。子與婢阿觀，水死。

諸生守城死者：周復培，字元之，與庶母王，奮拳鬥死；妻葛，不食死；子五郎，水死。陳邦策，字匡侯，哭忠烈廟死；從子恬，字無競，與妻吴，井死。宗傑，字無僞，刃死。陸彦沖，字國欽，從王燾隨州，歸其喪，晝戰守策，巡城被執死；子臨章，火箭速殪二騎，力戰死。謝復元，字震生，挽强弩殺渡濠兵二人，城陷，與一門十餘人戰死；女歸魏莘曾者，經死；從弟復先，字子野，諸生，負父戰死，妻錢經死；復先姊井死。朱晟，字與升，助粟供軍，戰死；子謐，號死。葛用礪，字乾伯，散財犒士，戰死。戴秩卿，字爵恒，與子刎死；妻陸，婦李、孫某，從死。吕思望，字章之，有孝行，短兵力拒死；母王、妻范及女，水死；子遺，痛飲死。顧纘，字子叟，副貢同應子，炎武弟，與弟繩死。顧緝，字元熙；顧維，字仲隅，刃死。黄謙，字履祥，集璜弟子，工詩文，佐永言治夏駕河，賦絶命詞死。顧孝開，字開之，或挽遠避，不去死。陸雲將，字昌之，戰死；妻孫，井死。歸之甲，字元卿，戰死；母與妻徐，井死。徐開晋，字晋侯，工人物，能作丈六大士像、關侯像，挺刃戰死；子球，從死；次女與岳母俞，刃死；開晋弟家婢秋烟，井死。

諸生罵寇死者：孫道民，字霜奇，集璜弟子，刃死。朱國軾，字開伯，與父應鯉、妻黄，刃死。周云璠，字魯玉，與妻王，子興郎，女儒姐、德姐、末姐，水死。沈宏先，字石公，工詩山水，與子徵憲，字章甫，諸生，刃死。茅以茵，字君蘭，衣冠刃死；母趙、妻楊與孫女，井死。張止緝，字令憲，投井執死。顧錫純，字爾嘗，衣冠水死；從弟循，天垵子，歲貢，執死，妾福如，觸階死，婢紫簫、阿雲，井死。徐溵，字伯因，與妻任，衣冠死。弟洺，字仲繩，負母夏，刃死；妻陳水死。吳行貞，字履冰，儒服與妻徐，井死。王獻曾，字黍仲，衣冠水死。傅咸，字宜仲，與妻周及子女四人，水死。王儆，字叔則，與子存善、從子存哲，刃死。沈崗，字儼若，傾財犒士，與妻王及妹、女、二僕婦，井死。許身，字行之，與妾王，經死；子諸生祚韋、祚善及妻戴，水死。戴元祚，字明儒，與妾張，刃死；從弟元禧，字慧兼，元旦，字歌雲，刃死。周虞璇，字在星，與母朱，婢許抱璇女，水死；從弟煥若，字雲燦，侍母病不去死。鄭之祁，字宋叔，有孝行，刃死；從子伯昌，字倩文，諸生，經理之祁後事。顧錫疇，薦未赴；錢天圻，字元卿，與子鏊祐，字偉孟，刃死。李胤嘉，字文祥，刃死。子衍詒，與妻吳，及僕婦，斫死。徐達可，字後之，刃死；子公若，與妻何，同孫諸生德基與妻顧，水死；女，斫死。達可兄時可，諸生，與妻，經死。女與夫諸生魏桓肅及女觀姐，經死。王上緝與父汝召，刃死；母張，斷縛刃一兵死；從弟止緝，水死。胡宏與妻徐，剖腹死。張一宿，楊漣客，爲疏代劾魏忠賢，後依袁崇煥遼東歸，經死。李國柱，字中甫，與長子某、次子諸生天士，刃死；國柱妾奚、天士妻姜，經死，婢福蘭，斫死。弟國棟，字際甫，太學生，與妻刃死；二女與僕張應龍妻，水死。國柱弟公錫，與生母吕，刃死。王維翰與子女，刃死。曹廣先，與妻張及三女，水死。李枝森，典妻董及子女，刃死；僕阿五，代幼主死。朱仕傑，與妻周，水死。朱振，與子廪生爾服，及婦周，刃死。朱路，與妻顧，水死。王祈浩，與妻張，刃死；二女，水死；弟祈澄、祈喆、公輔，刃死。王時芳，與子維，水死。陳瑞麟，與母薛，刃死；婦孔，水死。陳明時，與子邦憲；許鼎燧與妻姚，刃死。蔡方鐩，刃死；母張與姑，沈水死；女童金，從死。方鐩子，刃死。蔡復襄，與子易芹，斫死。夏幼良，與妻馮、子萬柱、爾立，一門死。吴光玉與妻朱、婢阿巧，刃死。朱儀孟，與母曹、妻許，刃死；弟雲仲妻黄及女三，水死；黄父九皋，與儀孟婦徐，水死。葉湑、葉廷搢、朱元躍、朱天賚、朱佐、朱崗、朱祚泰、朱二程、王楷、王賡、王應桂、王仕傑、王家制、王張維、王大範、王永祚、陳從先、陳繩先、陳士鋐、陳天錫、陳公輔、沈珩、沈應祥、許國玉、許廉善、許世璟、李夢徵、李克俊、李煉、李景平、李甲、張欽止、張萌、周室瑞、周爾凝、周杲、周襄祚、周之軾、顧繼美、顧洪徵、顧弘、顧天宬、顧象之、蔡方銘、錢載、錢時用、俞賓、俞汝葭、孫晋、梁淳、趙元龍、姚雯卿、徐岐鳳、楊玄熙、馬錫瑕、陸甲、曹景元、孟甲、戴襄、陸訥、范能述、孫泰衡、柴汝璿、柴汝瑛，或刃死，或水死。

義民守城死者：高國柱，百夫長，城陷，執殳不去，戰死。王熠慶，字鳳翔，百夫長，與妻張，力鬥死。李逸，字斐石；姚曦，字元暉，皆畫師，刃死。陳慕濱，眼醫，自願編伍，與妻姜，及姜妹，刃死。蘇達道，字備倫，業造酒，年七十，擲巨磚，大呼擊兵死。戈化雍，字均一，營什一供父母，刃死；妻張，觸階死。朱曇，年垂髫，守瞽父老母不去，刃死。朱日煜，與子圭臣、儁臣，戰死。黄爾梅，刃死；妻夏，水死；僕張六夫婦，經死。支公遠，手斬六兵，刃死；妻李，水死。楊泰，刃城頭死；子廷麟與三女，水死。吴洪川，與妻，刃死。顧倚槐，與妻杜，刃死。陳是古，刃死；妻周與女，水死。夏毓誠，與妹觀姐，井死。俞贊明，刃死；妻吴，水死。某甲，刃死；妻執刃刺兵死。觀南橋酒店夫婦，夫，刃死；婦，刀殺兵，斫三截死。朱士林，刃死；妻郭，中矢死。徐良志，負勇力，戰死。邵百步，以騎射稱，守北門死。孫甲，冶銅爲業，負有膂力，戰駟馬橋，斬敵百人死。唐日都、俞銅匠、張采山、朱木套、平大、沈養先、姚巡捕、蔣銅杓、孫應元、李仍山、陳烈、徐文魁、高爵、俞焕、程潛夫、顧約、周長、姚福、汪仕漢等，或刃死，或水死。

義民罵寇死者：庫吏趙伯玉，與妻顧、二子，水死。學書吉開之、允之，刃死。開之長媳、孫媳，刃死。允之妻陳，剖腹死；嫂等，刃死。禮書陸奉疇，與壻顧惠橋，刃死；女，井死。鄰婦何侍橋妻方，井死。糧書王瑞卿，刃死；妻周、三子，水死。張士美、子柳兄弟，工畫，與子柳子寶淳，刃死；士美女適姚元暉者，與一子三女，水死；子柳妻李、婦許、女適諸生陸伯先者五口，刃死；士美姊適諸生沈續之者，與女及淩安所母、妻、女二人，水死；其姊適諸生許非因者，與女三人，刃死。趙完璧，字伯玉，與妻顧，及子藩城，水死。盛基，字肇之，刃死；妻歸及婦孫，經死。張崑，字玉崖，魯得孫，立環子，與母諸，甃死；弟峴，字漢隱，水死；崙妻王佐才女，抱子，與崙之姊妹三人，水死。周晟，字叔韜，弟瀾，字源初，晟子灝，字平初，與子諸生允熙、瀾妻陳，及子楨，水死；族子鐩，字莘孟，衷祚，字贊俞，皆諸生，與妻張，刃死。沈銘巖，司圍城中書記，與妻周、子麟妻楊，水死。韓元鎮，字伯宣，與妻徐，二女喜姐、善姐，井死。何慕，字儒思，醫師，與女，刃死。孫德明，字紹峯，年八十，刃死。王君甫，刃死；子貴郎與妻，井死。徐劍楊，刃死；妻曹與二女，井死。黃彥章與妻王、王母陸，水死。唐欽明，水死；妻朱，刃死。徐右文，與妻張，經死；右文弟子維弘、光時，督餉司務二子，皆參將後，以肆毒於鄉，爲人所殺。朱英甫，與妻李，弟俊甫與妻徐，經死。許宗美，井死；女適徐廷碩者，刃死；媳陸及宗美幼女登姐，井死。陸鼎，與妻朱，刃死；幼子撫屍吮乳死。徐履愼、履恒、履愷兄弟，舉人，開遠子，與母張，井死；開遠父妾，繯死；媪唐，經死；唐婦王，絜從子，水死。顧亥伯與弟，刃死。柴明遠，刃死；妻顧與子，水死。周望雲，刃死；妻龔，斫死；女喜姐，與姊適張止官者，水死。望雲弟敬雲，與妻吉及女，刃死。龔三，與妻顧及子，經死。何日起，能文章，與父，刃死。朱順葵，與母，刃死。董元敬，刃死；妻徐，子維皋與妻王，經死。陳文德，刃死；妻朱與二子，井死。陳應標，與妻汪，水死。錢子静，刃死；妻袁，剄死。周雲燦，字焕若，父兄弟死角直；雲燦奉母雙塔，刃死。周振之，與妻蘇，水死。莊君實，與妻陳，刃死。趙碧泉，刃死；妻孫，井死。任瑞雲，與妻徐，水死。劉漆匠，與妻子，刃死。羅漆匠，與子，刃死；妻劉，井死。陳思溪，與妻朱，水死。張挑脚，刃死。妻，水死。周伯卿，與妻李及女，井死。杜少南，與妻顧，刃死。尹三，刎死；妻龔、子拓官、女桂姐，經死。趙明甫，刃死；妻顧，井死。楊憲卿，刃死；妻丁，水死。趙瑞甫，與妻張，刃死。汪起鵬，刃死；妻浦，水死。李登甫，與妻石，刃死。曹仰山，與妻，刃死。張茂伯，與妻秦及一子二女，水死。朱臺酒，一門井死。夏崑華，刃死；妻戴、婦張，水死。李奉溪，刃死；妻張水死。齊敬橋，與妻徐，刃死。陳泥匠，與妻，刃死。盛桂，與妻淩，刃死。楊俊生，與妻高，井死。陳文魁，與妻侯，刃死。黄承宗，刃死。妻吴，水死。張仲行，刃死；妻徐與子女，水死。徐長修，與壻孫仲寧，刃死；仲寧妻徐與子，水死。朱愛橋，與妻陸，水死。沈子山，與妻，刃死。許思溪，刃死；妻李，水死。陳因，與妻薄，刃死。趙卿，與妻陸，子喜與妻，刃死。高甲，刃妻水死。徐獻陽，與妻俞，刃死。陸奉春，女適陸君甫，父女夫翁，刃死。張文岐，刃死；妻徐與女，井死。陳泥水，刃死；妻女，水死。孫仲和，與妻莊、子愛官，井死。唐奉萱，刃死；妻李與子，刃死。趙怡泉，與子，刃死；妻，經死。邵觀舍，與妻陸；宋承溪，與妻顧，刃死。胡敬川，刃死；妻馬，經死。夏雲峯，與妻莊；馬士彦，與妻李，水死。劉漆匠，刃死；妻，水死。陸子仁，刃死；妻毛，哭死。張奎，與妻朱，刃死。吴三，刃死；妻朱，水死。姚起祥，與妻陶，經死，一門九人殉。徐俊，刃死；妻葉與子女，經死。吴甲夫婦，與主婦，刃死。俞恩泉，刃死；妻湯，經死。胡天彦，與妻羅；顧宣美，與妻葉；姚洗白，與妻陶；朱昌，與妻金；金甲，與妻陳；金應期，與妻顧，經死。王奉樓夫婦，嚴少川夫婦，吴伯如夫婦，顧大夫婦，殷少疇夫婦，徐仰川夫婦，任翦子夫婦，徐元夫婦，俞連城夫婦，徐原夫婦，沈節夫婦，徐三夫婦，潘糴米夫婦，毛臘子夫婦，慶安夫婦，來元夫婦，與何道行、祝倜、周鑑封、楊在、俞元初、趙君朔、王淪生、王漢三、殷登，或刃死，或水死，或經死。民壯孫吉，刃死；妻陸，與女大姐，井死，一女哭死。轎夫方甲，與妻荀，刃死。梨園龔三，刃死；妻顧與子，經死。

僧人城守死者：瑞光洞一燈，景德寺冰谿與徒問住，桂峯淨室無私，百里樓法雨，彌勒閣實相、道安、應安、長慶、徹生、寶華，普同塔修己，西藥師殿止初，銅觀音殿盡心。

邑人先城陷死者：潘康侯，字子晋，諸生，南京亡，自經死；子碧，字煒玉，晦跡終。顧升明，字公蓋，廩生，嘔血死；王庭瞻，字爾師，以監紀從田仰軍歸；子志古，中牟知縣，降清，邑人逐之出，死於途。

其後薙髮令下，不從死者：金駿聲，諸生；子必達，字伯昌，與顧鐵匠死甪直。陸幼安，大飲宗親，大哭曰：「我已七十年大明人矣。」投千墩橋下死。陳茂芝，與妻朱，死陳墓。

流寓城陷死者：莊士翔，字萬程，嘉定人；父甲，字子猶，熊廷弼薦副總兵，從監國魯王，累擢將軍，江上潰死。士翔，諸生，吳淞千户；弟士翀，字九霄，與弟小虎，皆戰死；母朱，士翔二女，士翀妻金、子蘭與女，及婢雙桂，經死。上永慶，字子升，鎮海衛人，世百户，居馬鞍山下，與妻沈，經死；子國光，亦死於兵。劉古江，字生西，吳縣人，布政使玉受子，諸生，與妻葛、子女，死通惠河。王在中，字君垣，太倉人，諸生，抱詩文井死。尚子升，太倉人，與妻沈及子，經馬鞍山死。孫鶴胎，字霞骨，仁和人，諸生，大罵死。莊華，閩縣人，銀匠，登陴死；妻，水死。又周槩，字漢承，崑山人，崇禎十二年舉於鄉，遇仇害死；義僕歸大手刃仇人，祭畢而去。

張錫眉，字介兹，嘉定人。崇禎三年舉於鄉。性至孝，每赴館辭母，必流涕彌日。嘗孤館獨坐，一女子挑之，不爲動。清兵徇蘇、嵩，弘光元年閏六月十七日，從侯峒曾起兵，分守南門。或謂「君故鄉瀕海，無兵，盍歸妻子？」曰：「是先去爲民望也，不可。」被圍浹月，糧盡援絶，乘間縋而下，霪雨中徒跣之嵩江乞師不得，痛哭歸。度城孤不可守，嚙指血書絶命詞於衷服。翌日城陷，左右告西南隅無兵可走。曰：「故知必死，今死得所，去安之？」正衣冠北拜，自經死。妻黄、妾何，抱女投水殉。

邑人同死者：

龔用圓，字智淵，天啟元年舉於鄉。授秀水教諭致仕。以經學知名。分守南門。東門破，左右勸啟關出，不聽，與子元彬。兄用廣，字儉化，諸生，與妻婁及子元韶。弟用厚，字恕先，諸生，與妻沈，子元明、元桂，自沈石岡池死。用圓子元侃，字得和，諸生，爲僧，名育賢，字覆蔭，主西林庵。用厚子元昉，字得初，諸生，奉母龔在鄉。龔水死，元昉亦卒。

馬元調，字巽甫，諸生。少受業婁堅，淹貫經史，較正同異。年七十餘，協守東門死。子舒，字應之，去諸生。

夏雲蛟，字啟霖；唐昌全，字聖舉，皆諸生。有志行，協守南門。雲蛟，自經不殊，受刃死。昌全與妻周被執，命薙髮，大罵死。

王雲程，字鵬九，選貢，城守死；妻及二女，繫繩於腰，牽連入水死。

嚴愛棠，諸生。以鄉兵五百人當城東南衝，誘斬李成棟弟成林。成棟攻城，愛棠逆戰不利，退屯城東北荷花塘，力戰，一軍盡殁。

有油坊匠者，以隊長從吴志葵守淮安、京口。南京亡，回羅店，從黄淳耀守北門。一夕，偵成棟兵過陸村，用二鐵錘殺副將一、兵數十人。城陷，死。

當嘉定城守，四鄉皆起兵以應。十八日，唐景耀、唐培、朱霞及兄彩橋，先後兵敗羅店。景耀，字韜生，諸生。大書白牌諭成棟降，力戰被執，磔死。培，字自因，景耀從子，副貢，巷戰，大駡：「臊狗敢爾！」中六矢一槍死。霞，字赤城，諸生，登屋再戰，步騎叢刺死。沈可衍、范光昭與父國楨，及馬胡、陸文煥、朱之奇、朱鯨、支洪、支廉吴人席、元斌，同日死。可衍，字叔文，諸生，工山水。光昭，字德明。

隆武元年七月朔，婁塘磚橋民兵十餘萬起，陳謙光、胡静生戰死，被屠。安亭義兵踵起，毛玉佩、杭國謨斬清兵數十，陣歿。徐文蔚與馮滿、許肱、許臣、龐端，以西里兵力戰死。謙光，字文吉，諸生，與妻死。國謨，字文若。文蔚，字蔚生，諸生。

嘉定既陷，成棟載子女金帛三百餘舟歸太倉。以太倉浦嶂爲嘉定知縣，吴灊所徐元吉爲把總，與朱香、曹壽、趙五、哈伯章分屠四鄉，數十里内草木朱殷，炊烟斷絶。十日，民稍歸城。二十三日，遊擊朱瑛起兵守城，誅薙髮諸生張有光。劉敖、王憲、朱六、孫小溪等千人，應於葛隆馬陸鎮。六手禽清將。嶂以衆復至，城民郭元以大義責之，嶂告成棟。二十六日，清兵至萬隆，小溪父子四人皆死。敖、憲、六力竭戰死。因屠萬隆外岡、朱家橋。翌日，嶂、元吉、萬國昌再屠城，日入村落殺掠，貧富均盡。

城中死事可紀者：唐咨禹，字伯勤，萬曆三十七年舉於鄉，自兵部員外郎出爲雲南僉事致仕，分守北門死。朱長祚，字正甫，太學生，守北城功多，與妻妾死。龔孫玹，字爾韜，太學生，與妻金死。金德開，字爾宗，太學生，守東城，危坐死；妻侯及女，水死；妹適張宏乾者，經死。德開子起士，字懷節，諸生，嘔血死，妻李，水死；堪士，字幼輿，諸生，與妻陳死；仲士，字侯在，諸生，與從弟虎士、妻晏，水死。朱元亮，字耿初，諸生，傾家餉士，當清兵過倉橋，熾炭灌酒醋，橋隨崩折，城上大礮殺清兵數人，城陷，誘家盡入一舟，自沈死。汪彥恒，字子久，諸生，戰死。吳躍，諸生，與妻大罵死。潘大綸，字仲宣，諸生，與妻自火其家，水死。陳師文，諸生，與妾死。李杭之，字僧筏，舉人流芳子，諸生，以詩畫世家，與妻鄭，投鄧尉山水死。李昂，諸生，與妻金死。朱衮，字公榮，諸生，城陷，父子三人不釋鎧甲，持兵鬥死。孫和京，字九服，巡撫元化子，諸生，與母沈、妻高，刃死。婁復聞，字思修，歲貢堅子，諸生，與妻張，被執鄧尉山死，女水死。宣衷恂，字子默，諸生，與妻晏及女死。沈懷祖，字公述，諸生。湛深經史，水死。周鼎實、朱振川、王蘭、趙維賢、陶恕先、張京，皆諸生，大罵死。陸禹錫，字元功，痛哭死。趙豐，儒童，巷戰，一門死。劉滿，中礮死。唐預，字仲孜，代母死。郭元，格死。吳甲，賈人，水死。靖江千總陳竑，妻沈與女，水死。諸生宣坦妻周及女，刃死。諸生印鴻謀妻顧，刃死。諸生周璨妻楊，水死。諸生張錦母周、妻汪，井死。諸生殷儒女，水死。何介妻喬與女，經死。顧君穎妻駱，井死。沈萬化妻及子，水死。沈大綸妻徐及二子，刃死。黄道宏妻王及二女，水死。

四鄉死事可紀者：李磨鏡，聞城陷，自經安亭朝陽庵死。丐者，投安亭嚴泗橋下死。賣菜者，投登龍橋死。陳妥，張涇鄉農，隆武二年夏留髮不薙，城守苦勸之，安曰：「頭可斷，髮不可去也。」亦被殺。又龐偉，字子千，諸生，弘光時開屯大瞿山，獻策佐軍，謀歸助錢默募兵，至方泰北煙墩下，爲奸民所害；妻徐與三子恒、文、仙，火死。諸錡，字用湘，諸生，輕財仗義，壯士蔣若來、潘君明，皆衣食於錡，隆武元年九月七日以數百人應張士儀劉河，死嘉定城西迎恩橋。朱寄、林稱遊擊，入城肆虐，後降於清。

嘉定先後凡三屠，城士民死者二萬餘人。

巢之梁，字伯楨，武進人。萬曆四十年舉於鄉。授武平知縣，禦寇有功，遷曹州知州，愛民如子，致仕歸。弘光元年閏六月，與子太學生竹、從子舉人琛，以孟河士民起兵攻城。兵敗俱死。之梁年七十。

同時起兵者：

邑人張龍文，字掌麟，廩生。詩似李賀。兵敗完髮匿申港，被劉良佐所執。罵曰：「國朝封汝爲伯，與汝三萬衆、餉五六十萬。既禽，惟速死而已。」良佐怒，支解之。

須成孫，字大成，諸生。與弟國孫，糾衆攻城死。成孫妻宗，井死。婢寅女，從之。

何敬義，農夫，糾千人攻城。宗灝銃拒，千人散，敬義等十人格死。其叔欲仁，偕何叔皋、何寅，糾卜式橋鄉人攻城西南，莫大猷以孟河鄉人攻東北，死傷甚衆。欲仁死，叔皋、大猷走。寅，字仲惺，與叔皋入長蕩湖，復金壇戰死。

包行素，布商，以信義稱。合横山左右鄉人攻城。未至三里，衆散，行素等四人死。

毛瑞之，起兵宜興山中，兵稱盛。與清兵數戰。以省父出山，被執。清吏問同謀，大聲曰：「除汝輩，皆吾黨。」掠無完膚，益駡，磔死，首竿懸城樓七日，面如生。

丁先，字大來，諸生。雄豪自熹。薙髮令下，入山奉宗室議泚，以舟師攻孟河，兵敗被執。知府蕭起元令薙髮即治，不從死。先笑曰：「吾願全髮，不願薙而活。」即梟之。

錢晉謙居烏山，不薙髮死。子國珩，字楚先，去諸生；國珍，亦以不薙髮死。

孔興賓，字用卿，武進人。諸生。居寨橋。清自江陰攻宜興過之，見完髮，被殺，尸不仆。子毓聘，字若思，諸生爲僧。

王文驄居奔牛，性朴誠，喜力田。薙髮令下，急處置家事，謂諸子曰：「余必不薙髮易服。虜令雖嚴，我死，如我何！若等欲盡子事，無乃讀書不試，但力耕，爲善人足已。」沐浴更衣，夜自經。

徐元，居圯上，力田不薙，匿於家。哨官徐鳳儀執元。將刑，歎曰：「我鬼而髮，不愈於薙而人乎！」鳳儀後亦爲人掠死。

馬純仁，字樸公，六合人。諸生。聞薙髮令下，囊石袖中，赴龍津橋下，自題衣帶曰：「朝華而冠，暮夷而髡。與死乃心，寧死其身。一時迂事，千古大人。明堂處士，樸公純仁。」沈河死，年二十。屍逆流不腐。生平多著作，死之前夕，取稿焚之。

同邑詹明宇，與妻左，水死。

劉鳳池，溧水人。衣冠從容投水死。

李長似，興化人。天啟四年舉於鄉，高淳教諭。弘光元年閏六月，將軍虞甲起兵，未幾城陷，死。

同時，劉鼎甲，字吉之，寧波通判致仕，城陷死。

劉定應，字猶龍，號泣狂走，不食死。

趙士林，字以卿，諸生。清兵至費家嘴，裹紙爲甲，單騎以鄉人挺長鑱戰死。逾百日得屍，面目如生。

楊師祿，被執敵營，不屈死。張悅、劉求可，皆歲貢；劉澐、毛澤、王可望、李宗文、仇兆登、張觀生，皆諸生；與義民張調鼎、陳山景、李六龍、王文、周景臣、黃飛生，皆水死。楊正化，刃死；妻陳，水死。孫其彪，水死；妻李，經死。邢汝龍，執死；妻孫，刎死。吳翥南，兵至，代父死。皆高淳人。

瞿德毅，字士元，靖江人。諸生。少英異，有卓見，好讀書，縱酒落拓。中年喪其明。北京亡，與同邑朱朝紳、劉士鵬，以忠義相期許。德毅輒涕泣絶粒不欲生。妻項慰之，德毅厲聲曰：「吾目雖盲，心亦盲乎？汝婦人，不足語大義，速自便。」明年，清兵至，邑人悉驚逸，德毅獨閉門拈瓣香北向再拜，與項挽手自經死。次子先及難，惜失其名。

朝紳，字中肅，諸生。北京危，起義兵，慨然有同仇志。清兵至城下，人勸之去。曰：「此我死所也，何去爲！」於是儒服端坐。獨妾侍立不去，曰：「君死義，我死節。」及被執，令命薙髮。朝紳則願爲斷頭死，不爲薙髮生，與其妾被殺於市。

士鵬，字汝沖，膂力過人。土寇起，率兵剿撫，殲其渠魁，餘黨悉平。清兵南下，擬倡義保衛。忽傳南京不守，憂憤死。

姚義士，逸其名，靖江人。務農，有膽力，居西鄉姚家埭。東爲申家港、馬路港，其側有大道。弘光元年，清兵過此，義士聞而往拒，持大刀殺數十人。及清兵悉衆來擊，義士首將斷，猶從木橋以渡，西抵其田界乃仆，尋即瘞於死所，鄉人稱爲「斷頭義士墓」。

同邑佚義士，亦失名，力田西鄉，與鄉兵百許人，持仗伺路旁。清兵南下，突出抗拒，悉被殺。義士傷一臂，仆地，踰時漸甦，人稱爲「獨臂翁」。諸鄉兵姓字無傳。

又鄉兵五百人應募援江陰，與閻應元爲夾攻計，俱戰死城下，志碑三公祠，惜未詳其姓字。

王湛，字道廣，太倉人。太學生錫爵孫，諸生。清兵渡江，沙溪烏龍會索餉於龔誠宇，不應，劫掠一空。蘇州陷，鄉老會明倫堂爲納款計。王會華不從歸，絶粒七日死。未幾，尚書王世貞曾孫海防道介福，與邑人待詔馮京，副總兵浦舒、浦嶧、吴體元、尹雲龍等降，爲清先驅。京招撫太倉。弘光元年六月十三日，薙髮令下，民多洶洶。湛與兄淳、瀚曰：「弟誓與髮爲存亡也。」次早，傳蘇州清兵熸，烏龍會首嘗熟陳堯夫自稱副總兵，立帥府長壽寺，與吕之模、淩伯祥、顧慎卿、侯龍泉、沈約，以楊林、沙溪兵一二千人至，號大兵十萬，斬京攻城，皆被執剖腹死。湛聞益憤，涕泣草檄。隆武元年七月十三日，集雙鳳鄉人，陳説大義，從者千人。與顧兆行、王國璠、黄通理圍州城北門，蔡仲昭、魏虎臣横刀爲前鋒，蘇應昌内應，事洩被執。清兵登陴笑曰：「此烏合耳，何能爲！」礮擊之，衆皆伏地不能傷，訝曰：「此知兵者。」傳令禁舉火，以虞内應。三日突煙不起，人聲寂然。湛衆謂其怯也，板扉遮矢石薄城呼譟。時暑甚，自辰至未，饑且疲，解衣少憩。守者驟開門，以十二騎突馳之，遂大潰。湛斫一騎未及，被斫死。

淳，字美升，諸生。受傷赴水死。瀚，字原達，諸生，哭文廟，焚衣巾，爲僧黄梅，名戒顯，字願雲。

會華，字元升，尚書在晉子，諸生。任錦衣千户。之模，字茂成，諸生。兆行，字貞孚，武舉，與湯四，以直塘鄉兵繇北關入，磔死。

國璠，字露玉，太學生。以沙溪鄉兵繇北關入城，潰死。

通理，字仲伯，起沙溪，執死。仲昭後於九月十六日戰新塘茜涇死。皆太倉人。

虎臣，字武卿，長洲人。魯之璵妻兄，守備。攻城，潰，中矢死。

應昌，字際之，太倉人。武舉。自太倉百户累遷潁州守備歸。清兵至，自經獲救。内應事洩，鞫之不屈，曰：「死耳，不受畔逆名。」昂然受刃。長子願代死，釋之。

清兵屠城及楊林、沙溪、璜涇、直塘、任陽，不屈死者：趙學基，字一令，諸生，有文名，一門百人死。呂雲孚，字石香，諸生。工文章，從吴易軍歸，死。弟雲奇，字石英，諸生，救父冒刃死;妻龔,水死。周維翰,字申甫,歲貢。與子諸生綿存,字嘏嘗死。王時重,字威若,歲貢。與父瑛死。趙錕,字漢文,諸生。與族人佐勳、益勳及兄鋌死。諸生戴亮采、鄒伯仁及顧瑞、湯丁等,執死。諸生趙功伯,不薙髮死。戚雋陞、子于從,清兵至璜涇,戰死。廩生徐清,刃死;妻趙、妾劉,水死。諸生陸宗毓妻羅,水死。諸生凌挺妻浦,水死。江德璜,字獻之,諸生。母八十,盲目,舐愈之;與子士毅,死璜涇。郎星緯,字元翼,諸生,工儷體文,嘗草檄討從逆者,不薙髮,走沙溪死。東大潭趙氏,一門男女百人死。皆太倉人。

張啓,一名鳳至,字慧叔,太倉人。習韜略,從楊漣遊。熹宗即位,上保障東南、培植人心二疏,又請募戰船、修城堡、獎忠勇、寢加賦四事,不報。魏忠賢用事,客定海,爲山左參謀援遼。至滕縣,白蓮寇阻餉道。屯兵韓莊,自拖泥溝進剿,斬獲無算,歸。安宗立,謁南京,受兵部劄。方糾兵而南京亡。黄家鼒勸仕,踰垣走。歸,聞上北狩,一慟嘔血死,年八十九。

侯龍泉,嘉定人。行四,拳勇,時稱侯四。弘光時,與太倉瞿太胡、史庭、沈云甫應募爲材官。南京亡歸,爲義陽王副將,挂先鋒印,屯常熟。又北門胡來貢爲主帥,周君建、徐培甫、陳克甫爲副將，時敏助之。城陷，引百餘人走支塘鎮，有方守備先在，驅之屯佛寺。薙髮令下，與太倉義師克甫屯、河涇。衆潰狼走，龍泉兵出何家市，屯六鎮。龍泉入海見義陽王，使攻太倉。六公鎮西有劉副將，北人，劍川兵百，皆死士，出戰殺劉中賓等。後一軍熠，龍泉再入海，來貢將王江北僞招龍泉入舟，斫之，脱走上海。清迭招之，不至。龍泉憨直粗疎，後棄爲商人，遇害。

同時田稼，上海人。魁碩壯勇，人呼田胖。時謀開瞿山，命度形勢，歸與時敏集衆陳嘴涇，結勇士謝虞峰及甥謝二。過沙溪，其表弟盛侍復與田雅故，招虞峰等歸之，相與謁王，授稼官游擊，虞峰都司。沈某起兵松江，招與岳全鎮張六進攻吴江同里，而陰引清兵伏葦中。伏發，溺死傷枕籍。退過石牌灣，爲陸巨亨所阻。虞峰、謝二戰死，田再戰，破巨亨，將出海依王，王已去，乃之舟山。黄斌卿不容，歸至黄浦，沈舟散衆，與妻子隱去，不知所終。

葛麟，字蒼公，丹陽人。崇禎十五年舉於鄉。有膂力，能開數石弓。初爲諸生時，郡守印司奇賢而被寃，麟徒步走京師，直其誣，義聲震天下。

北京亡，欲投水，忽曰：「丈夫負七尺，竟泯然死空山中耶？」遂與袁先、朱興公、吴中奇、莫大猷、管元聲、于元凱等盟於鎮江，草檄糾義旅，得義勇萬餘人，立忠孝、干城、大正三社近城。于永綬兵不戢，與中奇登陴礮擊之，殺數百人，鎮江以安。因上便宜十二事，又請練兵江北，皆不報。祁彪佳薦其才勇，授中書舍人。疏斥馬士英、阮大鋮奸佞，士英甚之，授意嵩按散其兵。其後清兵渡江，嘗、鎮望風潰，無一人捍圉，則以麟計之不用也。

鎮江陷，聞泰興朱永盧起兵，渡江觀之，則皆紈絝子弟，無深智。復南渡至吴光葵軍，見其好逸樂，一以飲饌爲事，知皆不足爲，後永盧、志葵果敗。志葵潰卒推麟爲師。時郎中王期昇奉通城王盛澂立寨太湖西山，因與之合。會盧象觀來招，隆武元年七月，遣期昇立寨西岡守之。已至宜興，合兵三千。興公亦來合營，有衆二萬，軍遂盛。聞韓紹祖起兵湖州，遂與象觀、興公會之，議取宜興，援江陰，因至嘗州。期昇不能軍，惟以剽奪爲事，民苦之，引清兵焚其舟，期昇遁。

八月二十九日，象觀困於泖湖小嵋山，危甚。麟望見火先，率三舟衝之。軍吏曰：「衆寡不敵，毋陷死地。」麟曰：「臨難不救，同盟之謂何？」手搦長矛，奮力戰，所當披靡，連殪百人於湖。清兵耳其名，畢目之噪曰：「長而肥者，葛中書也。」萬箭注之，麟揮矛如風，箭悉墮水，乃更以火攻，舟焦，始自沈。

從弟諸生敏、晸。敏與萬生於麟死後十一月，以衆數百，與荆碩合營遊增廟，斬清兵七。部曲不協，與碩分。敏營九里季札廟。二十九日，馬得功以兵騎至，敏以銃中之。旋出，與晸及劉六等被執，萬生自刎死。晸，字如升，後與錢在茲執之南京死。

興公，溧陽諸生。議滋授中書舍人。議滋死，抱持泣死。妻鮑，自刎死。

中奇，字君平，丹陽人。戊午武舉。力過人。與兄君實，弟君調、君文，子嘉生，字我靖，爲前鋒，俘虜清兵數人入山。

大猷，字潤卿，孟河人。諸生。

元聲，丹徒人。諸生。

事聞，紹宗贈麟職方郎中；同時贈南直死義士紳錢振先參政，顧棻兵部主事，王日如兵部員外郎，馮翥副使，錢圭參政，王有容僉事，淩宏焕、張明光訓導。

振先，字其若，無錫人，崇禎四年進士。少游東林。官金華知府。與二子從盛澂起兵孝豐，敗績，出菱湖死，一門死者十九人。子澐生，字江民，諸生，官浙江推官。浙西陷，間詣金華，事露執死；妻陳及小姑亦死。族濡起，副貢，從董純軍，官職方主事，金衢嚴監軍，暴死。

棻，字子凝，無錫人。崇禎十年進士。官蕭山知縣，拒賄千金，杖殺巨盜。歷河間推官、河南道御史。死湖州山中。弟杲自有傳。

日如，字弗如，廣德人。副貢。

圭，字如仲，安吉人。諸生。名著復社。

又陳克昌，江陰人。舉於鄉。廣德判官。清兵至，力守。糧絶，與妻沈經死。王三品，廣德人。與妻皆刃死。王仕義，與妻施刃死。任佐君，河南人。廣德同知。

盧象觀，字幼哲，宜興人。父國霖，字公嶼，諸生；兄尚書象昇。崇禎十六年進士。安宗立，遷中書舍人，金溪知縣。未赴，頒追尊謚號；詔蘇嵩嘗鎮道。南京亡，集邑人明倫堂，設太祖、成祖像痛哭，觀者皆泣，因謀起義。將謁潞王常淓於杭州，至則已降，大失望。遇宗室議瀝西湖，語天下事，相與痛哭。入于忠肅公祠，誓同起兵。時清兵已南，謀於丹陽、廣德要清兵歸路。歸家，散家財，招兵數百人；使妻妾自盡，免回顧。乃至茅山，以象昇故將陳安爲先鋒。

弘光元年閏六月，奉議瀝謀復南京，不克。洪承疇重象觀才略，餌以富貴，三招之，象觀三拒。遂返宜興，鄉兵歸之者數萬，旌旗相望。清兵屯北門，鄉兵各連小舟東西，謀火攻。二十五日，約夜中火起俱發。會清兵誤火草房，象觀望見，攻城先進，留安爲殿。覘城中無兵，不俟安，以三十騎入城，鄉兵隨後應之。清聞鼓噪聲，益縱火張勢。初本約火攻者象觀也，而三面之火反皆起自清兵，鄉兵遂亂。象觀被圍，矢自頤貫耳，落二齒，創甚。安聞之大驚，以三百人赴之，敗清兵，用己馬與象觀，自爲拒後。而吴敞瑩及族兄廷柱戰南門外死。張琳以數百人戰南門先登，中矢，刺一將，升屋，烈火起，入田中，矢如蝟，毛髮焚，數日死。蔣永儒、丁丕選爲先鋒，戰北門死。吴遴戰高橋死。朱邦彦、陳僎、張貞緒、許問字、陳貞禧、吴國士、儲啟祚、王德源、蔣永儼、王孝源、王祚榮、儲謙、儲懋捷、何鏋及子天龍，戰十畝墩死。鄉兵潰散，象觀昆季子姪死者四十五人。已收士卒張渚，堅守月餘。會萬麟、徐昌明、毛重恭兵屯新橋，復嵊山，勢少振；象觀創愈。

七月，清兵大至，張緒吉、陳寅、許樹遠、楊爾猷，昌明將步匡明，軍較張利千，與唐魁、徐夢岳、蔣曦、陸元望、儲振彩、蔣章甫、季明之、蔣七、陸乙戰死。三省走。象觀攻溧陽不利，議瀝亡入方明軍。象觀族人懼禍及，欲執象觀之清兵。象觀乃以三百人入太湖，與葛麟會復湖州，與王期昇合奉宗室盛澂居長興。八月二十九日，陣於小湄。鏖戰久之，麟敗歿，象觀知不免，起拜其衆曰：「我兄弟受國恩，無以報，空煩公等死，有餘愧。」躍入水，部下掖之出，歎曰：「愛我者，不如成我義也。」復自沈以死。

兄象晋，字錫侯，諸生。崇禎時上書請死邊事，不報。宜興陷，與國霖以不薙髮見執，大罵，清守曰：「當是薙髮重生。」象晋曰：「未也。」守怪之，趣薙。曰：「我先朝遺老，兄弟死國。吾頭可斷，髮不可薙。」守怒，搒掠之獄，例當大辟，後爲僧終。

從弟象同，字同人，諸生。與把總陳有瑞、諸生周濂儒及王自榮、吴乾思、王承昌、袁魁、顧文、錢順，從象觀戰死；象坤戰長興死。從父國雲，字公祥；國焄，字仲業；國紘，字君廓，戰新橋死。

象觀死後，潘敏成與族弟廷璜，戰寺基墩死。吴廷縉、吴蜚，戰長興合溪死。黄守正，鄉勇，以百人從象觀軍，受七創，由二子救免，殘廢飲死。吴上軫、上軔兄弟，負創後卒。潘朝選，守城死；弟廷選，奉親閩、越數十年，圖恢復，不成。吴洪化，與諸生李皜，率鄉兵戰敗死。詹履吉，潛髮山中，見執，曰：「殺汝不成，爲汝所殺，尋常事。」談笑死。諸生李文注、李則行、李從厚、李有喬、邵大宣，不薙髮死。蕭鄰之，憤死。陸志，謁福京，肇慶事敗，歸隱。儲京祚，衣冠號哭死。吴允禔，衣冠經宗祠死。蔣暉，潛入清營取馬而還，而爲亂民所害。

安，字坦公，江西人。赭面偉身，負奇力，善大刀，官諸暨守備。遇象觀西湖，還宜興，得兵數百人。象觀中矢，安被甲胄爲殿。矢至，則以背承之，錚然有聲。追且及，回身大喝曰：「敢來决死！」其音如雷。如是者三，追者人馬辟易，乃止。累功遷總兵，扼新橋。清水陸至，安大戰，移時連斬七人，清兵不敢前。後別部由他道填河渡，水兵以銃奕注。安中股，猶揮戈力戰，斬首百。刀桶脱，拔劍自刎，尸越日不仆。

敞瑩，字漢瑋，諸生。
琳，字純璧，力田，有膂力。
永儒，字成之，精騎射。
丕選，字用之。
遴，字維章，太學生。
邦彦，字士美，諸生。中流矢。
僎，字羽文，與貞緒同學，皆諸生。
貞禧，字壽先，任子。
國士，字森于。
啟祚，字振裘。
德源，字在旃。
永儼，字君望。
孝源，字舜其；祚榮，字振鷺，均諸生。
謙，字受之；懋捷，字聖期，皆宜興人。
重恭，字睿思，江寧人。諸生。考將才，官狼山總兵，力戰鎮江。南京亡，清召不應。

潛與弟得五入廣德、溧陽山中，聚衆二百人，歸象觀。清兵自溧陽屠戴埠，抄及旁數十村，張渚大震，重恭請出峨山。及戰，射殺數十人。會天雨，砲不得發，力戰死，一軍皆歿。妻攜子入水。或鉤之，匕首斷之死。兄重泰，諸生，妻史死。

緒吉，字吉人，諸生。監紀象昇軍。

寅，字寅公，諸生。

樹遠，字硯銘：，弟樹偉，字漢節，詩酒不進取。

濂儒，字伯載，諸生。

敏成，字克勤，舉武勇。廷璜，字君俞。

蜚，諸生。

守正，字正元。

朝選，諸生。廷選，字均範，通經史。

洪化，字以藩，崇禎九年舉於鄉，教諭。

文注，家貧好學，以方正稱。城陷，年七十四，歲貢。或勸之薙，曰：「我白髮種之，縱薙之求活，歲月亦甚少矣。不義，全之而死，若魂魄有知，下見祖父，必以文注清人，不辱教也。」執見清吏，不屈，殺於里山。

鄰之，字鄰起，增生。
暠，泰興人。諸生。
志，字斌侯，諸生。勤王鎮江。
京祚，增生；允禔，字先庚，太學生，皆宜興人。
又蔣暉，字光夏。
鍾楚石，溧陽人。鼎子。死兵。子以晟，字元亮，隱宜興，歌哭卒，年八十一。

孔師，字貞伯，上海人。諸生。有膽略，以忠義自許。北京亡，日痛哭，欲起兵不果。安宗立，傾家以衆應時敏，屯瞿山。南京陷，益抑鬱思起兵，糾衆立拜空教，衆推爲主。清兵至南匯，殺人如麻。有李烈婦者沈水死，師祭而哭之。聞上海潘復兵起，清兵將至六竈。築壇集衆，曰：「何物建汗，據我神京，夷我社稷，屠我蒸黎，攘我河山，是我不共戴天之仇也。不執戈横槊，衝鋒殺敵，何以報食毛踐土之恩？今者地坼山崩，草木已無所附，又奚顧身家妻子爲？爲父老計，惟有起兵。」言訖，縱聲大哭。衆皆願聽命，遂於隆武元年八月十五日草檄起兵，數千人攻川沙堡垂下。不二日，衆達十餘萬，權稱總兵。清督大怒，以勁旅壓之。師兵皆烏合，戰不支，自南橋走航頭鎮。九月二十日被執。厲聲罵，不屈。及赴市，故老環泣者數千人，師猶向衆曰：「師今已矣，所戀戀不忍舍者，百萬生靈耳。不知繼師者何人，以濟之於塗炭也。」首既斷，顔色不變，衆簒之，與屍合葬。清兵偵知，自殺虎墩十餘里間男女老少盡屠之。千户董海藩女不屈，裂尸；袁侍山女，水死。浦中尸滿。是日川沙亦屠。

同邑朱襄孫，字南弦，崇禎九年舉於鄉。南京亡，與嚴而傑、方用悔結懷忠社，先皆爲奴康均甫所害。而傑，字英甫，諸生。

吴之蕃，嘉定人。自吴淞陸營把總累遷游擊。父斗南，於崇禎時以討寇死，之蕃嘗自謂忠孝之門。南京亡，聞部下百户哈百章降清，怒曰：「奴輩皆世職，何降也？俟天兵至，定鑿汝筋、抽汝骨也。」隆武元年八月十六日起兵，至吴項橋登岸，謀攻嘉定。邑人武舉馮嘉猷者，以降清得署總兵。聞報，謂老營兵曰：「汝曹聞之蕃前日語耶？脱不勝，我與汝皆碎首矣。」遣人焚之蕃舟。之蕃衆多烏合，見火起，遂潰。之蕃殺數人，不能定，仰天呼哭曰：「我父子並死王事，分也；所恨心力殫盡，得起義師，未戰而潰，我目不瞑矣。」挺槍欲赴鬥，居民汪三者誘同行，推之墮水，遂被執。嘉猷陳鼓吹羊酒犒軍，縛之蕃駡之曰：「汝吴淞牧兒，何敢作此事？」之蕃大笑曰：「我朝廷世臣，父子忠節。汝曹逆賊，狗彘所不食，何敢以面目向人？」遂遇害。

同時邑人張斌臣，父齊華，字彥伯，工文，國亡，悲憤爲詩弔殉難諸臣。斌臣，字子憲，崇禎六年武舉，丙辰武進士。監國魯王授參將，將從扈海上，爲嘉定人所殺。妻楊，經死。

王若之，本名廷召，字湘客，益都人。尚書基孫。工詩。任南京前府都事，歷兵部主事、户部員外郎，管天津倉，遷長蘆鹽運使。魏忠賢生祠建，引疾歸。崇禎初起用，以言事切直，謫官。未幾，起家升南京户部郎中，督餉鳳陽還京，察糧，革除冒濫。出爲河南參議，監軍鳳陽，修城，戍沿淮重地。忤廠臣逮問，居南京。方召用而北京變聞，嘔血不食。安宗立，起故官。南京亡，薙髮令下，匿横山。隆武元年十二月被執，三日不屈。洪承疇誘勸之，曰：「留此見先帝耳！」終不可，遇害於笪橋。

先若之死者：李大載，字沆若，甌寧人。諸生。家貧，有志節。值宴會，敝衣往。或請易之，曰：「吾自有文繡在。」登席酣飲，旁若無人。隆武元年秋，授中書舍人，與黄箕奉命宣詔瞻奉祖陵。十月，行至宣城姚村，爲人誘執。大書衣襟曰：「浩氣充天地，丹心炤古今。」與陳宗、陳良慷慨就死。箕卒守節復命。

高孝貽，字述之，靖江人。諸生。天性篤孝，慷慨有爲。北京亡，扼腕悲號，曰：「嗟乎！忠孝一理，此正吾立節效命之秋也。大丈夫不幸際此，安能相率迎馬首、拜寇仇乎？」於是仗劍渡江謁魯王於紹興，歸倡義舉兵，以爲聲援。無何兵敗，被逮至鎮江，箠楚無他辭，惟侃侃以君父倫嘗爲重，遂死於獄。子驥英，字御良，時方七歲。稍長，負父骨歸。好俠，有父風。詩歌見稱於世。

楊謨，字鼎式，嘉定人。史可法開府揚州，授監紀推官，遷職方主事，從遂平王紹焜嵩江。嵩江陷，與從子焜，合周瑞太湖兵。隆武二年五月，吴易軍潰。八月，謨奉紹焜之嘉興，將謁閩、粤。十一月，從紹焜至上海，被執。謨母錢、妻趙、女二亦執，焜亦執，十二月同死。焜，官監紀推官。

王台輔，字贊明，邳州人。太學生。崇禎末，聞宦官復出鎮，將草疏極諫。甫入京，京城陷，乃還。弘光時，劉澤清、王燮、張樂大宴睢寧，台輔衰絰直入，責之曰：「國破君亡，此公等卧薪嘗膽、食不下咽時，顧置酒大會耶？」左右欲鞭之，燮曰：「此狂生也。」命引去。及南京亡，以死自誓。己自視其廪曰：「此吾所樹，當盡此。」明年粟盡，營墓相山曰：「此地當往來衝，不死於家死此者，使過而見者動心也，天下事未可知也。」遂集親朋哭祭先帝就縊。

有僧過其門，手持一麻鞭，指之曰：「此常事，惡用是矜張爲？」後數月，有渡河來者，曰：「石屋寺一僧，以雉經死，有鞭在其側。」僧名不可知，以其死石屋，名之曰石屋僧。

同時張東啟，淮安桃源人。至孝正直。不食死。安豐𠍳乞兒，乞酒不乞食，薙令下，大罵死。

許生，武進人。隆武二年八月，清舉江南鄉試南京，舟車雲集，洪承疇疑之，每寓密令兵共居偵伺。有一人盡閉户，夜半始出，兵疑而握其首，乃未薙髮者，解承疇嚴訊。有册藏金山，以許生爲首，逮見土國寶。曰：「余無他意，止是不忘大明。今含笑而去，不望含淚而歸。」人咸壯之。已殺於南京。牽連遇害者千餘人。

王謀，字獻之，無錫人。諸生。將起義，筮之不吉。再筮，兆益凶。怒擲課筒於地，率鄉兵萬人，於隆武二年十一月十一日夜薄嘗州。清知府蕭某登城望之，見白布抹首，曰：「兵夜至，烏合耳。」開門逆戰，禽一人殺之，擲其首級。謀衆固不知兵，見級飛墮，遂驚潰。

被執，怒罵不跪。蕭問何人，曰：「先鋒王謀。」嚴刑拷問，不屈死。

其後有吴匏山者，於永曆二年，與華七、陸四起兵宛山，衆萬人，建「大明中興」旗，出没鵝湖、華蕩，攻羊尖。同時辛七、嚴二起兵斗山。兵敗，皆死。匏山義子杜息，欲入海，不果死。

又朱鎔如，字右陶，烏程人，大學士國楨孫。任五軍都事。隆武元年，南直已全爲清有，忽起兵南潯，有衆數千，結寨吴漊、泖、澱間。與清兵轉戰白龍橋北，被創執，不屈，清將斷其喉。友人潛抱屍，以紙封喉殮之。妻某，一慟而絶，既甦，日夜哭，竟斷腸死。

顧大任，字永肩，長洲人，諸生。官廣東按察司獄，遷知事。崇禎間乞歸，力行義舉。十四年，大飢，傾囊振濟，全活者衆，家遂中落。北京變聞，呼天大慟，曰：「我雖微秩，豈可偷生乎！」縊於庭。家人救之，厲聲曰：「汝輩欲污我耶？」復赴水不死，遂成狂疾，日歌哭。隆武二年十二月，嘔血斗餘，連呼先帝而歿。

子項，字君儼，歲貢。爲上元教諭。北京亡，閉户不言。安宗立，馬、阮屢聘，卻之。與韓馨、鄭敷教結社講學。父喪，廬墓卒。

同邑毛爾張，字澤卿，北京殉難經歷維張弟，諸生，事母以孝稱。北京陷，自經未殊。

久之，至西跨塘祖祠中自刎死。妻申，經死。子爾炤，與僕李升，不屈斫死。

顧咸正，字端木，崑山人。大學士鼎臣孫。崇禎十六年進士。授延安推官，屢擒劇盜，招降回寇張成儒等三百人、慶陽土寇潘自安等千人。孫傳庭出關，上書止之，不聽。已陜西全陷，咸正被繫李自成營。十七年正月，得免，間至土康山謀起兵。會太原陷，李自成命按山西，潛詣韓城。六月，復授官，不出。未幾，李自成去，韓城人推咸正爲主，斬令王業昌。已清兵至，檄授商洛道，不受，遂於七月入牛心峽。九月，與孫守法入五郎山，爲秦王令旨檄文，一時附義者多。後知紹宗即位，間關南歸。監國魯王晉兵部郎中。子天逵、天遴。咸正匿陳子龍被逮，見洪承疇不拜。問曰：「汝知史可法在乎不在乎？」答曰：「汝知洪承疇在乎不在乎？」兵憲盧世揚叱之。曰：「汝倚虜爲泰山，吾道是冰山耳。汝明搢紳，固助虜虐耶？」世揚折。觀者如市，正告曰：「汝等平日讀小說曲部，知有忠臣是紙上者耳，今吾等，古忠臣也。汝等請看臨刑也。」乃父子含笑死。同遇害者：天逵，字大鴻，貢生；天遴，字仲容，諸生。兄弟自以世受國恩，書生義不苟活，故一門父子兄弟五人同死王事。

咸正弟咸受，字幼疏，天啟四年舉於鄉。崑山陷，與從孫貢生晋璜死難。

劉曙，字公旦，長洲人。崇禎十六年進士。弘光時，授南昌知縣。未赴而南京亡，歸隱蠡口。監國魯王在海上，欽浩疏吴中忠義之士二十餘人於册，首列曙名，薦職方郎中。將進之，曙不知也。渡江，爲吴勝兆所獲，藏之。已而吴勝兆事敗，土國寶搜得之，遂名捕曙。曙衣冠就縶，賦絶命詞。見國寶，南面立。左右聲曰：「屈膝。」怒叱之，曰：「屈誰膝？吾世受國恩，南京亡，已辦一死。特以父喪未葬，老母在堂，延喘至今。願速死見高皇帝耳！」土國寶令具通海狀。曙曰：「起義，吾素志，恨不手誅汝輩耳！」白梃交下，血灑地有聲，猶駡不絶口。械至南京，洪承疇霽顔相勞苦，答如前。洪承疇曰：「汝不念老母耶？」曰：「君親原非兩人，臣子豈有二理？」發按察使盧傳鞫之。溽暑中扶服十餘里，狂呼欲絶。盧聞而驚甚，進以水，問：「何故兩年不謁有司？」對曰：「幼承祖宗清白之訓，爲秀才時便如此。若以不見官爲罪，豈所以教天下之廉恥乎？」婉誘之，不屈，乃與浩、顧咸正、夏完淳、夏治英、汪敬、喬塏、徐汝純、董巽申、董剛、張謝石、徐佑、李之檀、袁楠、謝垚文、翁英、朱仲貞、陳安邦、侯世廕、葉鶴林、管定、洪中孚、毛雲臺、朱啟宸、沈臺、沈彰、朱彦選、楊芳、彭鶴齡、馬都、笪有德、華賢祥、朱玄端、吴鴻、孫龍等三十四人同下獄。永曆元年九月十九日，皆夷然赴市，呼二祖列宗而死。曙妻爲尼。

子蕃，字西翰；蓀，字蘗君，均隱。

浩，上海人。諸生。之舟山，授劄治兵，命連絡蘇、嵩、湖。

敬，歙縣人。中書舍人。

塏，上海人。諸生。中書舍人。

汝純，嵩江華亭人。諸生。中書舍人。

巽申，青浦人。恩貢。中書舍人。

剛，華亭人。尚書其昌孫。諸生。中書舍人。妻趙，觸階死。

謝石，字峴遊，華亭人。諸生。負文名。中書舍人。

佑，華亭人。兵部司務。

楠，華亭人。諸生。中書舍人。

仲貞，休寧人。副總兵。

安邦，長洲人。副總兵。

鶴林，上海人。副總兵。

定，字子静，長洲人。郎中王音子。諸生。副總兵。

中孚，歙縣人。參將。

雲臺，上海人。參將。

啟宸，上海人。參將。

臺，長洲人。參將。

彰，青浦人。參將。

彥選，華亭人。遊擊。

芳，上海人。遊擊。

鶴齡，上海人。遊擊。

都，吳縣人。都司。

有德，句容人。都司。

賢祥，上海人。都司。

玄端，休寧人。都司。

鴻，上海人。之舟山，授參將。

龍，華亭人。居停主，副總兵。

吳成林、唐簡，都司趙欽，游擊朱國維，先遇害。司務陳濟邦死獄。司務朱用牧，副總兵周顯隆、張貴、沈立郁，參將費宗位、吳文龍、張世安、吳耀文，遊擊汪彙徵、曹鎬、胡喬，都司張邦榮、陸韜、朱禎、戴安國、王舒、馬之驊、葉德、張大良、趙奎、孫文，亡命。趙自新及游擊黃廣、周化，都司胡志纓，免。成林，歙縣人。饒於財，從吴易軍，兵敗賈舟山。

許德溥，字元博，如皋人。布衣。聞薙髮令，刺字胸前曰：「不愧本朝。」又刺左右臂曰：「生爲明人，死爲明鬼。」徙居鄉間，日言恢復。會義王兵起，清兵大搜。永曆元年十月，事覺被逮。見清吏胡江曰：「汝大明進士，吾聞諸汝文記當爲有志氣人，何遂從虜邪？」江斥爲不遵制。德溥曰：「足下中華人，更事清，以滿爲榮。余不更事，慎守初服。孔子居魯用章甫，箕子居朝鮮用夏變夷，豈獨不聞乎？」强之跪。則曰：「大丈夫豈肯屈膝於人？」在獄洋洋如平常時。李之椿亦在繫，服德溥器量，曰：「子真義人哉！」永曆二年三月十七日赴市，從容四顧觀者曰：「無爲爭識我！使天下人皆如我心，朱氏安得亡其國？」徐引領向闕曰：「吾乃今日爲明鬼矣。」并舉手撫髮，告刑者曰：「勿亂吾髮。」北向立，遇害。衣帶間有絶命詞。

妻朱，當徙解。卒王熊高德溥義，欲脱之而無術，中夜欷歔。妻怪之，語以故。妻曰：「此義舉也，得一人代之可矣。」熊曰：「安得其人哉？」妻曰：「吾成子之義，代之可乎？」乃匿朱母家。熊夫婦抵徙所，如官役解罪婦然。邑人感其義，贖之歸。朱卒經死。

邑人李一乾，字健吾，與子正利，故衣冠，不薙死。

李榦才，字竺生，鹽城人。諸生。不薙。學正逮之薙，不可，曰：「不忍爲二姓臣。」歸不出。

邑人樂大章，字君雅，諸生。衣冠水死。

宋呂，字之臣，至孝。工文與刀石，大哭，以甲子紀年，後狂死。

邵德舜，字克孝，諸生。自刎得救，憤死。

李蘗稚，字我彭，海門人。居通州。從母死。

華允誠，字汝立，無錫人。天啟二年進士。對策極陳奄寺之害，主者不敢進，置二甲。乃從高攀龍講學首善書院，傳其主靜之學。旋授都水主事。魏忠賢勢日熾，高攀龍棄官歸，允誠亦乞假同行。崇禎元年起營繕，轉員外郎，命督琉璃廠，減經費數萬。二年冬，京師戒嚴，諸曹郎分守城門，以守禦不備，多杖下斃。允誠守德勝門，四十餘日不少懈，帝微行察知之，賜金加奉。久之，調職方，疏攻溫體仁、閔洪學朋比植私，奪奉半年。尋以終養歸。里居十二年，事母色養備至，母八十三而終。安宗立，起驗封，署文選司事。涖官十三日，見高弘圖、徐石麟等先後去位，即引疾退。南京亡，屏居墓田，杜門讀易。永曆二年閏三月，有訐其不薙髮者，逮至蘇州，見土國寶，勸薙髮，不從，送之南京，滿漢官叱之拜，勿應。以快鞋踢折其膝，拔其髮盡，復緩言款之。允誠直立南向，舉手曰：「二祖列宗神靈在天，允誠髮不可薙，身不可降。」因賦絶命詞赴市，顧從孫尚濂曰：「心即太虚之心，太虚中何嘗有刀鋸斧鉞。清其刀鋸斧鉞不得加焉之心，亦安往不得哉！」遂從容遇害。

尚濂，字静觀，年十九，婚彌月，請從行，植立不跪，薙髮不從死。僕薛成聞主被執，長慟不食，先一日死。訃至，僕宋孝號哭，觸階死。方允誠被逮，戚友均走避，有諸生周在熿字用協者，勉其行，且出贐金爲别。卒欲執之，曰：「死且不避，豈畏禍者耶？」後亦無恙。

同邑許學，字習之，崇禎十六年進士。未謁選而南京亡，悲憤求死，入密室，將自經。其母老矣，救之，謂曰：「許氏數世惟汝一人，且汝死吾安依？」乃止。後以不薙髮執詣南京，被髮覆面而入。大吏曰：「此病狂人！」命扶出，遂得免。自是黄冠野服，屏居養母。母死，亦尋卒。同時諸生鄒來甫，亦以不薙髮被執至嘗州，後得免歸。

劉永錫，字欽爾，魏縣人。崇禎九年舉於鄉。授長洲教諭，遷上海知縣。長洲知縣李實知其貧，欲以吏事膏潤之，謝不應。南京亡，與妻栗、子臨、女貞隱相城，織席以食。清大吏遣人説之，永錫袒褐疾視曰：「我中原男子，年二十渡漳河，登大伾，躍馬鳴稍，兩河豪傑，誰不我知，欲見辱耶？」取劍將自刭，門下士抱持之，乃止。裂尺帛與妻曰：「彼再至者，與若立自決矣。」已而女恐己貽父母憂，絶粒死。奴從魏來，勸歸曰：「室廬故在也。」永錫曰：「奉君命來此，義不可歸。」歲荒食艱，糠籺作飯，妻餓死。錢謙益念其困，招之。曰：「尚書黨魁，受天子眷，枚卜時，天子以伊、傅期彼，彼豈忘之耶！」卒不往。久之，乃遣子婦歸里。子假貸得百金，欲馳以獻父，遇盜死。初，永錫長八九尺，容貌甚偉。至是毀形骨立，見者哀之。疾革，大呼烈皇帝者三，遂卒，時永曆八年秋也。弟子徐晟、陳三島，友人陸元泓葬之虎邱。

三島，字鶴客，長洲人。諸生。工詩。國亡，孤憤露於詞色，與魏耕海上事。魏耕死，邑邑歿。

又有濟南老人，國變匿姓名，曰漢人，與永錫友善。永錫死，漢人拊其背哭曰：「嗟乎劉公，鬚眉無恙哉！」後亦憤恨卒。

吴古懷，字弗如，高淳人。諸生。見天下將亂，習孫吴兵法，嘗策驢歷三關，甘、固、寧、延、宣、大、薊、遼形勢六年歸，著邊險圖説萬餘言，曰：「使我得笞兵萬里持此以報天子否？」時社會南都防亂公揭，古懷與焉，阮大鋮甚之次骨。後大鋮得志，欲盡殺諸名士。古懷迎其妻子屬寄人善撫之。沈壽民名捕，匿之複壁。屢從周鑣至京，養其妻子。南京亡，入閩、粵。時走山顛小溪慟哭。人問，瞋目不答。廣東陷，歸，去衣巾，爲堪輿自給。昭宗崩問，自經死。

子越彥，字季舒，力學，賣卜不試。清以學行薦，力拒。

張秉純，字不二，含山人。諸生。北京凶問，即祈死。踰年南京亡，薙令下。曰：「吾可以死矣！」遂絶粒。友人書勸之，答曰：「髮膚受之父母，不全歸則不孝。巾服，太祖制也。」家人進食，不顧。子湘泣曰：「大人不食，一家當盡不食以死。」曰：「兒輩能如是乎，吾復何憾。」卒不食。至五十四日，具衣冠沐浴，題詩於壁，北向叩頭，大呼曰：「臣張秉純今夜得從大行皇帝死矣。」遂卒。妻劉，和州人。秉純死，勺水不入口，閱十有六日，命子扶祭，痛哭而絶。

徐正大，字南征，和州人。諸生。聞秉純絶粒，馳唁相慰，先經死。嚴心若聞變，亦死。錢明學，會稽人。當塗丞署大信司巡簡。聞變，坐明倫堂不屈死。

王之慶，字修祜，望江人。恩貢。以尤溪知縣致仕。寇逼，聯里人爲人和社。北京之變，痛哭不欲生。左夢庚反，欲屠城，以計排之。清兵陷城，阿濟格欲用爲黃州知府。之慶行至九江，投水死。

時池州陷，姜之齊，字韶所，貴池人。武生。池州遊擊，力戰中矢死。吴應春，入大剡溪，不薙死。

太湖陷，李盛英駡寇死。沈鴻起，一門死。典史陳知訓、妻懋履，守城死。守備徐際相死。

其後，建德胡士昌，字首生，崇禎元年進士。綱巾大袖，於永曆二年二月欲起兵建德，事露執死。

周泗，字孔來，蕪湖人。恩貢。涇縣教諭。隆武元年八月，尹民興兵起，與劉守中、趙大中、趙鶴、徐逵佐城守。城陷，泗自經死。

守中，字禺中，潛山人。歲貢。涇縣訓導。知縣王先甲去，署縣印。懷印與王立邦、徐益隆、吴自周、王世美同死。

大中，字黄吉，諸生。登陴力戰。民興欲同走閩，不應。作詩別妻子，題詩水死。

鶴，字于九，諸生。有韜略技勇，手斬數十人城北死。妻湯，祭酒賓尹女，觸階死。

逵，字九達，涇縣把總，戰考坑死。

同時，趙崇炫，字孟晦，諸生。刎死。萬麒，諸生。不食死。趙榮，諸生，與子桂枝相抱死。趙汝淳，諸生。刎死。妻胡，水死。童爟，諸生，刃死；妻唐，火死。祝世壽，字介眉，諸生。水死。劉嘉，字亨父，諸生。負文名，授徒，執死。趙崇雅、趙純仁、張一偁、左宜之、王大新、王日望、張載達，皆諸生，巷戰死。載達弟英，字翁老，諸生，不知所終。張學載，字行遠，罵死。沈懋賢，字德臣，出金二橐、米五百石犒師，守北城，題壁，執死。諸生鄭瑶鼎妻沈，觸石死。鄭汝薦妻趙，經死。沈恩妻曹，掠上馬，大罵，兵斷其手、磔胸，不絶口死。皆涇縣人。

劉天寵，太平人。諸生。城陷水死。汪朝維，字士張，寧國人。兵至力拒，中矢仆，與弟朝繼執死。邑人孫罍立，執死；妻，水死。

劉大京，字君開，南陵人。諸生。不薙髮，與劉希遘同死。張本固，字完我，旌德人。諸生。與子一賓，不食泣死。邑人田楷妻韓，被刃不從，割髮剺面不從，大罵剖腹死。

楊維嶽，字五莫，巢縣人。喜忠孝大節，史可法奇之。史可法傳檄天下輸資助國，維嶽獨毁家爲倡。威宗崩，北面痛哭累晝夜。安宗立，條列時務十三事。史可法死，設主爲文祭哭，即不食。薙髮令下，維嶽以死自誓。其子對泣，曰：「小子，吾生平讀書何事？且苟全倖生，吾義不爲。吾今得死所矣，小子何泣焉？」乃作不髡永訣詞，凡不食七日，整衣冠卒。

邑人夏烺，字煥文，例貢。助餉，予七品冠帶。薙令下，自刎，年七十一。子調冰，廩生，逃名自逸。

程鳳翥，諸生。聞變，不食死。

朱稽逸，字集研，無爲人。芾煌子。副貢。經死。

温璜，字寶忠，烏程人。幼而孤。母陸，苦節。姑沈，老病。貧無帷帳，坐卧一板箱。陸事姑教子，種火煨芋以爲食。璜久爲諸生，有學行。母歿，廬墓。出入爲文以告。崇禎九年舉於鄉。時從兄體仁爲首輔，璜夷然自守，與東林結契，名在復社第一集。南京揭帖逐阮大鋮，璜曰：「大鋮爲真小人，錢謙益則僞君子。真者易知，僞者難測。斯人得志，即小臣亦當裂麻爭之。」十二年，始成進士，授徽州推官，年五十有九矣。甫涖任而北京陷。哀詔至，婺源知縣胡璉、教諭吳與齊斬衰，士民白衣冠，山谷相接。明年南京亡，引佩刀曰：「此身當付汝矣。」募民兵繕城堞爲保障計，六邑宋乞、胡德奴變，良家子立七十二社自保。知府秦祖襄、知縣李開芳去。歎曰：「城無主，民且自相屠。」乃盡攝諸印。已紹宗命唐良懿爲徽寧參議，萬日吉爲從事，歐陽鉉來爲休寧知縣。璜召士民慰諭之，程遇德、程繼約、江玉冰、黄明邦、丘嶽、吴道會、方國焕、馬嘉、俞元禧、黄士良感泣願守，遠近從義者數萬人，與金聲爲犄角，轉餉給其軍。徙家淪杭村，令諸吏不得通私問，凡四閱月。聲敗鉉遁，璜嚴兵登陴。黄澍以城獻，璜抽刀將自刎，吏持之請歸村舍，乃趨還。語妻茅以同死，茅無難色，具酒坐談。夜將闌，匿幼子於别室，急呼長女寶德起。女年十四，方熟睡，問何爲？曰：「死耳！」女即延頸就帨，未絶，復刃之。茅整衣以卧，璜刀截其喉。有頃，呼曰：「來也。」再刃而絶。乃書遺令曰：「世受國恩，惟以死報，薄棺火葬，不必完屍。」投筆長嘯，即自刎。越日復甦，居人舁至清將所，進之食，揮之。又五日，兩手自抉其喉而死，時隆武元年九月二十九日也。

歙人方養重保其子。長子天璧，字瑞乂，爲僧。

良懿，字我來，新建人。崇禎四年進士。歷宜賓知縣，營繕主事、郎中，徽州知府。國亡，不入城市卒，年八十三。

鉉，字子玉，吉安龍泉人。崇禎十年進士。

遇德，内閣中書。南京亡，歸，自經死。

繼約，字以禮，休寧人。太學生。生平尚義，數輸金佐户部。

玉冰，字若履。

明邦，字君亮，歙縣人。以繪事自給。城陷，不薙，掩扉不食，曰：「余山澤褐夫，安忍復見此事！」子弟勸慰，不聽，自刎死。

嶽，字梁甫，諸生。任俠。從監國魯王紹興，與譚先入閩，至潮州，永曆五年八月執死。

道會，歙人，諸生，傾家紓難，守黄山二嶺，收璜詩文。清命守饒州，不應。

國焕，字孔文，歙人。研理學。清兵至，爲孫娶婦，與故人飲决，書壁曰：「文武在上，下有夷齊。固不願爲殷頑民，豈忍爲清降臣。」刺血書詩以去，在道不食數日不死，復經死。

嘉，字六禮，祁門人。崇禎十五年舉於鄉。衣冠賦詩，北向自經。

元禧，婺源人。薙髮令下，大哭曰：「死則死耳，萬不可薙。」拜親友，經死。妻，支解死。

士良，字君弼，休寧人。太學生。書一碑於墓，曰「黄士良死節」，自沈墓前大溪死。

吴應箕，字次尾，貴池人。善文章，爲復社領袖。崇禎十五年，以副貢入京師，公卿咸加禮異。南京防亂揭帖逐阮大鋮，應箕實倡之。周鑣下獄，應箕入視。阮大鋮急補之，亡命去。南京亡，池太中軍盧陵蕭一魁降清。江上義兵蠭起，有奉宗室盛濃爲主者，應箕與劉城痛哭起兵應之，有衆四五萬人。分四軍：一出東流，一出建德，一間道窺南京，一自攻池州，不克。同事者亡去，應箕獨募士，以計復建德、東流。金聲承制署池州推官，監紀軍事。桂一姜、陳善、曾天寧率石埭鄉兵助之。聲敗，清兵逼，應箕拒戰池南大樓山，殺傷相當。已而衆潰，匿婺源、祁門界，被獲不屈。與清兵偕，輒踞上坐，衆亦敬其名，不加害。將殺之市，應箕曰：「此非死所。」至松林，曰：「可矣。」一卒以刀擬之。叱曰：「吾頭豈汝可斷耶！」謂總兵黃某曰：「以此煩子，然毋去吾冠，將以見先帝於地下也。」其就義處，至今血跡猶在。妻李，應箕貧斷薺，夜績以佐。應箕死，出金衣帶中賂兵，使速殺。兵破其腦去，五日復合，人欽其烈。

子孟堅，字子班，力學。痛父死難，作大哭賦以見志，卒年八十四。

族弟應筵，字山賓，博學工詩書，撫應箕孤；應筌，字漁之，貿易爲生。

與應箕同死者：弟子姜可法，及族叔叔墀；諸生徐時宣，鄉兵唐光焌，僧體中。可法，字叔度，屯兵白洋。步墀，字縉皇。時宣，字小俠，與應箕生死交，談時政輒泣下。體中，字通和，與師弟通化，力戰陣死。

陳尚義，字渭濱，貴池人。應箕起兵，助穀三百石。

丁耀，字權介，貴池人。大學士紹軾子。任南京户部炤磨，上求芻一得議。遷户部貴州司主事，上水兑條議，尚書錢春奇其才。轉福建司員外郎，督淮安鈔關。擢郎中，督理餉事，應詔上十二議。弘光初復官，上史可法理財轉餉策。南京亡，歸里。同時毛九萃薦，以疾辭。後以謀起兵死。

兄燁，字介之，任中書舍人，遷户部雲南司員外郎，監常德税，歸。

時龐昌胤，字爾祚，西充人。崇禎十年進士，授無錫知縣，調青陽。南京亡，棄官隱九華山，與孫象壯、高九萬謀起兵。事洩被執，行至五溪橋旅店，題壁曰：「憶東漢三十三年建武之號，止有丹心不死；想文山四十二載臨刑之語，無愧白骨嘗存。」自刎死。

象壯，字子輹，青陽人。副貢。名著復社，與吳應箕、劉城齊名，隆武二年八月起兵敗死。十月，又有王胤伯、高近之、曹一揚等起兵青陽、石埭死。

趙宗普，字聖符，安縣人。崇禎十二年舉於鄉。歷灊山、宿嵩知縣，儀制主事。起兵，被執東流死。

吳源長，廣德人。太學生。宗室瀁繪至宿嵩滂池，與宿嵩裘有緯、李際遇、趙正及子應捷、應登、趙友禄、朱美中、張向、劉邨、何復圖、吳養龍、陸應星、羅滿、喻斗、許國祥皆拜官將，謀起兵梭子山。隆武元年八月，裘有偉、陳其龍、張延訓、方開合兵三百復城，至湖州，戰敗被執，俱死。

有偉，字君良，廣德人。爲縣吏，有氣力。被執，駡不絶口。

先是，弘光元年二月二十八日，建平陷，知縣杜鶴年死。鶴年，慶陽安化人。選貢。曾拒馬士英兵。

同時死者，吴日嵩，字漢章，桐城人。侍郎用先子。官生。有才名。

梅衡華，合肥人。少讀書，蓍卜自給。北京變聞，哭失聲仆地，不食茹素。薙髮令下，獨冠巾蓄髮如故。仇告之，被逮。知縣呵曰：「何物盲奴，敢違令耶！」曰：「身體髮膚受之父母，不敢毁傷，聖人之教也。受聖人教，故不薙。」知縣曰：「天子當陽善天，當從國俗。」曰：「清人來祝髮，萬一穿胸刖足國來，亦當刳心截足乎？」僬僥之國來，吾將爲半人乎？」知縣大怒，杖五十。呼高皇帝、烈皇帝不止，乃釋之，則冠髮如故。未幾，以憔悴死。

邑人張弘化，字騈公，諸生。上三策于史可法。無何國亡，焚衣巾文廟，語家人曰：「死期至矣。」整冠别父自刎死。

陳衷壹，鳳陽人。諸生。好奇計，以策干朱大典，不用。三上書史可法。往來江南、江北，從健兒數十。論戰守，睥睨坐客，劉洪起獨深結之。劉洪起死，衆亡，乃爲道士，遊五嶽。先是，吴人張生，年少負氣敢爲，走北京，上書言興滅事，係獄。時張縉彦先在，衷壹牽連入，識張生。三月十九日，市豚酒，設祭烈皇帝，論亡國禍，泣下霑襟。張縉彦有語刺烈皇帝，生怒，破其額，血淋淋，相與大哭，張縉彦慚去。未幾，衷壹放歸，生遣戍，先後抑塞死。

謝一魯，字景曾，壽州人。諸生。孝友理學。聞薙髮，痛哭死。

州人吴邦畿，起兵死。

鳳陽劉鎮、劉論、劉登仕，後以不薙髮死。

沈士柱，字崑銅，蕪湖人。御史希韶子。負氣倜儻，高貴自矜，以文章節概雄長壇坫。北京亡，奔走國事，不避禍患。安宗立，授中書舍人。與周鑣首爲阮大鋮所目怵。鉤黨獄興，適依左良玉，獲免。初，阮大鋮將起用，吴應箕爲留都防亂公揭討之，士柱與其事。阮大鋮死，爲文嘲祭，遠近傳誦。南京亡，走江、楚，交其豪傑，思起兵圖恢復，不果。益輕財結交江上云兵者數十人。已與李之椿共謀起兵。事洩繫獄，幸而得脱，衣冠不改，抵掌談大義無忌。永曆十一年，以西通李定國，再被執，不屈，繫南京大内，吟咏慷慨，不以生死介意。永曆十三年鄭成功兵至郊，於清明赴市死。妻方，妾汪、鮑，皆自殺，俞脱爲尼。

弟士尊，字天士，諸生。杜門終。

沈壽岳，字巨山，宣城人。都督有容子。崇禎三年舉於鄉。歷海州學正、羅田知縣。邑當殘破，撫綏勞徠。以與弁互劾，家居。威宗崩聞，痛不欲生。座主姜曰廣爲相，阮大鋮必逐之，興黨禍，壽岳入與面爭。阮大鋮言舊怨，壽岳抵之益力，中其要害，阮大鋮不聽。時方殺正人不附己者，而壽岳攖其鋒，幾死。王瀠巡撫登萊，薦擢登萊僉事。南京亡，歸隱。永曆十三年，鄭成功圍南京，張煌言率前軍至，與楊昌祚、徐之慶、湯斯祐、湯纘禹、吳振魯等千餘人迎師。事敗，諸生衣冠數百人被收。或勸去。曰：「吾自分一死，甲申至今十八年矣。十八年皆吾死國之年，而今到十八年乃吾死所之日。歷十八年得吾死所而吾不死，吾更何待？況今桑梓之禍烈矣，非身在其中者弗能解也。昔賈彪西行以生解之，吾請以死解之。」卒不行被收，慷慨自引，楚毒無一詞，連染者皆得全。死時，作絕命詞，直立如山，有白氣上衝天，年六十七，時永曆十五年十一月二十八日也。

子麟生，字丹紱，崇禎十七年選貢。工詩文，交天下奇士。爲僧餘姚，曰大瓠，字用無，又字節在。撫江右鄒職方遺孤庵中，九死不變其志。弟壽蕘，先死國難。從弟壽宸，坐壬子事戍死；壽民，以高節著，自有傳。

昌祚，字昭亭，宣城人。崇禎七年進士第三，官編修，左中允。北京陷，翦髮被夾。之慶，涇縣人。尚書元太子。刑部郎中。初爲清招撫用。斯祐，字秩斯，宣城人。崇禎十二年鄉試第一。纘禹，字廷謨，南陵人。崇禎九年舉於鄉。振魯，宣城人。太學生。與壽岳同死。

當煌言軍西上，所過官民，相率歸附。清兵至，皆遭屠戮，姓氏可紀者：田徵瑞，富平人。舉於鄉，東流知縣。陳光裕，會稽人。吏員，東流典史。李芝蘭，不知何許人。太平知府。泗州王中憲；銅陵沈明元妻汪；池州陳其佐及妻王，皆死。吴一鳳，紹興山陰人。副貢，貴池知縣。高光龍，膚施人。銅陵知縣。孫宏喆，字仲吉，山東平安人。進士。廣德知縣。李天福，涉縣人。建平令，與掾史繼清，及吏民十餘人。趙熿，不知何人。巢縣知縣，及士紳。又太平任可壽；天長諸生繆廊賓、姚豢直，及高郵陳甲七姓。

又查如龍者，弘光時官部郎。南京亡，未嘗忘故國。永曆十七年，造清督撫提鎮書札、官封、印信、花押、圖章，書中皆聯合聲氣共舉恢復事，彙爲一册，走滇説吴三桂反正，被執至北京死。

南明史卷一百三

無錫錢海岳撰

列傳第七十九

忠義三

傀懋熹 族人元楷 張應樞 王士和 子宗翰 章晉錫 彭君選 吳應鉉等 陳英南 江豫等 江日采等 韓元亨 王英士等 吳南淑 林化熙 陳鼎臣 蔡光璧 任彥龍 鄭大生等 鄭羽儀 劉鼎列 元綸 吳禮韋 趙昂 鼓崎樵人 石魁 陳韜 李長林等 陳曾遠 林喬升 樵夫某 林主信等 趙子章 劉永祚 杭彥清 汪宗明 林應星 洪孔烇等 傅起燿 陳起龍 金麗澤 徐世名等 徐明彬 吳威烈 楊履圜 父聯芳 蔡立 潘啟烺 賴嵩 吳士楫 林質 黃擔 洪有楨 楊涞 傅象晉 林師稷 子拱星 卓震 鄭大奏 劉有基 高天爵 陳六軡 葉翼雲 陳鼎陳上義 劉應璋 陳濂 黃壽徵 黎崇宣 區瑞 盧兆熊 張日振 勞士傑 梁希阜 韓晃等 夏懋

學　姚霽雲　黃安　陳可晰等　屈時進　華首　彭燿 子睿壎　陳嘉謨　廖翰標 章希熊　孟應春
虞贊堯　蔡守璋　陳廷圖　鄒超楚　梁萬爵等　王道淑等　衛冕　周于德　張可久　戴大霖　金澤
王猷　謝允斯　蕭舜華　李信等　曹甲　張贇　吳元昌　林呈祥　陳良言等　龐延曾等　淩騰龍　曹麟
韓乃聰　黃賢　李士貴　闞鉞　馮我賓　謝礦　張璧　吳履泰 王世臣　張兆鵬　蔡從龍　崔上臣
胡輝祖　鄺露 子升等　丁有儀　陳曇等　李爾龍 樊泰　張朝鼎　孔大業　蔡履泰等　歐光
宸 弟光宙　周冕等　黃世臣　仇自奇　鄭雲錦 宋祖誥　巫如衡 子學展　周震 趙三薦
孟泰　蔣秉芳　劉飛漢　歐陽習羽良　汪若澍 陳善　許士驥　鄒國棟　吳文和等　李豫新等　顧夔
等　戴宸眷　馬圖瑞　文光裕　鄧生馨　張之紀　劉連玉　唐良傑等　郭志　許于京　孫長林　吳振元
靈川樵叟　盧瑜 子明揆等　姚應元等　謝鐈　宋甲　樓得月　吳起元　余猶龍　童欽舜　李上
林 王需之　李先芳等　傅昌明　陳黼宸　張何明　楊朝翰　朱賓遠　李琇　陳璉玿　阮家玉　明朝佐
李悉達　楊朝藩　趙士烙等　郭圖南　保愛賢　劉鼎　包逸　楊國訓　楊祖詒等　張試　劉鏜　王翊
贊 寇覲明等　丁運亨　沈嗣振　馬甲　張登元　陳正猷　王景昌　劉德本　閔連城　祝維霍　王顯隆
馮時可　林桂印　鄒嘉顯　李玉奎　藺德美　薛大觀 劉之謙等　單武襄　張儒節　林啟俊 子
淑 陳佐才 奄和尚　李小六 王二發　尹士鑣等　陳綱

倪懋熹，字仲晦，鄞縣人。諸生。弘光元年夏，錢肅樂起兵，謝三賓密告王元仁，請殺首事者。肅樂欲通一言於之仁而重其使，懋熹獨慨然請行。至定海，則人洶洶，言昨有陳秀才者，上箋詆王將軍降，將軍殺之，聞者股弁。俄三賓使繼至，懋熹神色不動。有頃，之仁召懋熹入，曰：「君此來大有膽！」懋熹曰：「將軍世受國恩，賢兄嘗侍攀髯死國，天下所具瞻，知將軍之養晦而動也。方今人心思漢，東海鎖鑰在將軍；次之則舟山黄將軍、石浦張將軍，左提右挈，須有盟主，將軍之任也。」之仁遽摇首曰：「好爲之，且勿洩。」令其子鳴謙飯懋熹於東閣，而别召三賓使入見，報書亦云十五日至鄞議之。三賓使出，乃遣懋熹歸，曰：「語錢公，當具犒師禮。」懋熹出，喜曰：「吾事諧矣。」翊日，之仁至，果令三賓出餉萬金贖罪。肅樂勞懋熹曰：「此李抱真之招王武俊也，而君以三寸舌成之，功過之矣。」及畫江守定，監國魯王授職方主事，參瓜里軍。

陸清源死，懋熹請往解之，曰：「方今閩强越弱，然去越則閩無所蔽，且均爲太祖子孫，乃區區爲虚號耶？」上大悦，擢建寧僉事。時標兵爲鄭芝龍撤去，乃捐俸召募。隆武二年八月十一日，清兵至城下，知府楊三畏等降，懋熹力戰不支死，一軍盡殁。

族人元楷，字端卿，同起兵江上，官大理評事。兵潰還里，以不薙髮被收論死。日坐獄中，與華夏、李文纘高歌。一夕飲大醉，及醒握髮，則禿矣，痛哭欲自裁。家人謂是母命，乃止，嘆曰：「吾不得與仲晦白首同歸矣。」其後苦節四十年而卒。

又張應樞，字辰甫，崇安人。歲貢。崇禎十七年赴北京試，方過江而變聞，嘆曰：「臣老矣，無能爲矣。」嘔血數升歸。不應召，死。

王士和，字端育，金溪人。崇禎三年舉於鄉。隆武初，謁選吏部司務，陳時政闕失，凡六事：曰文職廣而妄銜者多，武弁驕而立功者少，陞遷驟而責任益輕，議論煩而實用惟寡，聽納博而精神愈勞，移蹕頻而民生日苦。疏列數千言，上讀之曰：「此苦口良藥也，朕朝夕省覽，爾諸文武亦共儆戒。」令刊所奏分賜之。二年夏，遷職方主事、員外郎。未一月，擢延平知府，晋僉事。時延平爲駐蹕地，重委之也。士和廉方潔己，以公正稱。八月，清兵陷仙霞關，上倉卒幸汀州，留士和從曹履泰居守。俄警報叠至，召父老告之曰：「知府與城存亡，若等當自爲計，毋以數萬生靈委豺虎也。」衆泣，士和亦泣。退入内署，謂其友曰：「吾一介書生，數月而忝位二千石，恩亦厚哉！守土不能持寸鐵赴鬥，死有餘愧，忍偷生哉！不死，人且謂帝不知人。」友勸止之，正色曰：「君子愛人以德，君何出此言耶！」書絶命詞，正衣冠南拜天子，先與幕客别，自經堂皇死。

子宗翰，諸生。清欲授官，力辭。

章晋錫，字用康，武進人。崇禎十五年特用。歷户部主事，延平知府，遷湖廣驛傳屯鹽參政。未行而延平陷，亦死。

情兵陷延平後，長驅入閩，一時多死難者：

永安則彭君選，不知何許人。流寓布衣。北拜留詩，水死。

邵武則吴應鉉，字穆生，邑人。諸生。聞變絶粒七日，日夜痛哭，骨立死。李欣春，邑人。諸生。悲憤死。

光澤則陳英南，字南英，諸生。經死。

泰寧則江豫，字象予，邑人。邁遠有國士風，城亡避地南石寨，決死以殉。清兵陷寨，與弟復同死。復，字來初，隱石輞山；妻戴，水死。

嵩溪則江日采，邑人。諸生。與父兆恒慷慨死。

上杭則韓元亨，平遠人。諸生。起兵力戰，至上杭，失援死。

歸化則王英士，汀州歸化人。諸生，有文名。清兵誘降，不從，與弟同死。

永春則吴淑南，邑人。親死廬墓。聞變哭泣，不食死。

林化熙，字阿皡，福清人。降武二年舉天興鄉試，授國子博士，選庶萃士。清兵入，走海口，衣冠完髮不改，遂繫獄，曰：「我束髮出入欞星門，一旦舉素履而棄之，所學爲何？」知縣送之福京，見總督張存仁不拜。張存仁欲降之，曰：「聞海上周鶴芝脅留髮，子受其脅耶？」化熙笑曰：「人生髮膚不能自主，而受脅人耶？若髮可脅留，今日亦能脅之而薙耶？」張存仁怒，繫獄。賦時曰：「鐵骨陵千古，冰心扶五嘗。」明日復欲降之，不可，遂赴市。道出國子監興賢坊，語解者少寬假，趨文廟前再拜訖。抵行宮門下，化熙坐地，謂清兵曰：「我大明臣子，當死是。」口占絶命詞，曰：「吾頭戴吾髮，吾髮表吾心。一死還天地，名義終古欽。」命人書之，而「欽」字誤作「矜」，化熙視而改之，含笑受刃死。

先，福京亡。

陳鼎臣，字符九，永嘉人。貢生。官户部主事。

蔡光璧，字東汝，晉江人。貢生。官户部員外郎，不屈死。

任彦龍，字襄哉，吴縣人。紹宗立，召至福京死。

鄭大生，字長公，貴溪人。慕文天祥爲人，與何光顯上書請斬馬士英。紹宗立，謁福京，上十策。清兵至，皆賦絶命詩死。

鄭羽儀，字敬生，閩縣人。崇禎十六年進士。以中書舍人典試廣東，稱得士。清聞其名，命知韶州。歎曰：「吾豈可再辱哉！」乃入石鼓山中死。僕亦從殉。

邑人劉鼎烈，諸生。與妻董，刎死。趙恂，自經死。

元綸，侯官人。貢生。絶粒死。

邑人吴禮章，字宗樞，諸生。力學稽古。聞變，一夕別親友，赴螺女江，正襟入水死。

趙昂，字宗仁。清兵入，其夕戒妻殺雞貰酒酣飲，已登樓，書壁曰「男子趙昂不肯薙髮死」九字，自經死。

鼓崎樵人，荷薪憩觀音石橋上，聞帝崩，投薪入溪水中死。

石魁，字名海，天興長樂人。諸生。沈水死。

邑人陳韶，字貞盤，廩生。起義，一門沈海死。

邑人李長林，字大材；陳颺言，字孝嘉，太學生。先後死。

陳曾遠，字奎聚，羅源人。太學生。家巨富。以不肯改冠服，繫獄死。

邑人林喬升，字三衢，敦尚氣節。城亡慟哭，不食七日死。

樵夫某，失姓氏，負薪文廟門，聞變哭，觸牆死。

林主信，字存忠，古田人。諸生。福京亡，北向痛哭，不食死。子嘗發，年十五，長號二夕，自經死。

趙子章，永福人。武舉。不食七日絶粒死。

劉永祚，字叔遠，武進人，都御史熙祚弟。副貢。歷嵊縣知縣、監利知州，有惠政。擢興化同知、知府僉事，禽寇曾旺有功。興化陷，仰藥死。

杭彥清，字玉瑜，宜興人。官興化守備。拒敵中矢死。

汪宗明，字光序，晉江人。天啟元年舉於鄉。自都察院司務，遷户部主事，管太倉，秩滿有庫羨八千餘，上之。升員外郎，敕解餉十萬河南，再升郎中。出爲處州知府。山寇衛連城亂，陷宣平，檄温州兵討平之。居一年，以憂歸。北京亡，慟哭欲絶，衰麻不解。喪畢，會清兵至，起兵。事敗，曰：「吾之未即死者，以父在也。今吾事畢矣。」遂與子載投井死。

同時死者：

林應星，字永瞻，晉江人。崇禎六年舉於鄉。授漳平教諭。被執死。

邑人洪孔烇，字景宿，抱父母木主死。林、李二先生同經明倫堂，名字不可考。

同安則傅起燿，字秀巖，義烏人。天啟間歷山海守備、天津鎮海援朝都司，遷廣東遊擊。改鎮贛吉，敗江西寇，以參將移駐鎮江，升都督同知副總兵，敗於荻港，改鎮同安。一門死。

陳起龍，字雲從，富陽人。崇禎元年進士。授休寧知縣，改建昌推官，湖廣道御史按應安，督學上江。轉桂林參議，南端副使，平李新、李夙十亂。轉漳南參政。十七年十月，山寇徐連陷雲霄，攻漳浦。起龍馳至，登陴守。自分必死，衣裏用印符。血戰累日，賊死無算，城賴以全。檄長泰知縣郁文初署縣，乃回漳州。乙酉十一月，永安南營守備許定國、千户陶國政、百户焦禺榮討寇死。起龍治事方嚴，鄭芝龍兵恣，一繩以法。隆武元年，鄭芝龍欲收其衆降清，堅執不可，解所著裏衣示之，遂遇害於南教場。是年七月，漳州北溪林拔順謀攻城，事洩走。王舍爲内應，通判嚴御風執之，屍之市。起龍死，民肖像祀之。

金麗澤，字石可，武進人。選貢。授德化知縣。目精炯炯，顧盻凜然，片言洞人肺腑。升漳州知府。廖淡修聚衆作亂，蹂躪漳平、寧洋、龍巖間，與參將顧容討斬之。擢漳南副使。隆武二年十月，清兵陷漳州，不屈死。

徐世名，字仲嘉，建昌新城人，伯昌仲子。偉幹修髯，善飲，談古今事慷慨激烈。天啟七年舉於鄉。隆武時，授龍溪知縣。居官清介自持。漳州陷，世名被執，呼子嘗吉遺之行。嘗吉曰：「父在，兒焉往？」遂并死焉。僕黄錫、黄羊、王亨、蔣三，同日殉。漳人士素德世名，醵金三百歸其櫬，言之有泣下者。

同時徐明彬，字晋斌，漳浦人。崇禎三年舉於鄉。從黄道周遊。福京亡，南辭死。龍巖則吴威烈，邑人。清嚴令薙髮，不從。一日入市，爲吏迫翦，歸家忿恨入水死。

楊履圜，字萊民，南靖人。父聯芳，字蘅苑，萬曆二十九年進士。自行人升杭州知府，不避權貴。大僚子弟犯法，庭笞之。擢貴州按察使，致仕。

履圜生夙慧，讀書日萬言。福京亡，去諸生，悲歌慷慨。監國魯王由薦授職方主事，招兵山中。剋期應王，作書與門客宋琳談光復事。宋琳首之清吏，被執，大呼高皇、烈皇，不拜。清吏數之曰：「年少酗酒，妄談不法耶？」履圜答曰：「念舊德久矣，未免有情，實不醉，得死所幸耳。」遂遇害，年二十四。琳，南靖人，丙戌舉於鄉。

同時，蔡立，一名棐，字中肅，龍溪人，履圜妻弟，諸生。爲盧若騰贊畫，死於水。

潘啟烺，建安人。以書生上言，授兵部司務，管儲賢館事。招兵執死。

賴嵩，字維申，武平人，廪生。北變聞，焚文北拜，欲自經，爲人解免。福京亡，不薙髮，不易衣冠。父兄恐累及，力勸之。嵩曰：「本欲事父以終天年，有二兄在，我遯西山可也。」乃棄家絶婦，携二鳧往白雲山，日啖鳧卵，不食清粟。隆武二年應貢，漳南道張崧瞻招見，抵死不應，隨爲武弁所害。

吴士楫，字岸濟，上杭人。氣宇偉然。福京亡，志在請纓。事敗，不平見於言語，爲族人所構，死於獄。

林質，字幼藻，莆田人。崇禎中避地確山，椎牛結壯士三千平寇。盧象昇聞之，辟充參軍。短衣帕首，率壯士擊寇，無不克。授官，不受。汝南盜熾，單騎詣寇營諭降。寇憚其名，乞撫者萬人。已攻嵯岈山，平垛頭，禽渠郭三海，降衆數千，旬日間汝、沁皆平。李仙風辟之，不應。因置酒會父老，焚貸券數千金歸。永曆元年三月二十三日，起兵復德化。明日，復建陽。戰畔將蔡應科敗績，被執死。質詩清婉，樂府出入唐人。兵間行役諸作，有勞人志士之感。

同邑黄擔，字任者，工草篆畫。不薙髮被逮，亡命客死。

洪有楨，字亮士，同安人。早歲工書，賈人持售外國得重價，蓋淳謹儒生也。永曆元年二月，忽從俠客糾海邊壯士數百人，入復漳浦。監國魯王嘉之，即授知縣。未幾，城復陷，被執。見清將挺立不跪，目直視，髮上指，駡不絶口，旁執刃者皆大駭。磔於市，懸首城東門。時暑月，數日色不變，蠅無敢集者。久之，一卒投其首於濠，於是門卒皆病，中夜狂叫，若有物擊之者，乃相與求其首，羅拜葬之。

同時有楊浹者，亦不屈死，貫履不詳。

傅象晋，字用錫，同安人。孝友敦重。讀書至節烈事，欷歔不能止。兩京亡，慷慨誓滅寇，改學弓劍。福京陷後，熊汝霖奉監國魯王駐厦門，隨父向魁聯合義兵。明年秋，向魁奉王命以行人使肇慶。時盧若騰方起兵，象晋與友區良圖謁之。盧若騰喜，薦授職方主事督戰。時近寨有林姓者，族大而富，不附盧若騰，數斷餉道。象晋揮刃前入伏中，格鬥不得出死，年二十二。盧若騰求屍不辨，又二十餘日，别屍腐，獨沙磧一屍堅實，色如生。視之，則數珠在臂，蓋其母奉佛，以此遺之，遂收殮焉。

林師稷，字克農，天興永福人。廩生。監國魯王入閩，林埊起兵福清，師稷集十六社應之，營蒼霞嶺，適五色雲見，遂曰「卿雲義師」，衆推爲帥。後埊見執，博雒招之，師稷憤，自經死。

子拱星，亦起兵，將會父福清。聞父殉，斬衰北拜，仰藥死。

同時起兵者：

卓震，字伯良，福清人。恩貢。授龍南知縣，除雜税，修城垣，積粟置礮，邑人立祠。以直道不容，謫嘗州經歷通判，署無錫知縣，憂歸。福京亡，隱深山，偕林空起兵。被執不屈，磔死。

邑人鄭大奏，諸生。魯王次長垣，義兵四起，將攻福清，大奏仗劍出，遴鄉兵百人，荷戈當先。被執，磔死，無戚容。

劉有基，字翼乾，天興右衛人。世襲指揮使。起兵復連江，通表長垣。永曆元年六月，城陷死。

高天爵，字元錫，天興中衛人。世襲指揮使。隆武時，授錦衣衛。福京亡，潛合鄉兵，激以忠義。次年，應魯王長垣。經年師老，衆散勢孤，北面再拜，祝髮雙溪里終。

陳六韐，字子儀，漳平人。崇禎元年進士。自中書舍人，歷禮部郎中、天津僉事。天津方用兵，征供無藝，民少固志。六韐至，撫恤其民，大閲水師，扼險隘，築興濟城，浚交河，爲守禦具；檄諸縣令十甲出戍卒一人，月斂錢五文，民便而守戍具。於是河間、景州、任邱、静海諸州邑，臂指相連，屹然爲畿南保障。盧九德來監軍，輷轢搢紳，六韐獨與抗禮。盧九德銜之，謝陞恐其搆禍，乃疏改德州。適清兵陷良鄉、雄縣，東撫方在德錯愕不知所爲，聞六絡至，延問計。六絡曰：「德州險阻可守，某當爲公捍之。」及辭出，執兵者絡繹，詢之，曰：「我城外居民也，乃使我守城。」六絡入見方在德，曰：「兵未至而煩民，是自困也。城外民守城内，心皆懸城外，事緩猶可約束，事亟散矣。」方在德悟，乃諭去。六絡經畫守禦，召城中紳士共守之，守益堅。既而京師戒嚴，六絡厲衆得三千人，齎行糧入衛。而盧九德終恨六絡，借事中傷之，解官歸。六絡好佳山水，卜居長營永安樓。北京亡，撫膺痛哭，數日，鬚髮盡白。永曆元年春，有以耆舊薦者，縣帖敦請，而故將陳國祚起兵，有云六絡勾連者。逮者至，六絡嘆曰：「自甲申來，久分一死，今得死所矣。」遂命酒輩歌之晚。酒酣，給長子金書出，遂舉火自焚死。從死者：妾朱、王、傅冰姬及次子金鏡。長子金書，副貢，不仕。

葉翼雲，字敬甫，同安人。崇禎十三年進士。授吴江知縣，捕奸民朱和尚。吴昌時貽書爲緩頰，拒不應。歲大旱蝗，翼雲按捕蝗法，當於露翅溼濡時，乃夜行田間，令輕罪以捕蝗贖，災不爲害。時有議加賦者，條上其不便，縣省六萬有奇。十六年，東陽許都亂，列郡大震，翼雲練壯士，治樓櫓。北京陷，召平望守備梅亮守城。廉得盜道，捕殺之，一邑帖然。祁彪佳列其治狀爲上考，以催科不及格，爲昌時所阻。吴民譁曰：「吾曹奈何累公！」爭相輸納，不旬日完二萬七千有奇，並爲立生祠。臺臣歎曰：「生祠、去思碑，可作而致，惟解組官不事敲朴而完糧幾三萬，非得民心胡致此！」擢精膳主事，轉儀制。以親老歸。紹宗立，晉稽勳員外郎。福京亡，見鄭成功安平。成功令以使宜視同安縣事，與教諭陳鼎，助部將邱縉等城守。佟國鼐、李率泰、陳錦合兵進，招之降，翼雲曰：「今上即位，藩主志在勤王，以一城託我等，自當竭力死守。」及戰，縉敗，翼雲督民兵守城，飛書成功回救。成功在銅山，聞信，救不及。城陷，翼雲曰：「今日猶得死於明土，吾輩之幸也。」與其弟監紀推官翼俊，一門同遇害。

鼎，字尚圖，翼雲邑人。天啟七年舉於鄉。衢、嚴急，以尚寶丞與林壯猷催兵將出關。城陷被執，從客死明倫堂。子永華，自有傳。

陳上義，同安人。膂力過人，好談經濟，官總兵。力守死。

劉應璋，字銘勛，仙游人。繇按察簡較累遷按察使。福京亡，隱仙岩崙下。

邑人陳濂，字翰甫，歲貢。歷福清訓導，永定教諭，葉向高稱爲三代師表。山寇逼，諭諸生忠孝登陴。升漳州教授，王府長史，乞歸。當道稱南國名賢。至是亦死同安之獄。

黃壽徵，諸生，與母女自刃死。

清憤民堅拒傷兵多，屠之，死者五萬餘人。

黎崇宣，字孺旬，番禺人。崇禎四年進士。授廣德知州，政簡刑清，撫民如子，以亢直忤上歸。起袁州推官，不赴。北變聞，哀號卒。

區瑞，字成熙，南海人。天啟四年舉於鄉。自宣化教諭遷吏部司務。寇迫登車，中道聞北變，泣血北拜，不食死。

盧兆熊，字仲霖，順德人。萬曆四十六年舉於鄉。授東安知縣，拒清全城。調上杭，平反丘廷區獄。遷淮安同知，歸。北變，不食卒。

張日振，新會人。力田爲生。聞變，哭曰：「無皇帝矣！」自經死。

勞士傑，字學狄，新寧人。諸生。自經死。

梁希阜，字康侯，吉安龍泉人。歲貢。自從化訓導擢臨潼知縣，未任，痛哭不食死。

韓晃，字賓仲，博羅人。萬曆二十八年舉於鄉。青田知縣，絶苞苴，革耗羨，剔奸弭盜，以不媚上官歸。少研性命學，杜門，年七十，秉燭夜分。以時變，手訂武備揣摩及星象形勢志，皆切於用；王化澄上之於朝。變聞，不食死，年七十七。子履泰，字十洲，弘光元年選貢，爲僧。

夏懋學，字力庸，海陽人。萬曆四十七年進士。海寧知縣，謫順天知事，撻魏忠賢豎，幾不測。轉推官，襄慶陵工。擢户部福建司郎中。哭泣卒。

姚齊雲，潮陽人。諸生。端介。哭不食，赴和平橋投江死。

黃安，字定公，上元人。諸生，爲潮陽知縣孟應春客。衣冠北向哭，入署西井中死。

陳可晰，字惕乾，程鄉人，歲貢。寧波教授，力倡正學。父喪廬墓，哭泣卒，年七十七。邑人譚經綱，與子姪數人死。

屈時進，字剛中，吴江人。廣東按察經歷，遷梓潼知縣。行至大埔，不食死。

華首，名函静，號五戒行人，卒年七十九。

彭燿，字著卿，順德人。崇禎十五年特用。授宜川知縣，有能聲，遷户科給事中。昭宗即位肇慶，蘇觀生亦立唐王聿鐭廣州，陳子壯移書瞿式耜請興師東向，上曰：「先遣官諭之，俟其拒命，討之未晚。」乃命燿與職方主事陳嘉謨宣諭廣州。燿奉使過家，辭祖廟，託子於友。至廣州，以諸王禮見，備陳天潢倫序、監國先後，語甚切至。且讓觀生曰：「今上神宗嫡胤，奕然靈光，大統已定，誰復敢爭？且閩虔既陷，强敵日引，兵而逼，勢已剥膚，不協心戮力爲社稷衛，而同室操戈，此袁譚兄弟所以早并於曹瞞也。公受國厚恩，乃貪一時之利而不顧大計，天下萬世將以公爲何如人也？」觀生怒，殺之。嘉謨亦不屈死。事聞，贈燿大理卿，謚忠愍。

燿子睿壎，字聞自，諸生。任中書舍人。寄跡僧寮，文品均高，工草書。

嘉謨，字啟文，安遠人。崇禎九年舉於鄉。歷陽江知縣、高州通判。

廖翰標，字芷明，龍門人。天啟元年舉於鄉。授新城知縣，廉惠，民爲建祠。福京亡，歸。隆武二年冬，清兵陷龍門，以二子託從父，從容自縊死。

當清兵入廣東，所在守土文武及鄉官士民以節義著者：

章希熊，涇縣人。潮州經歷。城陷死。

孟應春，字長民，仁和人。崇禎十六年進士，潮陽知縣。弘光時，李班三亂，與邑紳吳仕訓乞師於揭陽都督張滂，參將黃山、王鎮遠斬三。清兵至，拒戰死。

虞贊堯，字亮工，海鹽人。崇禎十六年進士，潮州教授。潮陽陷，死。

蔡守璋，惠州常樂人。惠州經歷。一門十三人入江死。

陳延圖，字東繩，歸善人。副貢。定安教諭致仕。惠州陷，與母死。

鄒超楚，字纔知，惠州長樂人。明節義，完髮，不屈死。

梁萬爵，字天若，番禺人。隆武元年舉於鄉。廣州建號，授行人。廣州陷，慨然曰：「此志士殉節之秋也。」與弟諸生萬宷，衣冠水死。

王道淑，字善長，儀真人。泰昌元年恩貢。自金華經歷，調廣東按察經歷。廣州陷，與子棫瑞，一門死。

衞冕，番禺人。官經歷，振飢，著義聲。晚居平洲，遇兵死。子文英，事別見。

周于德，字兩參，諸暨人。太學生。歷當塗巡簡、新會丞，遷知縣。兵至，欲繕城固守，而城皆芭蕉圍繞，烽火一戰，勢若燎原。籲天泣曰：「今日之死，分也。」賦絶命詩，投火死。子長壽，一慟而絶。

張可久，新會人。新會遊擊。城陷死。

邑人戴大霖，從熊文燦軍，官下車把總，征袁百老有功，遷守備。城陷死。

金澤，字宜蘇，吴縣人。萬曆四十二年舉於鄉，英德知縣。城陷死。

王猷，字廷熙，義烏人。以將才授香山守備，調韶州。張獻忠略楚，猷進復郴州、宜章，協剿撫、建，擢南韶參將。援忠城，至南康，被圍歸。南雄陷，執死。

謝允期，番禺人。南雄把總。戰死。

蕭舜華，泰和人。從吕大器拒獻忠，辟參軍。居南雄死。

李信，字吾斯，興化人。大學士春芳曾孫。歲貢，和平知縣。永曆元年五月二十八日，城陷，與子泓遠、淑遠死。有老諸生楊甲在署，曰：「余亦江右文學也，忍獨生乎？」亦死。

曹甲，句容人。和平典史。誘降不從，入民舍，絶粒死。

張贇，字莘阿，襄城人。崇禎十五年舉於鄉。歷肇慶、程鄉教諭，累擢沿海監軍僉事。拒戰數不利，因泣曰：「臣力竭矣，無以報國。」投海死。

吴元昌，字子玄，海陽人。諸生爲僧，後殉漳州。

林呈祥，字南甫，惠州海豐人。天啟七年舉於鄉。悲壯作歌，涕泣死。

陳良言，石阡人。崇禎九年舉於鄉。寧洋知縣，清正愛民。升職方主事，居長樂。妻羅，妾徐、俞及三女，與良言弟，皆經死。僕永禄、婢福妹，從死。

龐延曾，字天錫，南海人。儒生。遊俠。不薙髮死。子時倬，年十三，井死。

淩騰龍，字羲御，番禺人。副貢。工文，執死。

曹麟，字聖瑞，與父水死。

韓乃聰，年二十舉兵，屢立戰功，援絶死。

黄賢，販油爲生，不薙髮，拜父，與妻王痛飲，自火其廬死。

李士貴，字主兑，龍門人。廪生。工文，憤死。

關鉞，字瑞熊，新會人。諸生。支解死。

馮我賓，不薙髮，爲詩志慨。巡簡執之，將予杖。我賓奪杖反擊之，曰：「爾無髮之僞虜耶？」里人賄巡簡，縛而髠其首，放歸。憤不食，歐血數斗死。遺言以故衣冠殮。

謝礦，字均六，陽春人。崇禎十五年舉於鄉，以通經名。城陷，大罵死，年七十八。

張璧，莒州人。歲貢。鴻臚序班升知縣。死難。

吴履泰，字亨若，定安人。諸生。永曆元年四月，清兵渡海，瓊郡官吏書降。履泰丁父憂，與王世臣、張兆鵬、蔡從龍、崔上臣、胡輝祖，散家財起兵，旬日得壯士三千人，及黎岐衆六千。於五月五日哭文廟誓師，分水陸二道進。十一日，戰買萬、長陂，斬首千，清兵退。翌明，清以騎夾攻，履泰兵潰，謂弟履節曰：「力竭矣。事之不成，天也。爾可歸葬先人。」乃大呼先皇帝數聲，抱石投海死。甥王蔚文從之死。

世臣，瓊州衛人。世襲指揮。單力匹馬迎戰死。

兆鵬，瓊山人。起標守備。戰死。

從龍，昌化人。崇禎十七年歲貢。戰死。

上臣，瓊山人。澹州兵入西黎，再戰死。

輝祖，字朝翰，隆武元年舉於鄉，不知所終。

鄺露，字湛若，南海人。諸生。工諸體書。學使者以恭寬信敏惠發題，露文用大小篆、八分、行草書於卷，學使不之罪也。見海内多故，學騎射。嘗騎馬出門，衝南海知縣行𢥞，拘之，則吟曰：「騎驢適值華陰令。」知縣大怒，請學使除其名，將加以桎梏。乃遁廣西，徧尋鬼門、銅柱舊跡，遊於岑、藍、胡、侯、槃五姓土司，爲瑶女執兵符者雲嚲娘書記，歸撰赤雅一編，紀其山川風土，及女君天姬隊歌舞戰陣之制。永曆二年，授中書舍人，與主事梁稷疏請雪袁崇煥冤，遂獲賜諡。四年，奉使廣州，與諸將戮力固守。露蓄二琴，一曰南風，宋理宗宫中物；一曰緑綺臺，唐武德年製，康陵御前所彈也。出入必與二琴俱。城陷，抱琴死。琴後爲錦衣葉卿贖歸，著有嶠雅，手書開雕。屈大均謂雖小雅之怨誹，離騷之忠愛，無以尚之。子升，隆武時授中書舍人；鴻，字劇孟，工詩劍，先於隆武二年冬，率北山義兵戰廣州東郊，力竭死，年二十餘，贈錦衣千户。

同露死者：

丁有儀，紹興山陰人。官番禺典史。妻陳，伏屍大駡死。

陳曇，南海人。諸生。與兄理、宣、鏞、砦五人，一門數十人火死。

李爾龍，新會人。年少，廣州再陷，獨持倭刀入城偵清吏，有事江滸，短衣跣足突呼曰：「天兵十萬在此。」拔刀奮斬十餘人，副使被斫半臂。又奪馬疾馳入城，突尚可喜營。門者亂槍刺之，舉手一揮，悉斷其幹。再出，兵追及演武場。格鬥良久，力竭被執。可喜鞫之。曰：「我天朝義士，奉李定國令旨，衷甲入期，今夜二鼓斫汝首。以性躁不待，故至此。」復揖左右曰：「此皆内應者。」可喜曰：「是狂男子耳！」付獄瘐死。

同時，樊泰，字相功，番禺人。與番禺知縣崔甲守龍眼峒。永曆四年三月，清兵至獅嶺、慕德、鹿步、烏石，鄉民不出粟，而峒尤豐饒富。清將籍其資糧攻廣州，數使說之，不從。清兵攻峒，峒五百餘人，皆勇武兒，十五六下皆揭竿冒刃，父子兄弟相救護，以一當百，血戰旬餘，砲殺敵千計。九月，清兵再攻。會大雨，藥沾，礮石不能發，峒乃陷。泰與甲短兵巷門，復斬數十人死；峒人死者萬計。

張朝鼎，字光宸，開平人。諸生。三年二月，與舉人張鉅璘，請析恩平立開平縣，命伍仕昌經畫。清兵至，朝鼎死，贈太嘗協律。鉅璘降清爲知縣。

孔大業，封川人。諸生。永曆五年，清再至，衣冠完髮執，不屈死。

蔡履泰，香山人。永曆六年與父，刃死；妻盧，水死。潘亞斗，番禺人。與妻潘，火死。邑人翁萬可，兵死；妻張，經死。

歐光宸，字戴皇，茂名人。天啟七年舉於鄉，授知縣。永曆元年，清兵陷高州，下薙髮令。與弟光宙及茂山書院生徒謀起兵。六月，以吳川、茂名之勇敢者復梅菉及吳川。會清兵至，引退。未幾，陳邦傅招兵恢復，施尚義等遂令軍復高州。光宸因又練兵結寨於博鋪，授海南監軍副使。七年，李之珍、陳武攻高州，執光宸，勸令贖免。曰：「吾有死耳。」遂死。

光宙，少廬墓，參議張茂頤奏賜舉人。見兄死，悲憤，後韜晦終。

邑人周冕，有膽勇。崇禎十七年正月，府縣囚譚聖典等越獄劫庫，殺知府鄭三謨，把總黃翼龍守捍死。冕捕囚黨斬之。清陷高州，不肯薙髮，與各縣義士百餘人起兵。李明忠屯高州，冕鎮吳川，後代以唐天星。永曆三年至四年冬，蔡奎以水師營稱太子少保，殺天星。永曆五年，冕征岑鬱，中矢退沙坡，歐血死。又邑人歐陽某，失其名，亦事義師，隱遁。

同時黃世臣，字起日，羅定人。歲貢。易門知縣，遂安知州致仕。國亡，嘆曰：「吾受朝祿，爲國而死，分也。」遂自經死。

仇自奇，字子珍，靈山人。以吏授陸川典史。隆武二年冬，清兵陷靈山，整衣冠北拜，將自經，知縣止之曰：「乘輿無恙，甌、閩諸郡猶存，天下事尚可爲，奈何以子之才一死塞責？」遂與知縣歸肇慶。瞿式耜、陳邦彥疏薦，上恢復大計十二策，遷監紀推官。破產紓國用，深得軍心。兩廣不守，隱西靈山中。時有武將黃學明聚衆高、廉間應李定國，造廬咨以軍事，爲指畫形勢，授以方略。李定國兵至，道經靈山，相戒勿犯，且薦起用，同攻新興、肇慶、新會。兵敗，再入山。吴三桂兵起，欲起爲參贊軍機大臣，不應，遇害横州。

鄭雲錦，字子素，莆田人。選貢。授靈山知縣，調合浦。廣東陷後，周金湯委署左州知州。永曆十一年十二月，李定國再復南寧，賀九儀檄改横州。明年正月望，城再陷，被執，作馬上吟；檻車置肇慶獄。誘降，不可；服鴆，不死；絶食七日，又不死，乃復食，作從西山義士遊詩。在獄三年，吏民勸其薙髮，雲錦曰：「吾辦死久矣，所未即死者，留一日鬢髮，即頂一日君恩；爲一日南冠之楚囚，即爲一日大明之臣子耳。」就義之夕，飲酒談笑如平時，觀者莫不悚歎。獄中著有廣恨賦、獄賦、縲絏者説、題獄詩、像贊、雜吟、雜論共一卷，付其戚友宋祖誥。

祖誥，字爾錫，永曆時官思恩同知。

巫如衡，字宗岷，寧化人。以諸生遊太學。隆武時，補南海縣丞。廣州市賈侵官濠以益私廛，遇霖潦官衢如涉。當道檄如衡清毁之。衆賈輸千金如舊，如衡拒之。賈急，則賄當道寢其事。廣人笑如衡愚;林佳鼎獨重其節操,薦於丁魁楚,委署海豐、化州,民皆愛之。二年十一月,清兵陷廣州,逼肇慶,如衡扈帝幸梧,授蒼梧知縣。永曆元年正月,梧州陷,巡撫曹燁降,僚屬皆稽首上印綬,如衡獨持印不予,曰:「天子以此屬我,胡可委諸人?」再三誘之,不屈,乃遇害。

子學展,尚幼,聞凶耗,則惘惘如有所失。既長,徒求父骸,以滴血法試之,最後一骸血蝕没,再試再驗,號哭裹負而返。

周震,字象男,全州人。歲貢。官中書舍人。嘗佐何騰蛟軍,劾劉承胤不臣,檄諸生申討,詞義凛然。奉天陷,全州危甚,震集文武將吏盟於神,誓以死拒,條上城守事宜,擢監軍御史。永曆元年十二月,郝永忠等盡撤兵還,城虚不能守。諸將議舉城降,震力爭不可。衆怒,曳出殺之。

同難者:

州人趙三薦,崇禎三年鄉試第一。授瑞昌知縣,嚴毅才智,善捕盜。以不禮漕院承差罷歸。久之,遷肇慶同知、九江僉事。未行死。

孟泰,以奴僕從焦璉,嘗率百人戰敵萬人而不損一卒,論功授守備。聞城降,哭曰:

「身爲人奴，得一飽食即感圖報，今爲國死，何恨？」使妻子仰藥，自刎死。

同時柳城陷，訓導蔣秉芳，字昆瑞，全州人。歲貢。寇熾，上南遷疏，言金陵形勢，二祖並建二京意。大罵死。

灌陽陷，千户劉飛漢，自以世受國恩，詣城下求死，並其二子，皆被殺。

歐陽羽良，新化人。應役投筆戍柳州。城陷死。

汪若澍，富川人。隆武元年舉於鄉。清兵至，與陳善、許士驥、鄒國棟、吴文和、李豫新、顧夔、戴宸眷、馬圖瑞、文光裕、鄧生馨、張之紀、劉連玉、唐良傑、郭志、計于京、孫長林、吴振元等，各倡義勤王，累功授監軍僉事。旋平南艾莫寥，以知兵稱。昭宗幸滇，隱東山白竹塘。清起用，力拒，不食死。一僕一犬從死。

善，南昌人。昭宗立，授車駕郎中。永曆元年二月，清兵至藤縣，被執大罵，支解死。

士驥，字德生，嘗熟人。士柔弟，名著應社。從瞿式耜廣西。肇慶中興，授潯州推官，攝蒼梧知縣。清兵再至，自經死。

國棟，思南人。選貢。授河陽知縣。謁肇慶，遷中書舍人。再扈南寧，戰死。

文和，字士愷，撫州東鄉人。選貢。自梧州通判，歷工部主事、户部郎中，再扈南寧，與妻陳、子一甫及僕婢七人死。

豫新，字啟升，南海人。選貢。灌陽教諭遷知縣。桂林陷後，衣冠慷慨題詩，北拜自經死。弟豐新，字啟康，選貢。海豐教諭，先一年城陷死。

夔，字虞一，崑山人。天啟七年舉於鄉。恭城知縣，勤政愛民，有顧青天之稱。清兵至，去。從子貞吉，不薙髮死。

宸眷，字瞻五，灌陽人。崇禎十五年舉於鄉，職方主事。

圖瑞，字伯龍；光裕，字際盛；生馨，字而蘭；之紀，字龍如，皆全州人。崇禎十五年舉於鄉，職方主事。桂林陷，死。

連玉，字石長，安福人。崇禎十五年舉於鄉。江西陷，入楚，授職方主事。死廣西。

良傑，馬平人。教諭。柳州陷，死。妻盧，水死。子文燿，奉命招撫死。

志，陸川人。把總。身先士卒，斬清兵數人，戰泗里堡死。

于京，馬平人。諸生。城陷，與妻戴自刎死。

長林，馬平人。與妻王，水死。

振元，融縣人。城陷，與妻龍，斫死。

又靈川樵叟，世居蔡岡村，耕樵爲生。清令薙髮，叟荷薪入市，人以新令語之。叟引頸四顧曰：「今上安在？」曰：「出狩矣！」已又問：「瞿留守安在？」曰：「死矣！」默然植立。移時，忽棄薪，趨至傍洞橋，仰天哭呼高皇帝者再呼，烈皇帝者亦再，嘔血升許，入水死。

盧瑜，字石公，上高人。歲貢。柳州同知。清兵至，力守全城。遷思恩知府，疏上四事：一修城，二捐逋，三設同知理番，四去惡樹汁煮箭射人。帝幸滇京，與子明揆、明挺保土如故。乃諸郡盡陷，清使招降。曰：「臣事君，子事父。父亡而謂他人父可乎？」不從。永曆十三年十月，城陷死。

明揆，融縣教諭；明挺，雒容教諭，先後死。

姚應元，字鼎白，平遠人。經歷。城陷死。子昌光，冒險扶持，掠死。

謝鐈，英德人。天録子。貢生。南寧教授。死城難。

宋甲，不知何許人。奉議掌印判官。城陷死。

樓得月，紹興山陰人。舉於鄉。羅城知縣，調融縣。城陷死。

吴起元，同安人。天啟四年舉於鄉。慶遠知府。城陷，一門死。

余猶龍，宜山人。崇禎十二年舉於鄉，知縣，死難。

童欽舜，字德昇，會稽人。歲貢。鬱林判官。永曆十三年城陷，與妻朱同死。

李上林，宜良人。諸生。好學，有至性。清陷雲南，上林日治具縱家人日夜飲。頃之兵至，則率家人持壺觴升屋飲，盡醉。上林善忽雷，彈不絕聲。見鈸笠朱纓，停忽雷，躍起罵。騎士盡罵，欲磔、欲叢射、欲生捕得，爭未決，火忽自迸發，屋薪盡燃，烟蔽天，猶隱隱聞忽雷聲。比暮，里人去餘燼，拾數人胔，就地共坎瘞之。

同邑王霈之，粗豪富膽力。城陷，自火其居，斬清兵數人，復一門躍入火死。

李先芳，貢生。與母李，妻安，弟婦董、史、楊，姪壽禄，姪女等，自焚死。

當清兵陷雲南，一時死難者：

傅昌明，字士諤，昆明人。尚書宗龍子。諸生，任錦衣。與妻陳及子績死。

邑人陳黼扆，死路南。妻倪、妾李及女，崖死。

張何明，呈貢人。火死。妻褚，女大妹、二妹、三妹，井死。鄰媪郟，從死。

邑人楊朝翰，經死。

朱賓遠，曲靖南寧人。官陸涼知州。城陷，投崖死。

李琇，霑益人。諸生。霑益屠，負母入山。清兵劫以刃脅金，曰：「大明秀才，死耳，安得金買命乎？」卒死之。母張、妻范及幼子三人，皆死。

陳璉珆，通海人。刃死。

阮家玉，馬龍人。員外郎玉聲子。剛果有血氣。清屠城，曰：「吾家乃世禄，何顔當此世，貽先人羞！」一門火死。

邑人明朝佐，與妻張，水死。

李悉達，羅次人。天啟四年舉於鄉。官夔州知府，多惠政，致仕歸。城陷，率士民巷戰死。

邑人楊朝藩，貢生。一門火死。

趙士恪，易門人。貢生。昭宗幸滇，上恢復策。滇京陷，與同里王家鼇、石敏等聚衆千人守城。城陷，被執。吴三桂誘之降，厲聲曰：「大明義士，肯事二姓哉！改節事二姓，惟公等一流人。乃爲之速殺我。」遂磔之市。家鼇、敏，同死。

郭圖南，和曲人。諸生。清兵至，曰：「吾無官守，然爲大明臣民，與國存亡，義難苟生。」一家火死。

保愛賢，新興人。城陷，一門死。

劉鼎，字紹禹，寧州人。户部侍郎延祚子。多才智。城亡，與妻子井死。

包逸，字清夫，建水人。侍郎見捷孫。清兵至，曰：「家世受國恩，國亡而死，義也。」與妻子火死。

楊國訓，鄧川人。慷慨負異才。清兵至，率州人守城，不支，被執，送滇京。三桂命薙髮，不屈，曰：「大明驅胡元近三百年，爾等大明臣子，乃改頭換面倨堂上，而居忠義於堂下邪？爲天地所不容。」大叫目裂，支解死。

楊祖詒，字杏孫，劍川人，光禄卿棟朝子。州人何允謨，字季典，太僕卿可及子。帝幸大理，二人召子弟數百迎蹕下關。帝西幸，被執不屈死。

張試，字對廷，雲龍人。諸生。清兵至，一門經死。

劉鏜，永平人。諸生。清兵至，一門死。

邑人王翊贊，貢生。一門經死。

寇覲明，崑明人。歲貢。授永昌訓導。城陷，謂子緒萊曰：「爲臣死忠，爲子死孝。吾受國恩，義難苟免。」冠帶自經死。緒萊亦死。

丁運亨，保山人。貢生。帝過永昌，率父老挽輦泣留，不果。清兵迫，召鄉人子弟千餘人襲先鋒固山額真沙里布軍敗績，全軍皆歿，被執淩遲死。

邑人貢生沈嗣振，清兵入城，與母妹弟妻子女，十一人自焚死。

諸生馬甲，一門火死。
諸生張登元，字文蔚，一門七人自火死。
諸生陳正猷，經死。妻石，水死。
恩貢王景昌，字二酉，同妻赴東河死。
劉德本，一門五人自焚死。
閃連城，與妻石，水死。
諸生祝維霍，與妻子三人，井死。
諸生王顯隆，字樂天，與弟顯極，火死。
諸生馮時可，與母妻妹死。
林桂印，字仙阿，大理趙州人。諸生。城陷，執死。
州人鄒嘉顯，與妻董，水死。
李玉奎，騰越人。世襲千户。帝幸騰越，供奉甚謹。清兵至，一門投疊水河死。
州人藺德美，世襲百户。清兵入，力拒不屈，一門十餘人死。
薛大觀，字爾望，昆明人。諸生。績學，重然諾，以氣節重。孫可望入滇，人多附得官。

或勸之出，曰：「嘻！此孫氏之官，賊官也，余義弗爲。」於是挈家隱城北黑龍潭。聞昭宗至，踴躍曰：「不圖復覩天日！」帝將幸緬，喟然謂其子諸生之翰曰：「國君死社稷，臣死君，義也。況今入主中華者，非復我族類。今日之事雖天命，不可以力爭，顧獨不可效死一戰，乃崎嶇域外，依小夷求須臾活，豈可得乎？吾書生，願爲大明鬼，不能爲編髮人，計惟有一死以報國。汝其勉哉！」之翰泣，對曰：「大人忠死，兒當孝死。」大觀曰：「汝有母在。」大觀妻楊聞而顧謂之翰妻孟曰：「彼父子能死忠孝，吾兩人不能死節義耶！」侍女蘭馨抱幼子立於户外，曰：「主人皆死，何以處我？」大觀曰：「爾能死，甚善。」五人遂相率登魚樓，大書「一家六人成仁處」，擲筆大笑。於是大觀夫婦上坐，子婦拜，蘭馨亦拜。拜畢，携手下樓赴潭死。次日，諸屍相牽浮水上，幼子在侍女懷中，兩手猶堅抱如故。大觀次女已適鄒，避兵西山，相去數十里。兵至火起，鄒復他去，女曰：「國破家亡，吾一婦女，將安逃脱？辱身非義，不如死也。」亦赴火而死。

大觀同時死者：

劉之謙，字無咎，上杭人。廷標子。永曆時，以父死難，授趙州學正，遷户部主事。清兵入滇京，被執。主者索賂，曰：「父子二十一年苦節，漱滇南杯水耳。安得賂？」復令薙髮，曰：「秃頭鬼可見吾父乎？」遂礮烙死。一家八十人從殉。子坊，字季英，諸生。國亡，與劉蒞、王夫之、邱維屏、彭任、李世熊及南海陶葉遊，浪跡以終。

單武襄，大觀邑人。貢生。清兵入，自書「一門完節」，自焚死。

張儒第，霑益人。諸生。聞上蒙塵，號泣不食死。子葵，終身坐不北向。

林啟俊，字柱伯，昆明人。崇禎六年武舉第一，授都司僉書，爲沐天波旗鼓。十七年，張獻忠陷四川，沐天波使李大贊屯會川，啟俊屯霑益，防可渡河。吾必奎亂，沐天波檄漢土軍以啟俊統領，會李大贊進討，平之。師還，而沙定洲始至，逗留不即去。啟俊尚未還汛，跡其所爲叵測，憂之，謂于錫朋曰：「沙定洲兵强多詭譎，恐有變。啟俊兵在汛數百里，宜入言，議以兵宿第左右，備不虞。」時于錫朋用事，沙定洲厚賂之，反以爲多慮。及變，啟俊僅以親族數十人巷戰於五華山側，斬金盔賊首一人，並餘賊十餘，賊不得遽入第門，沐天波乘間得出。沙定洲踞會城，啟俊避陶山。永曆元年，沙定洲遁，會城無主，滇人憤殺從賊者指爲沙黨，立棓死不問。啟俊分別，全活甚衆。同孫可望禽阮韻嘉、張國用、袁士宏等正法。後沐天波扈帝西幸，從者多亡，啟俊與滇西人朱緍獨不移。沐天波執手泣曰：「汝二人從我危難中二十餘年，我重臣，殉國固宜，如汝二人何？」解所佩黃金盒分贈，命之去。啟俊伏地拜哭曰：「公重臣，可殉國。余雖職末任輕，獨非國家之臣子而不可以殉國乎？」

沐天波亦涕泣不能對。後縉被執死；啟俊隨入緬，與沐天波同死木城。

子淑，隆武二年舉於鄉。洪雅、夾江知縣。

陳佐才，字翼叔，蒙化人。以才技爲沐天波將。帝在滇京，命使四川，歸則駕已幸緬，追扈不及。國亡爲棺，大書「大明孤臣死不改節」，埋在石中。日爍精魄，雨泣風號，嘗爲弔客，完髮，衣冠不改。清吏逮之，凝然自若，曰：「吾受遺體父母，弗敢傷，若欲執清法而死忠義耶？」聲色俱厲，挺身請刑。清吏釋之，歸隱深山。作詩多血性抵時忌語。人或諷之。曰：「吾於國亡，已破生死，何懼爲！」未幾，憤激死。

奄和尚，本諸姓，沐天波第舊奄。沐天波走迤西，從人散去，諸獨相依。沐天波扈帝幸緬，諸曰：「明公爲國世臣，不如請上固守。事不濟，以死殉可耳，何必出走蠻荒取無窮辱？」不聽。隨之鎮南，潛入玉屏庵爲僧。

李小六，保山人。王二發，臨安寧州人。本無賴子，居滇京。昭宗崩五華山，棄骨墟中。小六、二發旁觀，大憤，舉巨石擊監刑者，立見執。吴三桂鞫之，小六、二發持綱嘗大義以責吴三桂，吴三桂面不能仰。命赴市，言笑自若，大聲告市人曰：「吾輩得死所矣！望諸君爲大行皇帝復仇，爲大明復仇！」是夕，民提筐拾帝骨被殺者四十餘人，惜姓氏無聞。

未幾，尹士鑣、張錡、繆士鴻、張義泰、梅阿四、張發祥、魯家柱等，謀起兵滇京，不克死。士鑣，騰越人，諸生，官餘慶知縣。錡、士鴻，昆明人。義泰、阿四，大理人。發祥，武定人。家柱，安寧人。阿四，本道士，自言鍊神鬼火、指木成林、化水爲紅、金刀變一成十之術。錡信之。永曆十六年三月中，士鑣、阿四、士鴻以謄黄敕書調各土司兵，又以沐忠顯書約禄昌賢，期四月十二日夜半起義。禄昌賢首報，皆磔死。

陳綱，字五嘗，易門人。膂力絶人，雄鄉里。吴三桂鎮滇，將起兵，招延天下士，自李如碧、胡國柱、馬寶而下從之。綱曰：「吴三桂不忠不孝，不可輔也。」永曆十九年，王耀祖起兵新興，吴三桂兵道出易門，綱曰：「殺小賊易，大賊難。吴三桂此來，非擊王耀祖，實攘土也。」舉千鈞巨礮攻之，中輿折其衡，斃兵四。吴三桂更調精兵欲屠城。至前受礮處，天忽黑，馬蹶僕，見關羽立城上，吴三桂跪祝曰：「不妄殺，惟取陳綱一人。」以令指揮械綱赴會城。有二人曰：「綱此舉，吾輩同謀，獨械以往，於心安乎？」綱曰：「死一人活萬人，壯夫所甘心也。」自縛就道。見吴三桂不拜。吴三桂愛其才，欲收用之，問曰：「汝年幾何？」綱罵曰：「汝大明故臣也。闖犯順時，君死矣；范景文下諸大臣死矣；汝父襄以汝故，爲賊拘而死矣。汝獨假申胥之名，乞秦庭之師，其意豈在急君父難哉，不過陳圓圓爲闖獲，援此以殺奪己之愛者也。且大行皇帝崎嶇艱難，勢已窮困。愛星阿議送京，清未必不錫以爵，得終餘年；汝必託道遠，幽縊五華坡，其居心尚可問哉！」吴三桂大怒，將置極刑。陳圓圓自屏後侍者耳語，吴三桂頷之，令繫獄。綱破械出，斬關奪門，衆不能禦。歸幾日，吴三桂以腹心八人率兵數百，大索三日不得。諸將大呼曰：「綱不出，族矣。」綱聞怒甚，挺身直前欲鬥，諸將皆屏息，因從容與約曰：「候三日。」諸將唯唯。綱召父老親故享酌酒酣歌，痛飲盡三日歡。及就檻車，父老泣別。綱曰：「吾欲死則死，生則生，吴三桂無如余何也，何必作兒女態乎！」至安寧，諸將懼其復逸，鴆之而剖其心並首以獻。吴三桂怒不生得，竟斬八將。綱飲鴆毒發，猶折囚檻，格殺數人死，年二十三云。

南明史卷一百四

列傳第八十

無錫錢海岳撰

忠義四

盛彌俊 陳一泰 張瑴 柯士琮 彭臺 熊日鴻 龔甲 章宏本等 游允通 孟蘭芷 楊太沖 陳昌猷等 周必顯 陳嘉容等 冷甲 王之鉉 徐思燁 張大烈 袁瑶等 羅日崇 鄔崇昇 劉穗 何大忠 李聯璧 陶孔肩 王養正 子贊育 王域 子鑰等 劉允浩 史夏隆等 陳宗勉 鄧思銘 廖應宣 聶維文 俞一經 張宏 萬實 祝錫胤 曾亨應 父棟 子筠 弟和應等 兄大應等 王秉乾等 謝上達等 胡海定 子映日 祝得一 仇昭遠 高鉦等 劉吉復等 吴士玉 楊逢春 黎仰明 周輅 湯應暘 魏先達 吴堯益 徐日光 王龍光 江鏊 鄭惠 周日庠 楊鎮 張志道 徐以翰 夏九功 李時興 鍾必顯 解應雷 陳王明 錢應華 歐陽吉等 黄藎卿 鄧武泰等 吴璧

盛彌俊，字逸園，武寧人。諸生。有文名。弘光元年夏，清兵至，讀書弗輟。相視不敢犯，彌俊厲聲曰：「逆而至此耶！大明天子深仁厚澤，而祖若宗生息二百餘年，而故反耶？我王家秀才，義不辱，速死爲幸。」以杖擊清兵。清兵脅之行，罵不絶口死。妻林，知書，在他所，聞彌俊死，泣曰：「夫子得死所，何生爲！」乃與子婦萬、王相抱，沈江死。女服姑，年十七，罵清兵，投崖死。季子翥，亦鬥死。

邑人陳一泰，字安宇，貢生。博羅知縣歸。刃死，年八十八。

張彀，字淩雲，諸生。爲道士楚、越。被執不屈死。

先，南昌陷，柯士琮，武昌興國人。選貢。南昌教諭。與妻程死。

彭臺，字明省，南昌人。選貢。歷平樂推官、瀓江通判、石屏知州，有清操，致仕。不食死。

邑人熊日鴻，字去疾，崇禎十五年舉於鄉。悲憤死。

龔甲，諸生。衣冠經死。

章宏本，諸生。與弟太學生大本，哭七日，不食死。

豐城陷，邑人游允通，罵寇死。

流寓孟蘭芷，蒲州人。弘光元年恩貢，特用。博學，負文名。與弟不食死。

新建陷，邑人楊大沖，字不盈，諸生。北變，日痛哭。聞安宗立，少解顏，曰：「國有君矣。」

靖安陷，邑人陳昌猷，官守備。與廩生劉應欽，諸生陳懷忠、陳吉、陳良盛、劉調鼎，及妻李，皆死。

寧州陷，州人周必顯，字宗仁，不薙髮，碎腦死。

陳嘉容，字容玉，諸生。與太學生周先昇及温奇梧，皆不薙髮死。先昇妻劉，從死。

冷甲，容貌魁偉，勇力絶倫，出没江湖。一日歸，族人僞宴，鐵錐斷其臂，猶躍百步，被執，咳唾風生死。

德安陷，王之鉉，字青鎖，鄧州人。崇禎九年舉於鄉。南遊直、楚，悲憤一發於詩。十七年，依故人德安。清兵迫，邀俱去，不從死。

瑞昌陷，邑人徐思燁，字然明。廩生。敦行，精易學。一門火死。

高安陷，張大烈，紹興山陰人。天啟七年舉於鄉。瑞州推官。執不屈死。

袁瑶，成山衛人。歲貢。剿桃源寇有功，授高安主簿，征豐泉峒蠻。與子鳳翔，力戰死。

新昌陷，邑人羅日崇，字元目，恩貢。祝髮入庵，旋沐浴衣冠，再拜死。

鄔崇昇，字客林，廩生。當貢病，飲冷水巨觥，自爲輓語死。

劉穗，字九皇，諸生。吴甘來子師。北京亡，祝甘來死，夫人救之，曰：「臣死義，不當救。」南歸，不食死。

何大忠，南康建昌人。廩生。南康陷，入山。清督學檄府學大索，不得。已入試，停午託疾白卷出。與子特達，躬耕龜山，沈湎於酒。一日椎胸拍案，大叫曰：「誠不如死！」自是痛哭無恒，卒嘔血死。

邑人李聯璧，字子峻。大忠死，隱終。

同時陶孔肩，字遜膚，星子人，尚書尚德曾孫。選貢。賀逢聖、文安之重之。結茅卧龍岡講學，擬絶命詞，感愴悲憤卒。

王養正，字聖功，泗州人。崇禎元年進士。授海鹽知縣，以憂歸。服闋，補秀水。計典，改河南按察簡較。歷襄陽推官，刑部主事、員外郎，南康知府，平巨盜鄧毛溪、熊高，一方以安。安宗立，遷建昌副使。會夏萬亨至，養正乃與王域、劉允浩、史夏隆從起兵拒守。援絶糧盡，城陷，被執至武昌。再三説之降，卒不屈死。事聞，謚忠烈。妻張，亦絶粒九日而死。

子贊育，負骨歸葬，廬墓，終身縞素。

王域，字元壽，嵩江華亭人。天啟元年舉於鄉。授宿州學正。流賊至，佐有司捍禦有功，遷國子學録，改虞衡主事，榷稅蕪湖。時上遊道梗，商少而稅額增。域疏請仍舊，從之。北京亡，諸榷稅者多入己，乃歎曰：「君父遭非常禍，臣子顧因以爲利耶？」悉歸諸南京户部。弘光時，擢郎中。出爲建昌知府，以清正稱。尋晋副使。南昌陷，官民拒守。域曰：「事急矣！國無主不可以集衆」。乃與王養正等奉益王由本，分守南門。城陷被執，大罵死於武昌。

子鑰、錚，皆諸生。奉喪歸葬，茹素飲泣以終。

劉允浩，字集生，掖縣人。崇禎十六年進士。家居，聞北京之變，欲南下説劉澤清舉兵。適寇至萊州，即領鄉勇擊走之，奉母南下。時盜寇接踵，聞允浩名，不敢害。抵淮，與黄得功相結，慨然有報國之志。史可法壯之，將留參軍事，允浩不可。謁選南京，授建昌推官，修城練兵，清獄多平反。與史夏隆助城守，督戰甚力，殺傷千百數。城陷，猶率衆巷戰，中矢被執。清將曰：「春秋之義，復仇爲正。若不知仇汝者李自成乎？」曰：「乘亂奪人國者，仇也。亡國之臣死耳，不知其他。」再拜死。

夏隆，字趾祥，宜興人。允浩同年進士，官南昌推官。偕夏萬亨、施以略、魯忠省等械至武昌，同死，傳首江西，棄屍城下。建昌士民哀其忠，裒而瘞之沌塞河側，表曰「六君子之墓」。

又陳宗勉，南豐人。起兵應萬亨，久之敗死。

鄧思銘，字建侯，南城人。諸生。北京陷，説益王由本曰：「王身兼臣子，今宗社傾危，豈容坐視！」由本大感動。思銘即號召諸生數百人，名曰庠兵。以贍財者助餉，負才者參謀，有勇者出戰，請於有司。有司笑之曰：「兵可庠耶？」衆乃散。思銘鬱鬱不得志。後王域等奉由本舉兵，遂入幕參贊。城陷被執，指金聲桓大罵，乃繫於竿首射之，每發一矢，輒呼曰：「未中要害！」連及六矢，大吼曰：「經時不能殺我，鼠子技何劣耶！」已而死，一門同殉。

同死者：廖應宣，泰和人。歲貢。南城教諭。抱印明倫堂死。

聶維文，南城人。益王儀賓。

邑人俞一經，字子常，崇禎十七年當貢，以應貢死於京。

張宏，字津侯，諸生。

萬實，字士確，南昌人。諸生。通經，多著述。

祝錫胤，字貞元，南豐人。諸生。執不屈死。

曾亨應，字子嘉，臨川人。父棟，字隆吉，萬曆四十四年進士，累官祠祭郎中、四川驛傳副使。土官董卜、高箕相攻，撫臣請之朝，以兵事屬棟。卜嘗入貢，朝議疑其驁，將留之，棟不可，引卜詣闕上疏，得釋歸。至是，卜諭衆曰：「是向生我者，拒之不祥。」乃與箕盟還。亂定，以功升右布政使，調廣東左布政使。

亨應，崇禎七年進士，授文選主事。詔起廢，亨應以毛士龍、喬可聘、李右讜等十人上。御史張懋爵有夙怨，以納賄行私力攻之，遂坐謫。安宗立，凡謫籍起者多驟貴，亨應獨不赴。弘光元年六月，金聲桓命王得仁攻撫州，亨應乃命弟和應奉父入閩，己與艾南英、揭重熙議守禦。募兵未集，騎已薄城，衆皆散。會永寧王由櫶自建昌敗走閩、廣，招峒兵數萬，復建昌，入撫州，寓書亨應，請爲東道主。亨應善，募卒三千人屬之。前鋒魏文豹戰撫州不利，走書大姓勸助餉，張皇其事，以冀四方響應。一日，亨應置酒高會，得仁偵得之，潛從祝家渡濟師。或馳告，亨應不信。言未既而兵大至，亨應趨避石室中。從弟某恨其賈禍，指穴出之，并執其長子筠。亨應顧筠曰：「勉之！一日千秋，毋自負。」筠曰：「諾」。遂大罵不屈，立見殺。得仁解亨應縛，揖之曰：「公義士也，時不可爲，盍隨世以就功名乎！否則鷄犬肉矣。」亨應箝口不一答。曳諸階下，撾數十，詢之，復如前。乃懸之樹間，令射之。已復宛曲相慰，終不可。得仁曰：「此鐵石人也。」遂遇害。

筠，字竹君，弘光元年選貢，舉異才。事聞，贈亨應太僕少卿晋太嘗卿，謚忠烈；筠儀制主事。

和應，字子瑞，太學生。奉父入閩。閩陷，走肇慶。肇慶陷，乃拜辭其父，投井死。子其能，字元卿，太學生，石屏知州。國亡，絶粒死。

兄大應，選貢。永曆時，自靈川知縣、職方主事，歷平樂、潯州知府。兵猝至，方朔日詣文廟，守弁奔。清人遇大應廟門外，問：「何官？」從容應曰：「我此城太守也，正欲見主帥。」兵疑與帥雅故，不敢虐，遂與家屬同至梧州，方巾闊袖，揚步入門，大笑曰：「吾死所也。速與一刀，無多少。」或有勸降者，輒拒之，慷慨受刃死。大應妾陸，大應猝推入井免。卒欲其易服見帥，叱之。

從叔杞，字五章。族人乾應，字子元，選貢；士鶴，字鳴叔；禮，字秩宗；汝造，字詣仲；士宏，字毅貞；士奇，字君平；峋，字崑玉；汝運，字旋仲。皆諸生。棓，字以彰，都司；士偉，字季玉，太學生。與壯士龔廷選、王熙、李應宿等三百餘人，皆從亨應死。

同邑王秉乾、湯仲發，亦以舉兵未集，事露，受毒最酷。秉乾，字以巽。天啟七年舉於鄉，歷長沙同知、襄鄖僉事，忤長沙王歸。仲發，顯祖孫，諸生。秉乾莊丁趙甲，婺源木工。初，聲桓至南昌，不敢入。糧道黠胥郜德甫倡衆以册籍迎師，遂任職用事，凡諸螫虐事，皆主之。崇仁詹賡乙，以千人降清，授守備。隆武元年十月，甲起兵數百，斬德甫、賡乙，甲亦戰死。

同時總兵謝上達，都督蔡欽、金世仁、陳祖恩、方重志、余時、張禮、沙孟志，副總兵王坤、林引，參將賴明標，遊擊蕭奠邦，都司汪一貴，守備杜有聲，太監胡應龍等，與亨應起兵，先後被執死。上達，臨川人。武舉。由檍將。欽，字臣訓，貴溪人。永生洲參將，從黄斌卿至九江。南京亡，聯絡金谿忠義、公勝二社，合張家玉戰許灣。

胡海定，字聖占，南昌人。萬曆四十六年舉於鄉。授汜水知縣。流寇壓境，鼓諸生王璧死戰全城，廉得扇亂爲寇囊橐者數十人誅之。以不奉催科檄去官。操守廉潔，歸而貧甚，移居德興之海口，授徒義俠董氏。江西陷，董破家起兵金川，海定與樂平吴大棟爲之聯絡鄉勇。洎婺源陷，淮王常清副總兵汪自强，參將魏公偉，守備程元英、夏之旭，把總董禮樂、董辛生，練孔仁、汪大用、黄大烈、董有丁、董有幹、董有嘉，以金川兵絶清兵糧道，清兵退。已聞清兵將迫，徒步乞師於黄道周。道周曰：「君以致仕令家居，能仗節如此，某當爲彰大義於朝廷以勸天下。」因引滿酌之，大發兵與海定。比歸，攻婺源，斬其知縣。隆武元年十二月四日，海口、樂平先後出戰，海定執旗奮戰，不勝，從者引袖勸其去。叱曰：「此先吾走徑路時邪？」至與門人揭鼎、董正經、祝廷聰及自强等，皆被執。清將問：「何官？」曰：「今日正得死所，何多問爲！」曰：「降則美官可得也。」怒罵曰：「焉有大明臣子爲若輩官者？」罵不絶。并謂鼎曰：「揭生，不聞南八男兒耶！」鼎等皆大罵死。定海首既殊，猶僵立不仆。

子映日，字心仲，從婦翁彭士望寧都，博學不試。

同時祝得一，德興人。尚寶卿世禄子。道周薦中書舍人。死暖水。

清兵屠之，死者三千餘人。

仇昭遠，歙縣人。諸生。饒州推官。城陷死。

高鈺，字良璧，鄱陽人。千户。邑人鄭鑑，字克明，百户。李俊，字邦彦，百户。與弟傑戰梁山坂死。

劉吉復與趙綬、程蟾、洪有文，被執大駡死。

吴士玉，饒州樂平人。與何長庚起兵，火饒州署死。

楊逢春，字啟明，江都人。恩貢。樂平知縣。城陷死。

黎仰明，字含和，雩都人。歲貢。浮梁訓導。城陷，冠帶入山不食死。

周輅，字乘之，安仁人。滄州訓導致仕。城陷，被執大罵死。

邑人湯應暘，字旭升，被執不屈死。子諸生仁望、仁賢，妻邵，媳桂，同日死者六人。

魏先達，南昌人。隆武元年十二月三日起兵安仁、貴溪東鄉山中，兵敗執死。

吴堯益，字伯虞，貴溪人。選貢。盱眙知縣，忤御史，改潘府左長史，致仕。衣冠哭死，年八十。

徐日光，字日旦，副貢。經死。

王龍光，字起謙，選貢。哭祭家廟被執，清吏曰：「第去髮，可叙用，不則死。」龍光指髮曰：「不能守此，不足明志。」執益堅，刃傷額死。

江鼇，字叔濟，諸生。與妻項入山。永曆元年，同執，不屈死。

鄭惠，字吉甫，上饒人。廪生。廣信亡，爲僧太平山，坐蒲團著述，足不履地。聞滇京亡，不食死。

邑人周日庠，字倩六，諸生。工書畫。訣親友出門，不知所終。

楊鎮，湘鄉人。隆武二年舉於鄉，與子文淑以詩名，避地上饒。金聲桓逼起，不應死。

張志道，慈谿人。柘陽巡簡，勤於練緝。守永豐北門，執不屈死。子年十八，爲僧。

徐以翰，沙縣人。選貢。玉山知縣。城陷，負印經死。

夏九功，玉山人。鴻臚序班。父子井死。

李時興，字將甫，閩縣人。萬曆四十三年舉於鄉。自樂會知縣遷肇慶同知、臨江知府，平葉定國亂。日市七茄爲膳，民稱「七茄太守」。南昌陷，時興與士民悉力拒守，發幼稚還家，作書示四子言必死。無何，援將蒲纓戰潰，湖廣黄朝宣五營亦噪歸。兵備道約乞師何騰蛟，時興不可。强之，偕至萍鄉，知爲所紿，曰：「已矣！使時興越此尺寸地，何以見文信國、謝叠山於地下。」隆武元年八月，遂揮兵備守，獨入縣城，則民散官遯矣，遂自縊於學宫。一僕亦從死。袁州諸生袁繼梓殮之。事聞，贈光禄少卿。子鍾鼎，隱武夷。

鍾必顯，字履祥，分宜人。選貢。授海門知縣，以禽盜功，遷乾州知州，轉兩淮運副，拒流寇，忤中官歸。悲憤卒。

解應雷，字震寰，鄞縣人。吏員。自耒陽典史，累遷萍鄉知縣。隆武二年十月，城再陷死。

陳王明，字用汲，萍鄉人。諸生。代母死。

錢應華，字堅白，清江人。萬曆四十四年進士。授上虞知縣，疏湖水，建隄閘，治獄多平反。調餘姚，禽海寇數十人。遷虞衡主事。魏忠賢用事，乞歸，林居二十餘年。臨江陷，不食死，年七十六。

邑人歐陽吉，字祥先，與妻劉，拒死。郭萬祺從父道紈，葉可棻、可蓁兄弟，戰死。蕭行禮從金、王反正死。

黄藎卿，萬曆四十年舉於鄉。授龍泉教諭，拔士郭維經、歐陽鉉，後皆死國難。歷衢州推官、宿州知州歸。破産招兵，擢監軍副使。兵潰入山。聞楊廷麟、熊化殉，不食死。子剛中、履中，諸生。履中從扈昭宗，授車駕主事，入蠻中十餘年乃歸。

鄧武泰，不知何許人。江撫標將曠昭走，與白之裔、謝騰雲扼峽江，以防袁、吉。騰雲戰死，之裔殺萬安人。劉一鵬率清兵攻之，楊孔登戰死。隆武元年八月十二日，之裔降清，武泰戰死。之裔官副總兵，後清陷萬安，身入爲間，被執，不屈死。

孔登，字聖修，金谿人。

同時吴璧，峽江人。與女同死。

梁于涘，字飲先，江都人。崇禎十六年進士。安宗立，上時政疏：一曰亟收未散之人心，二曰亟起有用之人才，三曰實核一定之財賦，四曰專督北伐之兵馬。所言皆指切時相，不報。授萬安知縣。南昌陷，疏請招金聲桓反正。楊廷麟壯之，薦陞監軍僉事。時白之裔以兵三千屯萬安，殺民□□□，一夕入城强索餉，于涘諷民閉城鼓噪苦之。殺其子，兵大掠，將攻城。廷麟檄出之裔，之裔入劫，曠昭東下降清。隆武元年秋，引清兵至。于涘嬰城固守，援絶被執，城屠。聲桓欲降之，不可，繫南昌獄者五十有三日。客有慰之者，于涘曰：「國破家亡，自天子公卿百官北面受辱，余一令，所圖曷濟？然名節在人自立耳。」聲桓欲官之，客又來賀，于涘曰：「死我者可賀而不可弔，官我者可弔而不可賀。死者形亡，官者神滅，吾豈以神易形哉！」九月十三日，作絶命詞，赴市死。僕梁善、杜忠、龔明、張聰與聰婦，從死。于涘家口匿山中，爲之裔所殺。妻張，訣尸自刎。

朱大夏，字白于，萬安人。宫保鎮山孫，給事中訥齋子，諸生，任中書舍人。精研理學。城陷，端坐死。邑人劉美，諸生，衣巾高坐大駡死。王彪、蕭衡，刃死。謝在明，湛深經史，執死。郭人舉，入山，於二年被執死。

劉廷兆，字石樑，永新人。光禄正，刃死。

胡從治，字貞之，南昌人。歲貢。授永寧訓導。隆武二年，張先璧至，檄署知縣，戢兵轉餉，兵民便之。南昌再陷，清兵至，褒衣博帶，被執大罵，投水死。子以秩，字大年，從蓋遇時守永寧，兵敗執，不屈死。

高飛聲，字克正，天興長樂人。崇禎六年舉於鄉，授玉山知縣。有巨寇據險久，莫能制，躬搗其巢平之。遷廣信同知，乞養歸。黄道周以督師募兵，邀與之偕，令攝撫州事。隆武元年八月，清兵逼，度力不支，乃遣家人懷印走福京，而身以守城。死事聞，贈僉事。子宗蔚，任職方主事。

桂有熗，字聚甫，石埭人。歲貢，撫州訓導。城陷，自經死。

王春元，字景湖，臨川人。鄉約長。威宗遺詔至，大哭泣血，不食。已聞安宗即位，日一食，食不下咽者終年。清兵至，作絶命詞，取河魨子與砒同食死。子鳳翥，字羽伯，終身苫塊一小樓，不入城市者四十年。清欲見禮之，不屈；旌閭，不從。或欲以鄉耆舉，曰：「必爾，死耳！」咏歌於邑，嘗以砒置襟帶間，臨殁時尚未解。邑人王瑶、劉鍾秀，亦不屈死。

楊廼武，字季睿，金谿人。諸生。亢直孝親，能文章。北京亡，嘔血。南京亡，益痛不欲生。艾南英招謁福京，以母老未赴。撫州陷，入山。隆武二年三月，完髮被執，曰：「頭可斷，髮不可去也。」大罵死。妻饒、女顏玉從殉。

子遴，字雲將，精研理學。薦鴻博，不應。次女壻聶廷恩，去諸生爲僧。

詹大有，字彙遵，黄岡人。崇禎三年舉於鄉。名在復社。授金谿知縣，崇儒尚禮，嚴介不避權貴。城陷，死。

張法，字黄月，金谿人。崇禎七年進士。自行人遷山東道御史，不阿權貴，坐直言忤旨，謫簡較歸。方起官而南京亡，歎曰：「世受國恩，安忍苟活。」慷慨自經死。

邑人戴紳，康山守備致仕。城陷死。女，刎死。

劉翼泰，崇禎十二年舉於鄉，不薙髮死。

王應蕃，字翰卿，博極羣書。北京亡，集杜百章舒憤。被執大罵死。

江琳，字嘉玉，文有奇氣，授徒爲生。保守山寨死。女以石投兵死。母投水死。

鄭汝釗，字子瑒，孝友。自經死。

劉應欽，字敬之，崇仁人。廩監。執，大罵死。

邑人陳懷忠，字榮浣，諸生。與妻李，經死。

陳吉，字聚躬，諸生。支解死。

劉調鼎，字應台，諸生。與妻李，北拜經死。何渭六，與妻甘，刎死。陳良盛，諸生，其赤姪，不從死。陳汝白，與族人應，及其姪以寅、以正，戰死。族文惠、文至、汝廣、汝幼、汝南、汝良、恩男、子華八人，戰死；又以貴、汝興、汝琇、以安四人，先後戰死。

胡三極，字贊皇，杭州昌化人。崇禎十五年特用。嵱縣知縣調樂安，多善政。隆武二年，清兵至，被執。勸降者三，不應，曰：「得見先帝足已。」碎首死。邑人方尚賓，諸生，在幕，同死。

鄒宗榮，字晋一，撫州樂安人。率義兵城守，戰死。

楊鼎熙，字伯鉉，京山人。崇禎元年進士。授嘗熟知縣，去蠹鋤奸。遷淮安推官，轉户部員外郎，出爲吉安知府。南京亡，與彭期生約蕭士瑋、周瑞豹、李長春、鄧啟隆、李陳玉、楊仁愿、龍起宏、蕭琦、朱之瑶、歐陽鉉起兵城守，擢湖西副使。隆武二年三月，城陷死。

朱家瑞，字長彩，簡陽人。恩貢。吉安同知。

林逢春，字退庵，福清人。吉安通判。

黎士奇，新建人。諸生。兵部主事。

林大典，閩縣人。監紀推官。

江長吉，歙縣人。副總兵。

趙雲，字龍之。武昌興國人。千總，從林一柱有功。同戰死。

黄祚明，本名翊明，字茂宏，廬陵人。父君錫字承元，有文行。祚明，崇禎九年舉於鄉。奉君錫入武華山，被執，不薙髮。許官，不答，同死。弟貞明，與妻劉，水死。

邑人黄德官，字惟人，崇禎十五年舉於鄉，職方主事，從胡長蔭守吉安。吉安陷，與王其定等入永豐山中立寨，兵敗死。弟任官字惟賢衝鋒，中刃死。

黄孺渾，諸生。工文。與仲季同死。

劉文衡，字覺先，諸生。刃死。蕭瓚、球兄弟，皆諸生，經死。劉昌壽，諸生，水死。劉起幟字赤裔，諸生，工文，拒死。

王大年、大翔兄弟，皆諸生，執山中死。戴紱，廪生。寇起，斬内應者，隱居，刃死。

歐陽富，字相可，從義，援絶執死。

曹清源，枝江人。太學生，泰和丞。城陷，端坐死。

彭萬垣，字工天，泰和人。痛哭，不薙髮，斫死。

邑人劉文赤，諸生。勤王，進至湖廣界，馬蹶被執，大罵死。

蕭孔錫，與子士美戰死。

吴名標，字台鼎，吉安永豐人。與兄名魁，從益王由本起兵。自監紀通判，累擢監軍僉事。清兵至，與親友訣，手刃妻妾，肅衣冠中堂。誘降，不從，遇害。既死，顏色不改。名魁，字天輔，贛州守備，累遷總兵，後戰死永豐。

邑人程顯，字叔晦，天啟七年舉於鄉，選弋陽王尚侍長，執死。子沆，諸生。一門七人死。兵劫侍長朱，觸石死。

陳一湛，字劍叔，不應貢，衣冠經死。程文登，廩生，率鄉兵戰死。

程士豹，字蔚也，廩生。請兵忠誠，與子戰梅林渡死。吴幼觀，武生，戰死。

王其定，字卜萬，吉水人。選貢，耒陽知縣致仕。隆武二年四月，與黄德官、王之豹、蕭建侯，從胡長蔭守吉安，兵敗，執死。之豹，泰和人。後從金、王反正，戰富平死。建侯，廬陵人。諸生。從楊廷麟起兵，與周珝合師，戰死孥山。

邑人李邦美，尚書邦華弟，大罵死；妻賴，撫屍死。李恒秋從母，斫死；弟恒壽，九歲，大罵死。劉韋，字尚台，廬墓，罵死。鄒子儒，元標孫，從金、王反正，死之。邑人蕭舜華，戰死南雄。

陳渙，字漣旦，安福人。諸生。清兵至，悲憤見於辭色。一日，火其詩文，入深林中。

久之，卜居高灘。兵至，涣坐石橋大駡。臨以刃，益憤駡死。衣帶有絶命詞。

弟澡，字昭令，官同知，入滇死。

邑人趙師世，字翼沙，萬曆三十四年舉於鄉。自慈利教諭，遷衡陽知縣，調寧遠，以德化苗。致仕入山，與子希逌戰死。希逌，字雨未，貢生。

劉芳遠，字世芳，澄邁知縣，有惠政。歸，拒死。

伍承參，字象兩，諸生。與子聲摶格死。

劉寶珩，諸生。命子傾財招兵，憤不可爲，嘔血死。

王作人，字于燕，諸生。執龍泉關，不屈死。

郭治隆，諸生。與妻康，刃死。

王其寅，字次美，完髮，逮死。

鄒志明，字澹以，孝友。與父德灌，大駡死。

歐陽曉，字明侯，執不降，與妻孫死。

伍春華，伍氏老僕，賣履爲業，年七十，不肯薙，置酒别左右，以身後爲托，沐浴衣冠經死。

李慕魁，字光先，吉安龍泉人。太學生。真定知縣，調遼陽。未赴而城陷歸，痛哭不食，嚙指出血，朝服再拜死，年七十九。

尹啟吉，字孺貞，永新人。武生。工矢技。與楊廷麟兵，上書言事。護餉吉安。吉安陷，不屈死。

萬文英，字仲實，南昌人。崇禎七年進士，授鳳陽推官。城陷，子元亨代死，得脱歸。弘光時，遷禮部主事，不赴。紹宗立，擢職方員外郎，聯絡湖東，從黄道周出關。清兵攻廣信，道周令文英偕周定仍分兵援之，守鉛山。隆武二年四月，金聲桓逼鉛山，文英與唐倜合軍出。倜力戰陣歿，文英絜妾胡，一門投前湖死。妻彭，大慟死。

文英弟文蔚被執，碎割頭面死。

倜，字著夫，寧國太平人。諸生。熊開元薦授行人，與司務王牲宣諭河南義師，殺僞復疆，歸謁延平，擢職方主事。招兵數百，出杉關。

姚仲光，鉛山人。諸生。與母執，不屈死。

俞道淳，字伯謹，廣信永豐人。諸生。衣冠投溪中，水淺，以頭注水中死。

邑人徐更生，諸生。飲酖死。

周建子，字孳也，廣豐人。廪生。有天才。斫死。

姚應亨，字兆嘉，廣豐人。諸生。刎死；妻俞，經死。

周可期，字碩彥，廣豐人。一門十餘人火死。周漸，諸生。隨母周，水死。鐵銳，與妻黄，一門死。

李翔，字颺舉，邵武人。崇禎十二年以鄉貢廷試，會詔求言，翔上書切直，幾得禍。隆武時，授新城知縣。先是，鄭彩、黄觀光駐新城，誤傳清兵迫，即走入關，知縣譚夢開降清，借犒師歛民財，奸徒乘之，大擾。杉關把總某與邑人黄公隆、涂子冕起兵誅夢開。夢開黨日與民兵相仇殺，彌月不靖。吴春枝按部邵武，以新令重其人，特薦翔可用。翔單騎入城，斬夢開黨一人，餘不問，人大服。有佃人以田主徵租斛大，聚數千人噪縣廷，諭之不解，且出抄掠。翔乃揚言彩還，密遣義勇三百，紅抹首，攝弓矢，從南門進，衆皆奔。明日復聚，翔曰：「烏合之衆，亦易與耳。一不懲艾，恐多效尤。」遂率兵出斬首百餘，且戰且撫，亂乃定。初，張家玉監彩軍。彩走，而家玉留，與翔共城守。翔乃招涂伯昌共募義勇，日夜戒嚴，親督千人出演武場教戰。已而與清兵戰，家玉中矢入關，義勇迸散，從翔還者僅三十人；及城下，則三人耳。翔直前斬三級馳入，四顧旁皇，謂三人曰：「汝等去，我死矣。」策馬復出，大呼曰：「我新城知縣也。」被執，送建昌，僵立不跪。勸以酒，舉杯擲地，遂遇害。事聞，贈兵科給事中、光禄少卿，謚忠壯。

同時，黄嘉縉，字季振，新城人。醫士。南京亡，素服長號，正衣冠堂上死。弟嘉贊，字純德，負膂力，翔薦守備。翔死入山。

楊應和，字惠生，從兄居久，字淡若，建昌新城人。諸生。邑被圍，紳士議迎款，應和賦詩痛哭曰：「我身當敵，禍不及諸公也。」衆乃止。居久歎曰：「壯哉吾弟！可無與之共事者乎？」提刀出斬數人，並就縛，直立不少俯。强之，不屈。既死，屍不仆，兩手猶作擊刺狀。

潘一謀，字哲夫，崇禎十七年恩貢，死。

孔人玉，與妻許，投漁池死。

邑人江以京，弘光元年五月，與黄士奇起兵勤王勒餉，爲譚夢開所執，譚先鋒劫之出。六月，貢生鄧玉等，以保里爲名，與以京戰，以京敗死。

涂光祚，字玄暉，諸生。與父大申死。

老山徐氏，諸生七人，失其名。聞變，集祠中哭拜畢，携手入池死。

同時，傅性純，字毓元，瀘溪人。廩生。不食死。

白朝亡二，字羽皇，建昌廣昌人。諸生。痛哭曰：「頭可斷，髮不可薙。」奉父諸生天球入山，爲酒家自活，當鑪讀漢書。授徒石城，醉呼先帝。觀劇至煤山，涕泗長號，皆動哀止曲。病革，目不瞑。

邑人王家楨，字茂良，諸生。清兵至，衣冠大罵，執見其渠，厲聲磔死。

吴世安，字求寧，汀州歸化人。諸生，以孝聞。紹宗召楊廷麟於吉安，世安道謁。廷麟奇之，曰：「變故以來，功名之士，樹頤頦，插齒牙，顧盼凌厲，以示可用。君獨不然，叩乃後嗚，言必中窾。吾所求於天下士者，惟神志堅定、萬馬疾馳中能駐足者耳，君非其人歟？」奏授監紀推官。將赴贛，客尼之曰：「古人見險則止，危邦可入乎？」世安歎曰：「楊公知我，可相負耶？」既入見，廷麟拊掌曰：「吾知君不我負也。」乘城分守，戰多捷。而汀州變聞，援師潰散，客又以微行出險勸之，世安曰：「以身許人，臨危而去之，犬豕不食吾餘矣。」扶病登陴，彈貫左膊死。妻朱，毒死。子姓仆役半死。

同守城者：

寧化知縣徐日隆，臨川人。歲貢。一門死。

黄槐開，字子虚，寧化人。萬曆二十二年舉於鄉。青州推官署知府，卻羨萬金，大祲，散十餘萬金，存活萬計。歸，不知所終。

唐周慈，本名虞一，字稺純，零陵人。貢生。性英偉，好吟咏。既與里中諸子講良知之學，徒步走麻城，謁蕭繼忠，留一年歸，倡同社講習。萬元吉司李永州時甚重之。張獻忠陷永州，與陳純恕走廣西，乞師總兵楊國威，郡賴以復。元吉開府江西，與繼忠依之，承制授通判，主軍餉，晉監軍御史。忠誠陷，沈江死。

族父鎔，武生，工射，以功官廣西都督僉書。崇禎十六年亂民圍城，與吴吾錫拒之。終事不詳。

黎遂球，字美周，番禺人。天啟七年舉於鄉。崇禎初，鄭元勳嘗會名士百人賦黄牡丹詩，遂球第一，時號「黄牡丹狀元」。安宗立，破産冶鐵銃五百餘函及火器藥弩，解史可法軍備北伐之用；復躬詣巨室勸輸，激揚忠義。南京亡爲僧，名函美，字于斯。聞紹宗即位，慷慨起兵，授職方主事，晉員外郎，賜敕印聯絡兩廣水陸義師援贛，遂同龔棻募水師四千屯南安，督總兵黄志忠、遊擊羅明受、監紀推官歐寵賢兵數萬，刻日度嶺，大治舟千餘，爲水陸夾攻之勢。大戰文潭壩三日，章水爲赤；明受斬敵數千。清兵大至，不支潰，乃入忠誠，與志忠、嚴遵誥、吴之蕃、張悰、張安、阮大年、李子淑固守。日夕偕弟、參將遂琪登陴。姊子劉師雄亦從軍，爲參將。遂球身冒矢石。城陷，巷戰，脅中三矢，力盡墜馬死。遂琪與僕盧從贊、梁義、陳廣金三十餘人死。事聞，贈遂球太僕卿，再贈兵部尚書，謚忠烈。

子：延祖，字方回，恩貢。任錦衣僉事。廣州兵後，父專祠廢，固改建之，並重建蓮鬚閣藏遺書。詩樸茂真摯，多悽楚音，王士禛訪之。後爲僧雷峯，名今彭，字遠公。晚田羅浮。彭祖，字務光，歲貢。詩富才思，多曠達之旨。爲僧名今延，字達公，先兄卒。族啟明，字晦生，尚風節。遂球死，散家財爲僧雷峰，名今墮，字止言。

明受，本名亞福，字四維，番禺人。身長七尺，徧體生長毛，狀如虎。善飛走，一躍丈許。本羣盜，往來海上。平白旗黎國忠有功。援忠誠，敗於文潭橋，走還廣州。後糾花山衆再舉鋭出，爲僚屬所陷，死回龍橋。

寵賢，字天駒，南海人。諸生。有材武。與弟思賢，皆監紀推官。與族人永禄，戰死。

大年，子淑，新會人。大年，諸生。母殁，廬墓哭三年。北京亡，與鄉官黄春榮、陳奇策起兵里中，得舟百餘，人四百多。子俶，招崑崙山忠義千餘人合兵，及崇明而南京亡，乃歸。聞遂球在忠誠，與家人訣，間道從之，見曰：「欲從公得一死所耳！」城陷，短兵各殺數人死。

師雄，字沛叔，番禺人。勇力敵數十人，通兵法，以遊擊從援忠誠。督發鐵銃，目不交睫。城陷，被執不屈。間脱歸，隱雷峯，卒年八十六。

馬懋功，字長卿，桐城人。副貢。高弘圖薦授杭州通判，從萬元吉守吉安。遷監軍僉事、湖西參議，復守忠誠。出督水師，被截焚舟死。

當忠誠陷，文武殉難可紀者：

姚生文，字自牧，仁和人。貢生。歷廣州市舶提舉、廣州同知，愛民如子。擢海防副使、監軍僉事、湖東參議。

盧兆熊，字望子，餘干人。崇禎十三年進士。番禺知縣，破蓮子洞寇。官監軍參議，一門水死。

林琠，字敬懷，龍溪人。崇禎末，謁郭維經福州，授行營守備。弘光初，上敬天、恤民、理財、用人四事，累遷分宜知縣、贛州副使。巷戰被執，與妻王，一門死。弟鵬，字翀士，諸生，隱文山之麓。

龍嘉震，泰和人。崇禎十五年舉於鄉。自內閣中書遷監軍僉事。

王明汲，字孟用，金壇人。崇禎十二年舉於鄉。授忠誠同知，升監軍副使。率子參將公培、職方主事胥呂城守。

胡重明，字養元，鄱陽人。以歲貢授忠誠教授，遷安遠知縣，升忠誠知府，力守城。不支，曰：「受天子命，義不可生。」緋衣升堂大罵，一家七人死。贈湖廣僉事。

吴國球，桐城人。以推官署忠誠知府。

程必進，字以序，嵩陽人。拔貢。以贛州訓導升監紀同知。衣冠南拜，投水。子矩曰：「父忠子孝，理也。」亦從死。

郭寧登，不知何許人。官忠誠通判。

胡縝，字瑟若，桐城人。副貢。監紀推官守建昌，走忠誠。與弟諸生繹、守備納同守。執不屈死。

涂君鼎，字四極，南康建昌人。歲貢。贛州訓導，餉閩，遷監紀推官，署忠誠通判。吉安陷，謂子宏斌曰：「我與城亡，丘壟可念，勿以吾爲憂。」經死。先，次子宏祐以進賢社義兵戰，中矢死。是日三子宏祉，於署戰死。君鼎妻熊；宏祐妻熊，抱女季貞；宏祉妻李，抱子關生、女秀貞；及婢呂氏、瑞香，井死。宏斌得免。

彭靄，泰和人。諸生。監紀推官。與邑人李之梁、羅守鑑守城，水死。

胡有紞，不知何許人，官監紀推官。

劉起鳳，字來儀，贛縣人。諸生。監紀。與妻曾，衣冠不屈，掠死。

聶昊，吉安永豐人，監紀推官。與邑人楊廷麟標將陳龍、熊飛，蕭韻，執死南昌。

蕭瑛，字子見，新喻人。諸生。監紀推官。與子諸生珮，招兵高安，皆執死。族祖清，諸生，亦死。

鍾良則，字毅城，瑞金人。歲貢。官監紀。

林全春，字白門，福清人。以監紀推官署贛縣知縣，杖斃賊黨豪奴，威名大著。督民兵捍禦。城陷，猶甲冑從容循雉堞，南向投繯。子繼偉，集義勇恢復，亦戰死。

趙光裕，贛縣人。官經歷。與弟諸生連城、子諸生雄飛，火死。

黃廷柱，字迴瀾，甌寧人。萬曆末舉於鄉。歷恩平知縣、忠誠教授。正笏再拜，與妻連自經。

謝武烈，忠誠興國人。崇禎十二年武舉。授忠誠御營都司。與四子同死。

王省素，泰和人。太醫。與子諸生銓，格死。

士民可紀者：

劉日佺，字偓仙，贛縣人。崇禎十五年舉於鄉。北京凶聞，與弟日价，誓以死殉。城陷，與子良竑，不屈死。日佺母黃，經死。妻謝、婦周從死。日价，字維人，天啟七年舉於鄉。以哭母兄死；，妻曾、從子良翊，井死。弟日伶，諸生，與妻宋，經死。

萬興仁，字士安，南昌人。崇禎六年舉於鄉，餘干教諭。

萬興明，字更生，忠誠石城人。崇禎十五年舉於鄉。

馬芝，湖廣人。貢生。

楊萬言，字獻可，贛縣人。與妻王、三子，水死。

楊述鴻，清江人。胡國偉、王所、管聲元、王明，廬陵人。葉錦，贛縣人。與妻謝死。

諸生龍承乾，贛縣人。刎死。

董讚卿，贛縣人。與子蓟遼遊擊麒兆、薦舉正宸、諸生正朝，刎死。

馮復京，贛縣人。與妻張，經死。

余學義，贛縣人。母周，經死。妻鍾、婦丘及二子，水死。

歐陽麗天，字美中，贛縣人。衣冠與妻鍾及子，水死。

胡杭，字祖雅，順德人。中矢死。

謝明登，字君禄，贛縣人。與妻羅及子佛生，水死。

郭其昌，字文欽，贛縣人。賦絶命詞，絶粒山中。妻范，泣死。

鍾和，字羹若，新喻人。從曾應遴軍，死守忠誠。

金之杰，字元超，刃兵數人。與妻陳，水死。

袁汝健，贛縣人。刎死。

吳時珍，字席之，贛縣人。刎死。妻劉、子諸生祚宏妻孫，經死。

莊日敬，字文思，贛縣人。不食死。妻金，經死。

王統，贛縣人。與弟選貢純，字不已，經文廟死。

劉思光，字匪居，贛縣人。分守東門城上四十餘日，不屈臠死。弟用光，字端生，諸生，及二子先魁、即魁，水死；觀光，字盥而，與妻胡，戰死。

黃登甲，字升衢，贛縣人。與子朝勳，火死。

錢崑，新喻人。守死。

吳璧，字洪安，清江人。戰死。

尹政言、吳時彥，贛縣人。自焚死。

曾世榮，吉安永豐人，從劉同升軍，守死。

張大誥，字合浦，贛縣人。與子元鑑、元鑰，中礮死。段之輝，廣陵人。朱長應，賴尚裕，忠誠石城人。劉期錫，廬陵人。均死。

宋時珩，雩都人。與濟令廷柱子，與母李死。

武生謝石瑗，安福人。陣亡。

其韋布可紀者：

衛軍周葵，與弟及妻子十餘人，閉門火死。市人楊文奇，經死。鄉約謝敏登，公服端坐經死；妻楊及孫，井死。皂役陳君猷與妻子痛飲，火死。書工趙廷瑞與王玄陞，戰死。郭子魁與妻鍾，火死；郭以和與妻巫，水死，皆贛縣人。熊國本，福建人。織工。亦入忠誠社，出積資募衆治械成一旅，戰最力，被執，見贛知縣。知縣舉人也。叱之曰：「爾織人，知何義？」曰：「我織人不知義，舉人顧當不義耶？」遂被殺。

清屠忠誠，城中死難者十萬人。

同時文道殉者各邑殉者：李逢月，字凌虛，雩都人。天啟元年舉於鄉。兩當知縣。城陷後，祝髮灤州，改名黄功奎。久之歸，完髮入山。章爾禮迫，不見，扼吭死。吴維芳，信豐人，貢生，授太平訓導致仕，城陷死。蕭廷上，忠誠興國人，諸生，與諸生彭玉生、潘得先，以社兵百餘人迎范六吉，隆武二年七月舟被焚，戰死。邑人鍾昌明，諸生，八月以社兵從曹志建，帥偏師出南門，戰敗死。興國例貢曾國鼐，字參元，不薙死。尹詔，字蘭渚，石城人。選貢，衡州、永州推官，車駕主事，秦寇猖獗，疏忤時相歸，不食死。邑人廖應兆，字聖符，萬曆三十一年舉於鄉。授當塗知縣，三王之國，當事欲去瀕河屋，不許，全數萬家。遼州知州致仕，城陷，完髮死。謝陽復，江寧人。長寧知縣，死洋江口。

穆光祖，大庾人。世襲千户。南京亡，痛不欲生。隆武二年十月，清兵至，謂家人曰：「我死今日矣！」衣冠堂上坐以俟。兵誘降再三，曰：「世受國恩二百八十餘年，偷生不爲也，吾坐待死耳。」遂遇害。僕穆表，出求屍，被刃，卒負葬南源山，創甚死。

清兵屠南康，民多死者，惜姓氏皆失傳。

邢仕礪，字帶甫，高淳人。歲貢。南康主簿。城陷死。子振孫，抱父死。

宋本忠，紹興山陰人。南康典史，禦寇有功，執死。

程之邁，浮梁人。南康訓導，端坐明倫堂死。子升，井死。

劉獻之，字叔獻，紹興山陰人。自東鄉主簿遷上猶知縣，圍城援絶，冠帶墮城死。

吴明卿，字伯亮，儀真人。崇禎六年舉於鄉。崇義知縣，爲政平易，報最，將擢用，汀州變聞，不食卒。子諸生允蛟，經死。

曾代現，字啟明，上猶人。廩生。不薙髮，被執。渠從容曰：「薙即免死。」不應；曰：「不薙以逆論。」又不應，乃死。子顯庸，字用行，去諸生爲僧。

魏一柱，字砥一，瀘溪人。選貢。弘光元年夏，清兵陷瀘溪，以李光爲知縣。一柱與諸生丁元、傅抒奇入城，縛光送鄭彩所磔之，授職方主事。與前知縣張戴述畫策拒守，敗清兵密潭。曹大鎬、高湊雲師至，又爲畫策，多奇中。永曆元年，王得仁下令族瀘之丁、傅、魏三姓，一柱遂與抒奇棄妻子走閩。秋，復將樂。時鄖西、德化、興安諸王皆起兵，合之復建寧。清兵圍之五閱月始陷，一柱戰死。

邑人盧珽，字子伯，廩生。被執，大罵死。

殷國楨，新建人。諸生。薙髮令下，以帶繫髮，鬖鬖覆腦後。上福京疏乞敕書劄印，連絡四方忠義士。與王得仁部將王禹門契厚，說之反正。因禹門以說得仁，得仁心動而未果也。會曾子鉞、盧南金、趙日覲復進說金聲桓，永曆二年正月，聲桓、得仁反正。國楨、禹門等乃上公侯印。諸客胡澹、陳大生、黎士彥、林亮、鄢見、李嶅、獨狐繼郁、萬鵾等四出聯絡山寨以應，通表粵中行在，授國楨職方郎中。清圍南昌急，請走寧州乞師於鄧東陽；東陽執獻清兵。見譚泰不屈，與二子俱死。

子鉞，字兑光，信豐人。歲貢。多才智。從永寧王由槵起兵。見執，得仁善之，事輒咨訣，漸信向。一日，聲桓詣關廟行香，子鉞說曰：「此何人？」聲桓曰：「漢忠義也。」曰：

「彼丈夫也，我亦丈夫，若舉大事，將軍亦闢神矣。」聲桓頷之。子鉞知其意，乃鑄印行文移下賢求士，皆出其謀。授職方郎中。南昌急，命乞師廣東，不以時出師，還，沿途招千人，至忠誠食盡，扼於鄉寨死。弟觀光，初募兵四出，其子岱、修留家見執。僕高來盛，止十餘歲，以主僅二子，不忍見駢戮，乃重賄捕者，願以己身代修。捕者義許之，遂與岱認爲兄弟，繫忠誠獄。會金、王反正，清盡殺在獄者，來盛與岱同死東市。

南金，寧都人。歲貢。

日覲，寧都人。廪生。與子鉞同執得釋。聲桓恐事洩，乃起兵云。

大生，字汝資，進賢人。諸生。謁福京，授職方主事。諸客擬制撰封之舉，一資之。反正後，自詡闖來功，中金、王忌，受辱。南昌陷，走粵陳策，擢吏部郎中兼御史，聯絡恢剿。歸依崇仁約黨。時崇仁有大小約，屢以寨衆拒清，大生思用號召近地。約因不利大生，乃引清兵執之，與一子一僕同死。

亮，南昌人。諸生。大生挾空敕主其家，凡諸客謀議與捐金鑄印，費居多，授職方員外郎。與見募兵援南昌，敗績宋湖，執死。

愨，字抱原，南昌人。侍郎明睿子，選貢，上饒教諭致仕。執死。

繼郁，南昌人。諸生。城陷，一門經死。

鶡，新建人。選貢，上高教諭歸，集義旅。城陷，不知所終。

胡澹，南昌人。諸生。以寧從弟。初，以寧得金聲桓指，命澹謁福京上書，請畀聲桓崇秩，令歸正。議不能決，歸而泱泱，遂與黎士彥、陳大生謀權宜行事，遂成反正之舉，授監軍御史。王得仁征九江，澹說曰：「君侯擁精騎數十萬，指揮顧盼，反夷爲華，冠帶之倫歡呼動地。今聞所在結韃刺網以待，以復九江，奚啻拉朽。若乘破竹之勢，以清兵旗號服色，順流而下，揚言章于天請救者，南京必開門納君，其將吏文武可以立禽。遂更旗幟，頒正朔，祭告陵寢，騰檄山東。中原必聞風響應，大河南北，西及山、陝，其誰得而爲清有也。」得仁然其言。比至九江，一鼓而下，而聲桓數趣使歸。歸以澹謀質聲桓，黄人龍沮之，乃止。南昌圍急，集兵進賢謀救之，不克。南昌陷，入山，轉趨寧都，發憤噎死。

子守愚、守愿，皆諸生。鄉人利其行資，執送譚泰所。泰寬之，命告澹跡。守愚曰：「不知所在。即知之，無子訐父理，願即死。」守愿意遲回，守愚促曰：「遲則兄弟魂不棲一處，非友恭義也。」遂駢首受刃死。

同時萬時升，南昌人。職方主事。與妻袁，執死。

陳國維，新建人，光禄卿美子。諸生。城陷，與邑人副貢喻祺廣，諸生姜日詮、姜之英、萬日昭、萬時翀、彭星伯、萬翔、萬莊甫、喻希周、徐作霖，布衣萬懋鉉、譚國瑞、高彙啟，同死。

鄒萬璣，臨川人，諸生；熊嗣蕃，豐城人，與妻胡，弟嗣貴、嗣賢，從子有恒妻沈，皆死南昌。

張大耀，樂平人。與安仁趙士璋起兵安仁陳婆寨。先於二年夏，以兵援南昌，執死。

昌時泰，字生伯，歙縣人。諸生。從聲桓軍。兵敗，憤不食死。

劉子預，字蘇門，永新人。王子舉，與族三瑞、三琦、一濼隱，己丑死。

姜楷，字子木，萊陽人。埰從兄。諸生，著名復社。應楊□，兵敗南走，累功官安廬副使。四年二月起兵南昌，敗執，大罵死。

姚英浩，字天象，南昌人。故衣冠陽狂十餘年。一夕，痛飲死。

邑人田時稔、鄔賢科，皆諸生，不薙髮死。又饒州反正，村農夫婦荷戈殺敵，有清猛將馬蹶，爲婦人三十許人擲石破腦而死，後皆戰死，惜姓氏不傳。

辜奇鵬，字賢程，上饒人。生有至性，事親孝。家貧未學而耕。有膂力，善技擊。薙髮令下，痛哭。日使酒謾罵，佯狂於田，耕且哭。衆勸遵制毋頑，且曰：「玉步之改，天命之矣。順之不失爲俊，刿公農耳，非士大夫比。」奇鵬曰：「髮者，受之父母，天朝制也。薙之，義不忍。吾雖農，獨無君也乎哉！」哭愈甚，髮卒不薙，遂被執死。

郭賢操，字以約，九江德化人。郎中一麟子。生而頎，兩目爛若星，翔步軒舉，意豁如也。讀書好奇節，爲詩古文名家。以諸生不第，絶意制科。清兵東下，九江同知余士瑺創甚，欲舉義莫能興，屬意朖山李含初及賢操。賢操乃於隆武元年七月，與高挺、王國楝、胡戒、胡仲仰，集衆豹子巖，得衆八千人，復德安、建昌。與清援兵遇，再戰再克。會戒敗歿，賢操勢孤，而挺陰中敵餌，遂執賢操以畔。時孫之獬爲清招江西，欲竊名了撫局，釋不殺，强以官，不受，而戴國士爲之地，得放還。既歸，故部曲多在。明年四月，謀再舉。敵偵得，師環其廬火之，賢操跳身佚。值大索，遂託妻子，獨遊奉、靖、都、建間。所至，人破家爭納。而賢操雖流離困頓，風格未少貶。

金聲桓反正，賢操建議立官義二營分戰守。策上，不省。又含初子玉英，以復仇死。夏，九江再陷，清兵長驅入。賢操聞之慟，救之甦，投袂起曰：「劍視履皇，此其時矣。」建而復旆，聲桓高其義，薦授監軍僉事，令得便宜徵邑賦佐軍需。而德安諸衿胥素不利賢操舉動，潛往勾清兵，夜入其營執之。時一隸前曰：「汝讀書，寧不識乘勢待時耶？」賢操笑曰：「汝解書，豈不聞孟子志士不忘在溝壑，勇士不忘喪其元乎？」少頃，隸椀茗飲之，好謂曰：「汝佳公子、佳秀才，作此等事耶？」賢操怒，麾却之，曰：「此事非我作，誰當作者？」已繫赴縣廷，凝立賦詩。隸捽之伏地，不屈，遂前剮其股，股盡齒趾，至血流甃礫，且詈且賦詩，跂如故。德安知縣以土賊呼之，應聲駡曰：「我生爲義士，死爲烈鬼，何謂賊？看汝年不滅四十，曩來食何家水米？」知縣曰：「我亦明臣子，奈勢去，無如何耳。」賢操又駡曰：「忍畔君父，若真賊矣。當誰賊？」知縣愧屈不語。諸胥懼其免也，醵金賄營弁殺之。臨死，口占絶命詞數十首。賢操爲人淵峙岳立，疾惡過嚴，洊臻國難，感憤賦詩。

長子良錫，同從子良鈺，攻建昌中矢死。三子良鐸，避地烏池，從趙正戰死。幼子，南昌張炳負遯江北滸。賢操死，僧不與覓得之，擇師教之。二人無傾蓋交，獨感高義，爲之同患難。

至於是先後偕賢操起兵死：戒、仲仰，九江德化人。武生，大駡死。

同時桂登魁，德安人。諸生。與妾繆投水死。

曹光寓，字洞山，瑞昌人。廩生。九江陷，被執，不屈死。

賴士奇，字慶茂，會昌人。崇禎十五年特用，授新喻教諭致仕。永曆二年城陷，與兄子廩生之彦，被執大罵死。

從弟士聖，字睿作，歲貢。從郭維經、湯來賀起兵，與子之冕上餉三千忠誠，募死士城守。自中書舍人，遷職方主事、虞衡郎中，爲郭淮伍司餉。忠誠陷，再起兵攻城死。之冕入獄脱。之早、之畢戰死。事聞，贈士聖郎中，命金堡諭祭。

蕭秉鎮，泰和人。僉事基子。二年，與弟秉錡、秉鉞起兵應金、王。南昌再陷，入山。三年冬，清兵攻東坑，火其家，母子叔侄一門七人死。

嚴一躍，字性震，分宜人。諸生。六年，李定國出師江西，響應，受命聯絡義旅。事洩，被執，刀鋸不撓死。弟一柱，諸生，同死。

黄應泰，福建人。隆武二年廷試庶萃士。永曆時，任國璽薦職方主事，謀起兵江西。九年，在豐城被執，臨命，大呼：「大明臣子不屈膝死。」

彭錕，字劍伯，寧都人。諸生。從楊廷麟治兵有績，奏授兵部郎中，署僉事，監彭順慶軍。楊廷麟敗，幼子璹方七歲，僕楊學縋城負奔錕，錕厚撫之。永曆四年春，寧都被圍，錕治具廣召親故，酒過半，謂之曰：「此城必陷。我義不可辱，行與諸君決矣。且我與楊公共事，久當死。所以不死者，以楊氏孤也。今孤少長，我即死，人必無虐忠臣後。」揖其友彭士望，以楊疇託之。索衣冠，燒燭於庭，呼妻李冠帔出，北面再拜，引繩就東西偏同經死。

邑人楊燧，字心緯，恩貢。官臨安通判歸。楊廷麟起兵，邀同行。燧曰：「年六十餘，衰老不可用。」命從子文琦從之，自入山中。及城陷，不食，冠帶自經死，三日猶端坐如生。文琦，字玉宸，監紀通判，守忠誠死。弟文徵，字夢圖，吴炳拔冠諸生，隱居終。

張壽眉，新淦人。通判。死寧都。

李大宏，字屏岳，貢南雍，授國子典籍歸。聞變於邑。或曰：「君非貴臣，何必爾！」大宏曰：「草莽獨非臣也？」卒悲憤死。

劉泰兆，字公方，諸生。弘光時上書南京。忠誠陷，約里人爲大全會，未集，居鈞峯。兵至，峨冠大袖。當門兵過，叱曰：「何人？」曰：「天朝廩生。」「何不薙髮？」曰：「薙髮，非天朝人也。」遂斫死。

魏殷臣，字六若，不薙髮死。

曾奉初，賈人，不薙髮。或有樂道清事者，罵之。城陷，網巾立庭中。騎入，叱之，被執死。

李應開，字翔卿，諸生。城陷，結客古下村謀恢復。明年二月，被執。欲活之，不可。應開據地坐。問：「汝何作賊？」曰：「未也。」曰：「何不薙髮？」曰「作賊乃薙耳。」殺之，坐而受刃。皆寧都人。

李芳春，字實秋，金谿人。副貢。永曆中謁肇慶，授中書舍人。帝幸緬甸，奉命外出，扈不及，歸。十六年六月，帝崩凶問，痛哭，自斷葛衫，書絶命詞，經於所居月園之東廊。

兄喬春，字泰盤，天啟四年舉於鄉。永曆中，授永康知州，修學，建石城，治獄多平反。歷尋甸知府、廣東副使。戰南寧，歿於封川江軍中。

同邑孔大德，字登小，天啟七年鄉試第一。聞座主倪元璐、龍文光死，輒涕泣。南京亡，悲痛不食。紹宗授職方主事。江西陷，仍故衣冠。有勸會試者，斥之。以讀書力田自娛。邑令訪之，不見。緬甸信至，一慟幾絶。未幾，以幽憂死。

又蔣正光，灌陽人。歲貢。新昌知縣，立義倉，除斗級。遷王府長史。清兵至，以身蔽王死。

陳涇復，字一圃，沔陽人。選貢，授推官。弘光時，擢監軍僉事，領兵屯麻城，扼楚、豫，歷戰有功。聞南京亡，東向再拜，吞金死。

孔衍緒，字懋述，高淳人。黄岡知縣。清兵至，與子輿玖力守。城陷，一門十八人死。

但銑，黄岡人。歲貢。授訓導。未赴，絶吭死。

邑人朱寵，世襲黄州千户。王瑱命聯義師復黄州。清兵至，仰藥死。

鄧雲程，字扶風，諸生。負勇力，獨持鐵鞭當敵衝，敵不敢犯。後嘔血數升，投井死。擔水夫某，偉幹力任重，傭於市。一夕演煤山慘變，某適擔水過，擲擔大哭，走中和橋下觸石死。一市盡驚，以禮葬之。

王大善，字君翼，黄陂人。篤行尚義。痛哭三日，不食死。

孫大錡，寧國太平人。禮部儒士，羅田巡簡。守寨不下，食盡死。

方應尊，字省叔，羅田人。廩生。力學閉門。不食死。妻胡，從死。

邑人陳守芬，儒士，精易理。不食死。

胡大興，會稽人。廣濟典史。漢川范仁卿於崇禎十六年立義勇營，日仇殺，爲保定營所併。大興披荆斬棘，設治安屯，殘民少安。清兵至，不屈死。

張聯芳，延慶永寧人。崇禎十二年舉於鄉。黄梅知縣，寇後撫綏。清招，不應死。徐長午繼爲知縣。

王會篇，字治徵，漢陽人。崇禎九年舉於鄉，武昌教諭。城陷，一門三十餘人死。歸，大駡死。

劉一匡，應山人。武生。歸德千總致仕。城陷，大駡死。

趙繼抃，字介臣，崇陽人。廩生。隆武元年十月十六日，與邑人蒙正發、汪柱、趙之城、王士芳、孫嗣濟、陳王言、蒙上和奉知縣李方曾起兵崇陽。事敗，執至武昌，賦絶命詩死。

柱，字東一，歲貢。嘉魚教諭致仕。賦絶命詩死。子際秋，字簣谷，去舉業。

之城，字藎元，諸生。賦絶命詩死。

士芳，字振秀。

嗣濟，字大川，諸生。監紀推官，後勤事死。

王言，字命卿，廩生。監紀推官，戰新牆死。

上和，字濟五，諸生。執見佟養和，曰：「何不薙髮？」曰：「若去一髮，無以見二祖列宗地下。」慷慨死。孫樹蕙，諸生，同死。

正發、方曾脱走通城，從章曠軍。

邑人黄色中，字根心，萬曆三十七年舉於鄉。歷海康知縣，汀州同知，督兵剿寇。遷順慶知府，拒張獻忠。擢副使，憂歸。聞南京亡，題詩痛哭。隆武二年，清兵至，謂人曰：「甲申不在北，乙酉不在南，今日致命日也。」朝服經死。

陳瑞，字五玉，武昌咸寧人。諸生。國變狂歌，文數十紙立就。隆武元年，清兵至，命二女孫投水。徐浩歌一絶，自沈死。

項順心，閩人。同知。與彭士望友，死地不詳。

張士璜，字毓靈，武昌人。崇禎六年武舉。歷四川都司，安慶參將歸。病中聞北京陷，投袂起，擐甲執刀狂舞，如臨大敵，自堂徂庭，呼震牆壁。俄去刃立，命子爲僧，卒悲憤死。

吴世奇，歙縣人。弘光時參將，守武昌死；妻朱，爲尼。弟元奇，同死；妻汪爲尼。

賀昌明，字宸極，武昌人。諸生。張獻忠招，走山中，散財設奠，遠近赴者萬人，斬衰狂號，如喪考妣，卒以狂死。

劉諫，字言伯，鍾祥人。天啟七年舉於鄉。授文水知縣致仕。李自成入承天，脅降，痛罵。縛之火盆，炙其腹，絶而復甦，脱歸。北變聞，痛哭不食死。

邑人黄卷，字蘭輝，崇禎七年進士，呈貢知縣。家居聞變，北向長號，不食死。

劉恩才，景陵人。弘光元年二月，清兵至。邑人周世慶降清，逐之，旋敗歿。世慶以户部郎中降；兄重慶，字公亮，任刑部郎中，皆尚書嘉謨孫。

甘召循，公安人。儒生。傾家起兵。隆武元年冬，戰河濱，中矢死。

邑人陳捷，字伯凱，孝友。冠帶死。子鼎，崇禎十五年舉於鄉。

徐兆昇，字東白，石首人。崇禎六年舉於鄉。李自成執致襄陽，禮之，不降。歸，不食死。

邑人徐開先，字啟淑，諸生。不應試，執死。

劉咸慶，字子虛，諸生。有文名。憤不食，賦絶命詞，痛飲，歐血死。

李鍾申，字抑之，諸生。不食，與妻張，水死。

鄭如簡，字重夫，通韜鈐，從楊佐明起兵，後招兵執死。

潘有瀫，監利人。諸生。與妻劉，噴血大駡死。

曹清源，枝江人。太學生。泰和丞歸。憂憤死。

邑人王選之，容美百户，自經死。

劉芳蘭，諸生。拒戰死。妻楊，殮畢水死。

鄭岐喬，字西伯，宜都人。應西山兵，與母鄭及諸生祝公遠、李覩實，執死。

楊六美、張贊宇、張仲器、楊學易，皆湖廣人。先後以不薙髮死。

又劉時行，西充歲貢，永寧衛教授。北變，觸明倫堂碑石死。

乞人某，温江人。聞變，投江死。

覃天明，夔州太平人。興安同知致仕。不食死。

唐自華，字棣之，達州人。歲貢，力守全城。不食死。子階泰、階豫，自有傳。

竇萬棟，彭水人。薙髮令下，自經死。

何察，字明甫，慶符人。自經死。子五歲，撫棺泣，不食死。

李蛟楨，嵩縣人。崇禎四年進士。授長垣知縣，歷户部主事、員外郎，督滸關，革陋例，所缺課額以私資補之。擢岳州知府。北變聞，哭曰：「臣不能匡扶社稷，何以生爲！」北拜自經死。

張爾晟，字旭升，寧鄉人。尚福清王明法縣主。王欲官其兄弟，力辭。北變，涕泣曰：「我王府儀賓，應同休戚。」與縣主同經死。

邑人彭日浴，字孺子，聞變死。

羅其綸，字夷伯，茶陵人。萬曆四十三年舉於鄉。授太康教諭，薦修熹宗實録。遷瓊州推官，平黎亂，理嶺東北獄，釋八十三人。轉户部主事、郎中，奉使天津。北京亡，歸，憤惋死。

孫一脈，字六子，沂州人，崇禎十三年進士，改庶吉士，授簡討。在館多著述。請終養。家繞財，有他館在橫山，味經自樂。北京亡，陳大義，謀起兵。王鰲□求見，勸爲身家計歸命，一脈劍遂之去。遂南之相州，上書史可法，不用。已上三策，不用。不知所終。閱數年，有鄉人見一道士跣足，問宋睗珂在否，出布一束寄歸，翻身入水死。布血書「一脈」兩字而已。

劉士焜，字元之，靖江人。生而孝友，倜儻多智略。以選貢授涇縣教諭，遷蒙陰知縣，調嘉魚，調護屯兵，保全村市。陞長沙同知。周二南死，署知府。清兵至，知一木難支大厦，北拜自刎死。妻祁，先經死。家屬死者四十八人。

于斯行，黄岡人。崇禎六年舉於鄉。授古田教諭，嚴正不阿，雪諸生寃。累遷户部主事。湖南亡，謀起兵，作九章歌，淋灕悲憤。後瘐死獄中。

秦廷珪，字延喜，無錫人。崇禎十七年選貢。授長沙丞，遷善化知縣。長沙陷，與二女屏居關山沖，赴水死。僕鄒義，爲衣冠殯之。子鏡，省父長沙，號哭死。

彭世連，字春寰，湘陰人。兵掠山中，與從子良森執死。

邑人彭大士，與妻仇，井死。

瞿文衡，字無術，涇縣人。崇禎十五年特用，授平江知縣，修城拒寇。請援不得，憂憤死。

楊美奐，字允修，金谿人。澧州參將。戎服北拜，自火死。僮僕皆盡。

謝甲，長沙人，諸生。聚衆將起兵，被執。勸降，罵不絕口。斷首抉目，射殺之。一家七人同死。

胡懋進，字修能，寧鄉人。天啟元年舉於鄉。永定知縣致仕。縣陷，死。

李賢文，字漢章，益陽人。廩生。孝行。投碧津死。

陳五聚，攸縣人。太學生。歷南昌通判、鴻臚、光禄丞。堵胤錫薦監軍御史，諭劉承胤歸，駐慈利。永曆元年，與子治策戰死。

王二南，字放叟，茶陵人。選貢，篤學力行。湖南陷，入山，不薙髮被執，絕食七日不死。洪承疇疏救之，得放還。有勸之再出者，輒掩耳而走。

吴學，湘鄉人。以材勇雄閭里。張獻忠之亂，起吏胥，收土兵，保鄉曲。已奉李乾德檄復城，授遊擊。何騰蛟在長沙，使募千人爲親軍，守湘陰，轉戰平江、袁、寧間，擢副總兵。長沙陷，大掠新化，走寶慶。已與知縣葉長青、新化金國正收兵屯湘、邵，返攻湘鄉，格鬥四五月。兵敗，被執至武昌。總督羅繡錦鞫之。學至庭植立，呼曰：「天朝逐胡元愛養中國垂三百年。爾故中土人，骨肉從誰豢養？父母埋誰土宇？乃改頭換面，倨坐堂上，而械忠義士於階下耶？天地能容爾身，必不能容爾子孫。」因大叫呼天，目眥盡裂，引頸觸柱，血流被面，遂遇害。

同時洪懋孝，字達夫，歲貢生。知時將亂，狂醉，堅卧一小室。清兵至，沐浴題詩，冠帶自經死。

傅拔英，字明光，亦死於兵。皆學邑人。

李興瑋，字天玉，巴陵人。隆武二年舉於鄉。授臨武知縣，抑武弁，招流亡，汰役，布蔬自給，民賴以安。衡州陷，章曠命棄城隨軍，興瑋曰：「既受百里命，期以頸血濺此土矣。」督士民嬰城守。時湖南、北六十餘州縣望風靡走，無一守者，惟臨武不下。清兵進攻，興瑋乘陴戰五晝夜。清兵陽退，興瑋督民兵開門躡之。伏起，民兵潰，被執至衡州，從容陳大義軍門。孔有德、李懋祖勸之降。興瑋瞪目不屈，大駡曰：「李興瑋男子，讀聖賢書，豈汝輩從虜求食者所能誘耶！」有德大怒，命跪。曰：「死則死耳，若敢固我哉！」興瑋未有妻子，止一蒼頭相隨，亦不肯薙髮，自請同繫。興瑋於獄，與聞大成唱和作詩。有德知不可屈，乃殺之。臨命，爲絶命詩，顧大成曰：「我輩今日乃得畢此大事。」蒼頭力請同死。刑者以無殺蒼頭令，不聽。蒼頭奪刀斫殺興瑋者，遂亦見殺。

聞大成，字子尚，羅田人。以貢生授監紀推官。湖南陷，於酃縣山中招義旅將起，清兵至，被執。與李興瑋同繫，悲歌慷慨相唱和。獄無紙，皆裂襟裳襪布書之。臨命，與興瑋等五人，從容引頸就刃，見者皆爲垂涕。大成顧揮手謝曰：「無勞諸君以淚送我。諸君悲我死，抑知我之悲諸君生乎？」遂遇害。

同時方士宏，仁和人。衡山典史。清兵至，入山。未幾，粵兵東上，清知縣趙允振心疑之，詰以三木，不屈死。士民數千救不得，巷哭竟日。

華明弼，字調元，衡陽人。諸生。從母死。

朱仁藩，邵陽人。大駡死。

鄒世蘭，字簡侯，安福人。隆武二年舉人。有孝行。永州推官。執不屈死。

劉國祚，不知何許人。永州參將。城破，匿民間。清令薙髮，碎其牌，執死。

蔣應爨，零陵人。巫者父，死。

項元宸，酃縣人。館永興。不食死。

李之駒，字言納，思州人。崇禎十五年特用。授亦佐知縣，遷羅平知州，累擢辰沅副使。永曆元年八月，清兵至辰州，冠服坐堂皇，曰：「死不避難，臣職也。」被執，大駡死。

党應秋，山西人。武陵知縣，遷常德同知。兵至死。

莫讓師，字承元，紹興山陰人。嘗德税課大使。清兵至，竭力保守，後不支死。

胡若宏，字公廣，嘗德桃源人。與兄若寅，萬曆四十三年舉於鄉，自會昌知縣，累擢屯田郎中歸。城陷，死。

吴之瑜，涇陽人。辰州通判。城陷，脅不從，致漢陽，不食死。

戴希嘉，字孚依，一字吉人，休寧人。萬曆四十六舉於鄉，特用辰州推官，詰奸以河防，寇不入。永曆中，召之行在。未出署而兵至，冠帶經死。

劉斯澤，字大生，辰谿人。諸生。好劍術，爲文汪洋紆折。城陷，自刎不殊，發狂死。

左德球，字球如，桐城人。歲貢。奉議同知，遷沅州知州。九月，清兵至，觸石死。妻任與女死。子旗，字天章，諸生。嘔血不食死。

鍾肇元，黎平人。選貢。漵浦知縣，遷沅州同知。清兵至，戰敗執死。將王强，攻城敗死。

狄琨，字瑞石，興隆人。歲貢。平溪教授，遷中江知縣。未赴亡，不食七日死。

邱式耔，字祈年，沅州人。隆武二年舉於鄉。倡義團練，禦寇有功。昭宗立，徒詣行在，上恢復策，授待詔，持節招勳鎮，聯絡諸蠻。李若星命招徐勇於辰州，式耔褒衣大帶説之反正。勇誘降不屈，執送武昌，清命羈留黔陽。永曆元年十月，式耔在獄不薙，志必死，爲文自祭，有「以汨羅之水、首陽之薇，致祭於邱君之神」云云。因被殺。

丁萬機，字少坪，黔陽人。諸生。好義不食，曰：「愧不能荷戈殺敵死。」子諸生人元，痛哭死。

劉興秀，字振賢，零陵人。天啟五年進士。授嘗州推官。魏忠賢用事，繆昌期、周順昌逮詔獄死，孫慎行謫戍，高攀龍自沈，皆爲經紀後事。人或危之，興秀曰：「盡師友誼，他何恤焉。」旋以御史巡按廬、鳳、淮、揚，嚴懲墨吏，風裁凛然。朝命清理屯田，不避恩怨。以憂歸。湖南殘破，心存王室。何騰蛟攻永州，興秀密啟之。永曆二年九月，事洩，爲清兵所執，不屈死。

江起龍，婺源人。福建都司署寧遠知縣。城陷死。

雷大壯，邵陽人。諸生。能文尚義。北變，悲憤不食。二年，薙髮令下，與妻陳大哭，已曰：「男兒上不能捐軀報國，下不能全髮膚見先人，何以生爲！」相與負石沈水死。

許應聘，武岡人。貢生。斫死。

鄧光遠，字彙集，零陵人。諸生，工詩文。五年三月被執，不屈死。

魏士冲，字四印，南昌人。任職方主事、都勻知府。國亡，與子諸生邦植，痛哭死。

朱萬化，字正一，黎平人。崇禎六年舉於鄉，不仕。國亡，經死。

鄒鶴齡，字鳴皋，寶慶新化人。崇禎九年武舉。從楊鶚軍，官靖州守備，以平飛山蠻功，遷遊擊。威重知書。兵敗，隱寶慶。薙髮令下，入羅碪水源山中，立中華庵，屏妻子孑居，不與人接。爲人訐，見執送郡。令去髮，且薦大用。知不免，乃自經死，永曆十八年事。

胡自讓，字公牧，永定衞人。與弟自滌，皆廩生，通經史。清兵至，逃深山，不食死。自滌，字首茂。

羅于廷，字對之，安鄉人。歲貢。執不屈死。

全上選，桐城人。北京亡，年甫二十餘，痛哭逃去，歷江、楚，之廣東，誅茅深山。有一僧舍，距居不數里，上選常往來其間。久之，一男子同僧來見，自云王孫遭難流落者。上選大喜，與僧資給之。頃之，某州有武弁聞王孫名，與往還，而以女妻之。王孫贅武弁家襄陽。吳甲，武弁故友，雄於資。武弁窮乏，挈家依居。上選與僧義不忍舍王孫，亦從行。已而吴甲謀散家財奉王孫號召，雖上選亦心動而未發也。會有告甲反者，官利其財，逮之，於是上選等並殺於襄陽市，時永曆二十三四年事。初，上選被執，有司鞫之。上選曰：「吾等雖未舉義，然私心誠有之。」有司問：「何故爲此？」曰：「吾爲多讀書所誤耳。」死後有司憐之，爲葬郭外。

南明史卷一百五

列傳第八十一

無錫錢海岳撰

忠義五

卓爾康 沈士藻 陳弘先等 高公輔 錢中選 徐懷川 陳祥麟 李挺 張四維 陳應鵾 王國章 馬明錫等 李奇玉 顧鳳正 顧明德 沈延慶 吳重光 陸士鉉 朱廷章 顧宗俊 陳龍正 葉樹聲 唐元竑 陳琯 陸培 范明隆 范明望 楊宏聲 朱良諫 嚴于鈇 沈乘 方天春等 袁甲 潘與範 王道焜 子均 姜國驤等 顧咸建 陶曾齡 湯明俊等 祝淵 董仁 王毓蓍 潘集 王樂水 周卜年 鄭醫官等 葉天華等 屠象美 劉履丁 陶廷燁 鍾鼎臣 張龍德等 孫元暘 鄭雪昉 王象賢等 張翌等 高孟超 郭昌齡 高穎琦等 張次柳等 湯成先等 陳悃等 孫明傑 周敬濂 常三益等 項嘉謨等 錢應金 葉森 盛士表 吳天泰 妙諦 吳亶 單士相 汪士奎

錢棅　錢栴與子熙等及弟棻　陳鶴鳴　錢一選　朱曾省　沈龍翼　錢繼祉等　卞洪載　朱國望　俞元良　兄元明等　姜國臣　陸藎誼　美思　陸韜　潘起龍等　朱大綱等　朱朝琮　沈陵　蔡國瑛　許定義等　郜鼎等　周宗彝　弟啟琦　穎石　李明繼等　唐自彩　從子階豫　過俊民　夏璜　朱治升　白瓊　俞可章等　俞一觀等　馮學經　戴重　子本孝等　鄭大璟　潘國瓚　嚴啟隆等　王元震等　蔡允心　韓范等　錢元　錢瓚　張君極等　蔡子標　族孺法　沈玫　蔡璠　北來二十二義士　徐啟睿　趙毅　沈宗埰　兄宗垓　龐培元　沈儒通等　行謐　查美繼　楊定國　郝愈　翁遜　楊守程　任之豪等　蕭山三義　八十九　吳從魯　張名翰　嚴于麟　陸孝藎　朱奇生等　朱應聘　茹明煥　邵大有　李謙行　陶子詵　俞士彥等　高岱　子朗　葉汝楦　朱瑋　范史直等　韓晃　陳廷俊　傅日炯等　周駿聲　方炯等　張甲　陶元康　張仲選　呂曾楷等　倪文徵　張楗　李桐　子文彔等　族文爟等　朱懋華　張作相　李遹觀　趙甲　趙景麟　葉向榮　子永堪　倪泰亨等　周之翰等　李汝斌　王如春　潘大成　陳道立　馮宏德等　王之栻　兄之柯　呂如賓　王家臣　趙有念　王應麟　朱君正　朱憲宗　子晟等　紀成佺　徐志進等　施建元　汪宗月等　徐起家　柴國楹　袁應麟　章一焯　王景鸞　陳期奎　章良際　許帝臣等　鄒欽堯　鄒之琦　章靖難　鄭思恭

卓爾康，字去病，仁和人。萬曆四十年舉於鄉。累官屯田郎中，危言覈論，動引大誼，謫大同推官。盧象昇咨以兵事，抗談漏下不已。象昇用其策多效。遷兩淮運判，致仕。北變，悲憤死。

邑人沈士藻，字公浣，天啟四年舉於鄉。郟縣教諭，有城守功，遷桃源知縣。寇至，誓死不去，歸。北變，墮床死。

陳弘先，字士任，紹興山陰人。諸生。悲憤死。

邑人高公輔，諸生。投曹娥江死。

錢中選，字瀛洲，餘姚人。萬曆三十五年武進士。自臨山把總，累擢福建南路總兵，歸。北拜，痛哭死。

邑人徐懷川，經死。

陳祥麟，上虞人。英年力學。衣冠北拜，服滷死。

李挺，字叔儒，鄞縣人，尚書檈弟。諸生。痛哭死。

張四維，慈谿人。諸生。長號死。

陳應鵾，字翼雲，定海人。諸生。襲千户。不食死。

王國章，字周正，台州寧海人。崇禎六年舉於鄉。抑塞死。

馬明錫，字審卿，溧陽人。歲貢。黄巖訓導，遷慶元知縣。哭泣死。子漸磐，嘔血死。

李奇玉，字元美，嘉善人。天啟二年進士。研思易學。高攀龍講學東林，奇玉師事之。攀龍以顯仁藏用之旨勗之，曰：「發吾蘊者，子也。」自武學教諭，歷國子博士，南京工部主事，兵部員外郎、郎中，以清慎稱。出爲汝寧知府，引疾歸。注易十年。北京亡，悲憤卒。

顧鳳正，字聖徵，秀水人。副貢。舉賢良方正。以績學稱。痛哭死。子瑛，以詩畫隱。

顧明德，字文所，崇德人。諸生。名著復社。不食死。

沈延慶，遼東人。歲貢。桐鄉教諭。不食死。

吳重光，桐鄉人。粗知書，好氣任俠。少爲縣吏，一日棄去，理蠶於家，繞屋呼曰：「一至此乎！小人草命伴先帝死足矣。」作數字押硯底，自經死。

陸士鉉，字伯玉，平湖人。歲貢。授訓導，能詩。爲位哭曰：「嗟乎！二百七十七年此家人竟奪去耶？」又誦臨難詔，哭二日夜，嘔血數升，不食三日氣絶。手書「我皇、我皇」，長號逝。

朱廷章，字如日，海鹽人。崇禎九年舉於鄉。哭泣死。

邑人顧宗俊，字士元，太學生。衣冠經明倫堂死。

陳龍正，字惕龍，嘉善人。高攀龍弟子。崇禎七年進士，授中書舍人。十一年五月，熒惑守心。十二年十月彗星見，冬至大雷電雨雹，十三年二月京師大風天黃日青，龍正皆應詔條奏，大旨在聽言用人，又講墾荒。時中原殘破，有田不得耕，龍正據常理言之，黃雲師、黃澍遂詆爲僞學，上不問。御史葉紹顒謂堪任督撫，主事趙奕昌舉爲真賢，亦不用。久之，遷南京國子丞，歸。弘光時，擢祠祭員外郎。未赴，南京亡，絶粒死。子略，好古，父殁感憤卒。

葉樹聲，字唱于，長興人。崇禎四年進士。授行人，温體仁數招不往。遷福建道御史，力卻餽贈，數上疏：請購學，論起廢，肅軍政，恤屯災，活飢民，平冤獄，清理鳳陽倉儲，汰補京營行伍，條畫左良玉兵止其東下，皆經國大計。治臨濠倉，有羡餘千，則以勞守陵者，餘在民者，悉蠲之。管錢法局，例進樣錢萬緡，卻之。憂歸。南京亡後，疾作，不藥卒。

唐元竑，字達生，烏程人，世濟子。萬曆四十年舉於鄉。封臂療母，母殁書血經。世濟得罪，血疏跪長安門請代，得輕擬。南京亡，爲僧。永曆元年，投水獲救，絶粒七日死。

陳瑄，字符卿，歸安人。天啟二年進士。歷合肥知縣、河南推官，拒寇有功，遷兵部郎中。出爲嘗州知府，擢蘇嵩督糧參議，歸。慟哭卒。

陸培，字鯤庭，仁和人。少負俊才，美風儀，行誼修謹。嘗客嵩江，主人妾窺而悦之，培不答，即放舟去。崇禎十三年成進士，不謁選，歸而讀書。所爲詩文，一時爭效之，號「西陵體」。性峻潔，有不可意，輒瞋目叱罵。與陳潛夫有違言，爲文逐之，於是傳者謂其任俠使氣。然與人交，重然諾，急困阨，雖患難死生不易也。弘光時，授行人，副熊汝霖祭淮王。清兵至杭，與陸彥龍謀結壯士數百城守。聞潞王常淓降，慟哭，携家避横山桐嶺。道遇友陳廷會，語以故。曰：「君職行人，無守土責，且天下事未可知，無已國亡與亡，不亦可乎！」培仰天歎息，曰：「需乃事之賊，後日將有求死不得者，子不見北京魏學濂乎？」將自裁，妻晝夜防之。一日，給妻他往，脱身歸故居，鍵户自經。妻兄子破壁救之甦，培大恨曰：「奈何苦我！」夜上書辭母，作絶命詞，冠帶叩頭北向者五，南向者三。揖其二僕，以繩授之，曰：「我爲忠臣，若輩宜成我志。」坐方床，從容自縊死，年二十九。魯王監國，贈大理右丞、太僕少卿，謚節毅；紹宗贈吏科給事中，謚忠愍。

范明隆，紹興山陰人。貴州副總兵致仕。范明望，字拙庵，錢塘人。崇禎中武進士，寧紹參將。被執死。

楊宏聲，字虎臣，杭州衛人。諸生，世襲右衛指揮僉事，痛哭不食死。

朱良諫，字方來，桐城人。參史可法軍，杭州遊擊。憤惋死。

嚴于鈇，字公威，錢塘人。萬曆四十六年舉於鄉。不食死。

沈乘，字孚中，仁和人。諸生。與阮大鋮善，獲武衙劄付。常涝將降，乘獨主守城，大言降言斬，爲衆所害，尸骨咸盡。

邑人方天眷，字維嶽，諸生；諸復，字子葭，諸生，並巾服再拜。天眷自刎，復詣羅木營死。

袁甲，嵩江華亭人。諸生。投水死。

潘與範，宜興人。諸生。居塘棲。完髮被執，掠不屈，憤死。妻周，經死。

王道焜，字昭平，仁和人。少豪宕，好聲伎，家藏書畫、尊彝、古器最夥，焚香賦詩，竟日無俗語。天啟元年舉於鄉。授福寧學正，遷南平知縣，南雄、邵武同知。光澤妖賊亂，道焜攝縣事，單騎往諭降之。威宗破格求才，盡徵天下廉能吏臨軒親試，撫按以道焜名上。吏部謂郡丞例不與選，道焜不平，抗疏言：「皇上破資格以待非常，銓臣援故例而靳考選，非陛下搜羅賢豪之至意。」得旨候考。會北京亡，微服南歸，擢文選主事。聞陸培死，遂走武康。清吏欲見急，慨然謂子均曰：「我當死久矣。所以不死者，將以有爲也。今更何望哉！且向者銓曹以故事格我，卑我官也，今而不死，天下將謂屬吏中固無人矣。」乃復入城，闔故廬，謝使曰：「焜老病且死，必欲見，與櫬未也？」繼責其子均出見，焜曰：「須使者明日來。」果明日登其堂呼均，則道焜已自殺，屍横於地，衆愕去，以狀還報，因不求。均送焜後死，妾從死。後監國魯王予培謚而不及道焜。董守諭曰：「兩人同死，豈以道焜非進士耶？」遂謚節愍。

均，字以中，崇禎十五年舉於鄉，長號死。

時杭州死難者，尚有姜國驤、張思哲、王應皋。國驤，杭州衛人。世襲指揮。思哲，字邁遠，大興人。鄧州知州。國亡後隱杭州，於重九以栗餻粘菜服之，暴死。應皋，仁和人。及從女，投水死。

顧咸建，字漢石，崑山人。大學士鼎臣孫，咸正弟。崇禎十六年進士。授錢塘知縣。時浙中連祲米貴，民削樹皮、采草根爲食，而三餉叠加，長吏以解額爲殿最，里甲往往雉經倉門。咸建分兩税爲十限，令同甲自相曉諭，不以官符追攝，集父老告之曰：「寇禍若此，征餉非得已也。爾曹受列聖深仁，獨不思急公分帝憂，而煩我遣胥隸乎？」民歎曰：「使君愛我，我何敢以逋課負使君！」輸者填溢無後期。俄聞北京變，人情汹汹，咸建出令安民，戢奸宄，嚴警備。弘光時，彭遇颽激民變，咸建馳撫之，得已。南京亡，鄭彩率衆還閩，緣道劫掠，咸建出私財迎犒，率吏卒日夜防禦，乃斂威去。無何，馬士英擁兵至，張秉貞命咸建往迓；咸建力請駐師城外。頃之，方國安兵亦至；咸建先期發餉三萬兩，兵乃不入城，四鄉被掠而城中得無擾。時監司及郡邑長吏悉逋竄，咸建以金二萬招兵五千爲拒守計，秉貞沮之。咸建憤曰：「事不可爲矣。」亟散遣妻子，獨守官不去。已而清兵壓境，秉貞將降，使犒師。咸建默詧清兵止萬人，十不得一真滿洲人，水土違熱，至有以淤泥塗其身得活，馬亦盡内產，又撤還南京三十人，具得虛實，欲以待變，脱間走吴江。清以其得民心，恐有不利，追騎執回杭州。博洛起握咸建手，啖以美官。咸建曰：「吾世受國恩，未有報塞。敗奪我去，即視刃。」又曰：「太祖高皇帝用夏變夷，功過百代。九京有靈，必不祚爾。且朱氏子孫滿天下，恐未能安枕耳。」復啖以巡撫，咸建曰：「堂堂大明人物，决不作忍死偷生之事。吾當張目地下以觀朱氏之起。吾素志已定，不必多言，可速殺我。」秉貞再三勸，大駡。以鐵索箝口，嚼索詈不輟。博洛命殺，咸建冠巾綏帶，端坐南向。百姓爭勺酒，每尚享，則曰：「死無恨。」張目一視。刑者淚下手戰。懸首城樓十日夜，面猶如生。一諸生請代咸建，並死，惜佚其名。

同死者：

陶曾齡，字魯唯，會稽人。天啟七年武舉。精騎射，負膂力，官杭州參將。聞變，拊咸建背曰：「不死，待何時？」咸建曰：「諾」。遂自經死。

湯明俊，字萬英，錢塘人。諸生。咸建歿，哭不食死。

邑人王元佐，字又章，殮咸建，歸其喪。紹宗贈咸建太僕少卿，謚忠節；監國魯王贈太僕卿，再贈兵部尚書、僉都御史，謚忠烈。

祝淵，字開美，海寧人。崇禎六年舉於鄉。嘗讀書僧舍三年，僧罕覯其面。十五年冬，入京會試，值劉宗周諍熊、姜獄削籍，抗疏申救，罰停會試，下禮官議，時與宗周猶未相識也。已得命，始走謁之。宗周曰：「子爲是舉，無爲而爲之乎，抑動於名心而爲之也？」因爽然自失，曰：「先生名滿天下，誠恥不得列門牆耳。」遂執贄爲弟子。明年，禮官議逮淵下獄，詰指使者姓名。慷慨對曰：「男兒死則死，安肯聽人指使！」未幾，北京陷，吳麟徵殉難，親爲含殮，宿柩下者旬日。尋詣南京刑部，請竟前罪，尚書諭止之。已復草一疏，請誅馬士英，通政司屏不奏。時宗周再罷官歸，因往從學。嘗有過，入曲室閉户長跪，竟日不起，流涕自撾。杭州陷，方葬母山中，趣速竣工，還家設祭，即投繯死，年三十五。監國魯王贈簡討。

同學有董仁者，諸生。淵死，哭入山，後破家起兵。

王毓蓍，字元趾，會稽人。少爲諸生，跌宕不羈。已受業劉宗周，同門咸非笑之，不顧。清兵至杭州，輒告友人曰：「彼朝入吾朝，死耳。」時紹興降清，城中迎犒者，比户責金備牛酒，毓蓍方食，投箸起，援筆大書其門曰「生員王毓蓍不降」。慟哭終日。作絶命詞，謂「以雪耻自任，願激發於光天，倘或同志不孤，敬相招於冥土」。宗周絶粒未死，乃上書訣曰：「虜騎渡江，僞官皆已受事，吾輩非復大明黎民矣。毓蓍已得死所，願先生早自裁，毋爲王炎午所弔。」宗周得書，呼其字曰：「元趾，吾講學十五年，得子隨之，足矣。」俄其友來視，毓蓍問曰：「子若何？」友曰：「有陶潛故事在。」曰：「是不然。吾輩聲色中人，久則難推，及今早死爲愈。」乃召故交，張樂歡飲，既酣，携燈出門，投柳橋下死。求其屍，色如生。魯王監國，贈毓蓍簡討。自毓蓍投水，宗周、祁彪佳皆死於閏月之初。

潘集，字子翔，紹興山陰人。劉宗周弟子。聞王毓蓍死，狂走大叫曰：「集，故人也，必死從王子。」走哭曰：「先生往乎，爾友來矣！」有解之，曰：「子布衣，無庸然。天下甚大，寧少子？」集厲聲曰：「天下人自生，集自死。」遂袖二石及所著詩文，至東渡橋下自沈死，年二十三。監國魯王贈禮部主事。

同時王樂水，江寧人。術士。居諸暨。與妻琵琶聲婦，躍土橋下死。

周卜年，字定夫，紹興山陰人。布衣。聞王毓蓍、潘集殉義，乃白衣冠，痛飲極酣，憤摘所佩玉雷圈錘碎之，以紙包裹，外書「寧爲玉碎毋爲瓦全」置案上，並作五噫歌。趨海濱，招牧牛兒，出一緘付之，曰：「家人來問，煩以此示。」遂蹈海死。父追至，發緘，爲辭親永訣語，屬其弟立後事也。父號哭曰：「兒死誠當，但屍不可得，奈何？」明日，怒濤湧屍而上，冠履不脱。監國魯王贈禮部主事。

同時有鄭醫官，不食死；周瑞，投江死，皆卜年邑人。

葉天華，字茂卿，慈谿人。杭州亡，衣冠哭廟，水死。子傳，字魯南，客粤久之歸，以詩文終，年七十。

屠象美，字幼繩，平湖人。崇禎四年進士。授行人，册封韓王，改簡討，東宫講讀。好言兵，疏薦倪元璐、李邦華、張國維等三十七人才堪禦侮。以侍婢事閒住。馬士英至杭州，欲以太后垂簾，詰之曰：「公以扈駕爲名，今聖駕安在？乃又屬枋於后妃耶？」議乃沮。潞王常淓監國，起左庶子、兵科給事中。

弘光元年六月九日，陳洪範至嘉興。秀水胡之臣，胡賣藥膏者，爲知縣，威脅士民。閏六月五日，薙髮令下。七日，象美、李毓新、劉履丁、錢士升及子栴、棅，會軍民大察院，矯潞王令旨起兵，奉徐石麒爲主盟。民揭竿從者三萬人，推象美主城守。顧文士不知兵，無將領，隊伍亦無約束。旋迎陳梧爲帥，黃賡副之，許珍掌火藥，并乞師於黃蜚，於八日倉卒起兵。海鹽周一誠兵五百，與巨盜王有虔兵二千人至，斬之臣及嘉善知縣吴佩。同知議洿、嘉善知縣詹承惠、平湖知縣龐霦復任。新府鍾鼎臣至，資糧甲仗復不備。十二日晚，東關外獲沙船，詰稱鹽寇謀爲内應，於是急閉四門，搜斬黨羽，市郭鄉村平昔豪横，多爲仇殺，屍横徧野。尚書陸光祖孫鍾奇，富甲東南，亦爲民毆死。十三日，清兵至陡門，梧以陸中軍將衆迎戰鎮西，清兵出其後，大敗，死者大半，餘衆入城。鄭雪昉復集衆城守。初，象美與梧起兵，梧輕象美書生，且權非獨握，已有微隙，流言有異志，而内訌以起。梧既殺毓新、履丁、陶廷熚，徽人汪日昇以義兵至迎之，或言其遁，立被殺。清貝勒博雒自杭州來，城上聞笳聲已膽落。十五日合圍。至是，象美見兵不利，蜚兵亦不至，僞造史可法復南京塘報，及神武南京登極詔，人心少振。二十五日，徽州水師敗於麻雀墩，監紀推官朱爾吉鄉兵數千人敗於姚油車石灰橋死。象美知事危，將出北門走，遂遇害。

履丁，字漁仲，漳浦人。黃道周弟子。選貢。鬱林知州監軍，與洪範雅故。梧誣爲通清，連死者三四百人。

廷熚，字英人，秀水人。崇禎七年進士。歷臨川知縣、精膳主事、文選考功郎，謫歸。

起行人副。弘光時，擢行人正。

鍾鼎臣，字彝公，新會人。崇禎七年進士。授寧國推官，調河南，累轉户部主事、刑部廣東司員外郎，出爲真定知府，改嘉興。與張龍德、徐桐、孫元暘、沈輝辰，奉徐石麒誓師，死守西門。城陷，緋衣坐堂皇，自經死。門役一、皂快二，從死。

龍德，字鯤化，秀水人。副貢。和州同知改溧陽丞，轉湖廣都司經歷歸。南京亡，貽書石麒，約同死。或曰：「徐公尚書一品，殉固宜。子州倅耳，何死爲？」龍德曰：「忠孝豈論官爵？吾向從史公，以節義相期許，不死何面目見史公哉！」城陷，與妻侯，經死。僕從死者數人。子鎁，官都司，從可法守揚州。女歸徐肇樑者，從龍德死。

元暘，仁和人。都司。城陷，被執，不屈死。

鄭雪昉，字瀅師，嘉興人。諸生。陳梧兵敗歸，雪昉復託潞王常淓血詔開讀精嚴寺，袒臂呼市上，從者千餘人，城守十有六日。博雒三千騎於閏六月二十五日晚至，四鼓迫西門，大礮連發，城中兵火真如塔。清礮攻城，城守兵逃。二十六日城陷，雪昉戰死。城亦被屠，死者數千人。

可紀者：

王象賢，字懷和，與子鯤，字伯秀，皆諸生，及妾張、僕王茂，井死。

張翊，字叔韓，諸生。以衆守城，整衣巾南面正坐，駡賊死。妻子僮僕十餘人從死。鄰人秦如泉等四人，殮翊，經死。張廷章、屠洪基，諸生。經死。

高孟超，字公遠，諸生。死。

郭昌齡，字根植，負才名。以完髮，一門十一人大駡死。

高穎琦，字章甫，諸生。刃死。妻徐、三女，水死。僕周龍，奠畢死。一門死者十三人。

張次柳，字幼緒，諸生。與子諸生玉立，巷戰死。妻柳，水死。

湯成先，字明甫，子一德，皆諸生。與友諸生吴業昌、朱治恪、沈桓端，斫死。

陳悃，字不困，諸生。與妻蔡，水死。弟愫，字素心，諸生，死。

孫時傑，字開遠，諸生。戰死。

周敬濂，字慕椿，武生。守西門死。

常三益，字星海，醫生；徐肇棨，字拙民，副貢。負才氣，大駡死。屠震光入道。高百户行遁。皆嘉興人。

項嘉謨，字君禹。兄聖謨，字孔彰，畫入逸品，董其昌重之。弟聲表，字叔遠，太學生，工詩畫，官薊遼守備歸，束所著詩賦於懷，投天星河死。子翼心、妾張，從殉。

錢應金，字而介，諸生。村居不薙髮，被殺。

葉森，字公棨，諸生。任俠，負膂力。城陷不去，諭徽弁黄伯修死西門外。

盛士表，字其儀，按察使萬年子，能書。刃死。

妙諦，三塔寺僧。清兵俘女子數十人，命守之，僧乘間釋放。清兵怒，焚僧，血漬石如人形，今存。皆秀水人。

流寓吴亶，字季平，吴縣人。諸生。不屈死。

單士相，字心槐，嵩江華亭人。與妻張，水死。

汪士奎，歙人。刃死。

錢棅，字仲馭，嘉善人。士升幼子。崇禎十年進士。歷職方主事、郎中，改文選，察軍政，剔夙弊。中官欲有撓糾，不少枉，南京稱健決郎，遷廣東鹽法水利僉事。兄栻卒，疏請終養，不赴。嘉興兵起，首輸萬金充餉，起兵應於蘆衢，與錢栴、錢繼登分防嘉善。偏師轉戰，清兵畏之。已戰不利，師屯三泖上，與徐孚遠、孫臨合。嵩江、嘉善陷，將間謁福京。舟泊震澤，遇清兵戰敗，身受四創，與小僮秋烟投水死。監國魯王贈太嘗卿，謚忠貞；紹宗贈太僕少卿，謚忠愍。

栴，字彦林，嘉善人。巡撫士晋子。崇禎六年舉於鄉。歷吏部主事、職方郎中，視直、浙城守。栴率兵助守嘉興。謁紹興，累擢太僕卿。永曆元年，吴勝兆事敗，坐匿陳子龍，不屈死。妻徐聞難，置酒與娣姒話别，自赴水死。子：熙，字潄廣，諸生，參吴易軍卒，年二十六；默，字昭音，崇禎十六年進士。授光澤知縣，調嘉定，開劉河，籍役賦功，民用不擾，清兵至，從父起兵，敗入黄山爲僧，名成回。黠，字鑒濤，入李定國幕卒。栴弟棻，字仲芳，崇禎十五年舉於鄉，著書滁山。

同時陳鶴鳴，字沖之，武康人。歲貢。嘉善教諭。城陷，經明倫堂死。

錢一選，上海人。官訓導。水死。

朱曾省，字魯參，嘉善人。崇禎九年舉於鄉。作自祭文，憤死。

沈龍翼，諸生。能文。與諸生王燦、卜吉、錢士謙、陳六奇、戴琦、陸鳴、楊永年等，薙髮令下，不屈死。

錢繼祉，字爾受。乙酉從軍，中矢蘇州廢寺，以八金煤書絶命詩三章，抽矢死。從子士萃守城，衆潰不去死。

卞洪載，字子厚，諸生。高攀龍弟子。不薙髮，永曆元年被執，不食死。

朱國望，字士翹，萬曆四十三年舉於鄉。魏學濂舉方正，不赴。師敗，研理學。永曆四年爲忌者所害。

俞元良，字仲驤，海寧人。崇禎十六年進士。授興國知州，歸里。江東兵起，熊汝霖以數百人渡海復海寧，士民迎者萬計。汝霖欲擇一人爲主，縉紳多首鼠持論者，元良慨然曰：「事豈公一人事哉！元良敢獨後？」遂以監軍御史兼知縣督餉，與參將姜國臣、指揮鄭甲、千户湯甲任城守。隆武元年七月七日，陳潛夫與諸生徐林宗兵戰東門敗，城陷，元良、國臣、鄭甲等皆被執不屈死。城中死者千人。

兄元明，字伯昭，諸生。執死。子煒南，字婉如，諸生。聞難刎死。兄子翔南，字扶九，出戰，兵少不支，經雙忠廟死。一門死數十人。

國臣，海寧人。世襲副千户，晋都督僉事。

邑人陸藎誼，字忠夫，萬曆四十六年舉於鄉。不附温體仁。從張名振軍。見江上軍不前，憤恨不食死。

美思，字楚思，諸生。不食死。

陸韜，字元聲，海寧人。父龍，字平海，世襲百户。韜，諸生。弘光元年閏六月，與從弟仲，及王教主、祝君待、僧穎石、潘起龍、潘定國、朱大綱、鄭繼武、朱朝琮、沈陵、蔡國瑛、許定義，受荆本澈命起兵復城，應各路兵。海寧陷，仲陣亡，韜東乞師紹興。熊汝霖命聯絡太湖諸旅，與吴易相期會，蓋涉江者五六矣。隆武二年四月，還至嘉興，爲舟人所覺，報清督李甲，輒縛去。李曰：「從何來？」曰：「自鎮江。」「何事？」曰：「聯義師。」「師幾何？」曰：「百萬。」「將何人？」曰：「多不可屈指數。」「今何在？」曰：「往江東報命。」李曰：「吾旦暮亦往江東矣。」意且全有浙也。韜故傲然曰：「無爲。若以戰不克以降，莫用。江東無須此！」佟國器義其敢，一再欲宥之，語終不屈，肆聞堂上下不可解，因送杭部院。及廷訊，語益厲，自陳先世，必以死報，且爲大言曰：「浙東旦夕掩下，殺韜一人無濟矣。」發滿營，先去其手足，營督自射六矢，不一呻吟，須臾骨血盡。有絶命詞。

起龍，字雲龍；定國，字衛公，同官鎮撫。起龍巷戰刎死，定國後以義師連死。

大綱，字振暘，官千户，工騎射，衆倚之。汝霖閲士，獨奇其才，令守西門。與繼武斬清將王登鎧，敗清兵。後東門先破，力戰雙忠廟巷，從騎散，大綱入民舍，拔刀刎死。繼武，官守備，同死。

朝琮，字方水，朝瑛弟，選貢。與妻查，斫死。

陵，字湘岸，諸生。官千户。以五六百人起郭店，夜劫清營，中矢龍山死。贈禮部主事。

國瑛，字亘山，諸生。千户。挺刃力戰北門，兵敗，一門死。

定義，字一如，諸生。官副千户、遊擊。戰翁家埠執死。

又部鼎，字予大，諸生。敗死。袁甲，體肥碩，被執。欲降之不可，斫死。王甲，夫婦刃血泊，相抱死。陳生妻女，井死。皆海寧人。流寓徐七，嘉興人。居邑大街，連斫兵，刃死。

周宗彝，字五重，海寧人。崇禎十二年舉於鄉。膽决尚氣。聞嘉興兵起，傾財集硤石里中千人應之，監國魯王授職方、員外郎。鄭遵謙遺書並力引兵至海寧，以爲不足守。熊汝霖命與諸生潘廷璋募兵守硤石，自稱大將軍，偕穎石爲先鋒，李明巒來共事。紀律嚴明，海寧、崇德、海鹽義師，皆聽指揮。海寧不守，宗彝堅守如故。隆武元年八月十五日，清兵大至，力竭不支，單騎出戰走。妻卜，妾張朱衣、王紫衣與幼子明儁、明傑，水死。婢女及親族婦女，從死者四十八人。宗彝後至普陀清水洋，正衣冠，投水死。

弟啟琦，字瑋光，諸生。稱副將軍，巷戰，刃中腸出，納腸再戰，截其頸乃仆。妻馮，水死。

穎石，吴人。避仇爲僧。堅忍敢任事。嘗以三百人攻崇德西門歸，翌日，合沈義糾驍勇百人伏長岸。時黄千繼率三百騎至，七騎最先。穎石起突出，馬驚。千繼發矢中穎石左股，穎石負痛狙擊，中其馬，馬半截傷，黄仆地。時六騎反走，不爲救。黄步戰不習，故運刀遲，右手起裂。黄去大刀，踞地拔所佩小刀。刀未脱鞘，穎石迎斫之，持其首歸，殲其六騎，其三百騎望風馳還。穎石守海寧，與清兵戰西門外，走宗彝軍。城陷戰死。

明鑾，字石友，嘉興人。廩生。後完髮嘔血死。守備周雲峯與張順所、曹聖卿，戰水月庵死。

當硤石圍急，義師汪秉珪以衆來援，而硤石已先一日陷。秉珪大憤，斬清兵百級去。

唐自彩，字西望，達州人。副貢。崇禎末，授臨安知縣。臨安淳朴易治，自彩政暇，飲酒賦詩，士民愛信之。弘光元年六月，清兵逼，邑人震恐，自彩歎曰：「戰無兵，守無食，無徒苦父老爲也。我老矣，豈復北面事異姓哉！」與從子偕豫，携家人守青山。聞魯王監國，上啟願内應，遷監軍副使，與臨安舉人高甲票取庫三千，募兵圖恢復。士民齎册印赴省，清將問曰：「若知縣安在？」曰：「賢父母也。憐我民之被干戈，不能守土，入山隱矣。」將曰：「果賢耶，我還汝知縣，不遣他吏也。」民乃入山迎自彩。既閲二月，堅不出，乃置新令。

自彩陰集兵爲變，總督張存仁遣兵執至，時值八月下丁。自彩至杭州，冠帶南面立。存仁曰：「汝毋自苦。我知汝賢行，且薦於朝。」自彩語不屈，存仁指其下曰：「獨不念少妾幼子乎？」曰：「大丈夫豈以子女易大節乎？」顧地上有石，拾取擊存仁不中，遂支解死。當自彩被執，麾從子階豫走，不聽，竟同死。自彩妾大呼曰：「主死，妾願從。幼子有乳媪在。」延頸受刃死。子二齡，從子十齡，皆死。紹宗贈自彩太常少卿；魯王贈太僕少卿，謚忠愍。

階豫，字敬之，歲貢。紹宗贈太常博士。

過俊民，字尊伯，無錫人。歲貢。官臨安訓導。城陷，隨自彩入山。八月下丁，語山中諸生曰：「我爲學博，猶廟祝也，可令缺祀乎？」具牲醴入城。甫初獻，而執自彩之兵至，見冠帶執笏堂上者，問：「何人？」曰：「學官也。」因前繫之。俊民大駡被執，自經功臣山死。

夏璜，字人傑，富陽人。諸生。率鄉兵守土，自剄死。

朱治升，餘杭人。諸生。不薙髮，走天目山，自經死。

白瓊，瀓江人。湖州同知。行至餘杭，自經死。

俞可章，臨安人。歲貢。與子爾晉、爾鼎死。邑人駱繩先，諸生，與祖母陳死。俞爾奎，武生，年十四死。

俞一觀，與子守正死。諸生俞可鈺妻方，經死；子諸生爾濱奔哭，刃死。

馮學經，杭州新城人。罵敵死。

戴重，字敬夫，和州人。文章有聲復社。弘光時，以貢生廷試第一，授湖州推官。馬士英招之，不可。與宗室華堞、盛瀓，鄭大璟、韓繹組、彭士望、金有聲、潘居貞、王漢沖、張允修、劉城、魯可藻十二人結不敢忘社，會哭先帝。改廉州，未赴而南京亡，與王用賢、萬良相、馬阜生、孟芳年避兵石臼湖，主邢於定家。程世昌趣俱至湖州後林村，潘國瓚館之戴山。馮京第、嚴啟隆説重曰：「程公負望，宜推主兵。」未幾湖州陷，蘇、湖兵起，與國瓚、啟隆爲一軍。世昌將趙麟趾來歸，國瓚介王元震亦至，盟於後林。遂合京第、金有鑑、錢逵等奉盛瀓復湖州。重有衆二千餘、舟五百，與國瓚、啟隆誓師象口，自長興達洞庭，如黃蜚營，錢棅、吴易、盧象觀皆以兵會，蔡允心傾資數十萬犒軍，繹祖亦統長興千餘人至，軍聲大振。重議以後林兵疾向杭州，合江東之師；繹祖以長興兵出廣德，復太平，據采石；蜚以太湖衆趨京口，攻南京，則南直可定。部署畢，於隆武元年中秋會於洞庭，縞素，大具舟楫。越五日，攻清兵合溪，元震率烏船數百自後林出，火清巨舟，夾岸伏弩傷清兵，清兵却。重方集衆毘山與易會。一夕，大風雷雨，舟散，與國瓚泊後林，將收兵入洞庭圖再舉。清兵掩至，啟隆、元震力戰登陴。重以湖州西門險，自守之。清兵大礮潰城數丈，重力守巡城，中矢腸出，納收腹中，以布裹創。啟隆受創，元震被執。麟趾降清，重突圍走鷹阿山爲僧，名易心。已與國瓚歸和州，悲憤絶食，賦絶命詞，創發死。

子：本孝，字務旃，諸生。孝親，詩畫絶俗，不應試。移本，字無忝，善弓馬刀槊，偏交豪傑，聯絡中原志士，思承重志，屢瀕於危。清薦山林修史，不應，以布衣終。

大璟，上饒人。約重結廬玉山。

國瓚，字宗玉，歸安人。崇禎十七年選貢。傾財簡械。後爲子納室後林温氏。温饒於資，請破家從軍，故即軍中成禮。清兵襲之，不及甲，軍亂，重遂敗績。

啟隆，字爾泰，烏程人。廩生。治春秋。兄子祇，字文昭，不試。

元震，字直卿，和州人。故國瓚家奴，爲府吏。材武，累立戰功，授總兵，爲前軍。兵敗，與國瓚同執。言國瓚無與，其家攻戰具悉己藏之，於是國瓚父子六人得免，元震寸磔，至死無一言。弟某，冀脱兄，復自首爲真元震，支解死。

允心，吴縣人。居洞庭山。年少任俠負奇，戰死湖州。

又韓范，字孟小，上元人。崇禎九年舉於鄉，烏程教諭。告廟不食，北拜自經，遺命以白衣殮。淩元燦，烏程人。廩生。與妾顧，經死。邑人潘時升，與妻趙，刎死。

流寓錢元，字密緯，丹徒人。工古文。斫死。

邑人錢瓚，字瑟若，以詩文名。不薙髮死。

張君極，孝豐人。諸生。孝豐陷，與父維世同死。

蔡子標，德清人。諸生。浙西陷，募水師應吴易，不克。監國魯王授治兵，挂將軍印。隆武元年九月被執，大號不屈，肩兒衣衣冠入杭。清將欲降之，瞋目大罵。及赴市，觀者如堵。忽有人出衆中持大哭，欲同死。刑者大駭，捽之。子標曰：「吾不識公，奈何至死所？」曰：「吾與公誓不相負，公死，何生爲？」始知爲子標密友。子標固欲生之，不得也。同死者六人，臨時忽益其一，卒不能得其姓名云。

族人孺法，諸生。魯王授兵部司務。德清民不肯薙髮，集兵二百餘、舟百餘，與陳萬良攻湖州不克。戰德清，萬良走，孺法圖再舉。清令致其父若弟，命急招之。孺法挺身至，髮猶在頂，曰：「孺法義不忘大明，故受監國命。事不遂，固當死。」父弟力勸，孺法不聽，死。

邑人沈玫，字文仲，諸生。母病刲股。水死。

蔡璠，崑山人。歲貢。長興訓導。死於兵。

北來二十二義士。隆武二年，有二十二人至杭州大遮山東明寺，皆偉幹傑貌，免胄而入，命米三斗作飯，豆一升作乳。倉卒具食，並恭謹如禮。僧指庵異之，問：「飽未？」曰：「未也，亦不敢飽。」飯後，徧視佛像不拜，見惠宗像，注而拜，止一人，餘皆後之，毋敢效也。求浴，裹衣朱殷，多蟣蝨，膚如刻漆。人臂二弓，腰二銃，試烏爵無一失。鎧服重鐵，度所佩荷皆百斤外。其一人泣拜者，挽鐵鞭，重數十斤，合二僧力能起，彼運之如禪家椶拂竹如意，若無物者。問里邑姓氏，不答。以其北音，知爲北人也。「今安所往？」彼淚隱隱承睫曰：「吾糗盡，遊觀天下無可起事者，吾安之乎？」曰：「南直足賦，可就也。」曰：「取南直，未能集事，敵因之虐其民，猶奪之民耳，吾不忍也。」僧曰：「以諸君之敢力赴義，何患無成。如時之未易，委蛇掇尊官，徐爲所欲爲，非晚也。」默不應。諷之逃禪，亦不應。僧曰：「即出，值敵奈何？」曰：「仗劍行數千里，先後所值何啻百千，彼安能難我！」僧曰：「自此至天目，民寨殆百餘，所稱義師，能往觀之乎？」曰：「嘗按視一二所，皆剽掠徒耳。意他寨類之，不足目也。」因問道，僧述天目、徑山、湖州者三。曰：「吾之湖州」曰：「湖多守兵。」曰：「吾固欲遇守兵。」胄而出，每一人胄，夾二人力收之，目欲迸火。遇湖州守兵，斬五百餘人，而二十二人無恙。慨然歎曰：「吾多殺敵何益，且吾所以來，豈爲此鼠輩哉！」遂皆投碧浪湖死。

徐啟睿，字聖思，鄞縣人。諸生。負才任氣，嗜擊劍，醉則起舞，謾駡座上貴人，以劍擬之，人莫敢忤視，相戒遠之。然肯規人過，至苦口泣下。一日，忽自埋故劍，髡其首，逃徑山爲浮屠，則又澄觀靜言，粥粥如真道者。北京之變，哭七日夜不絶聲，已而曰：「江南半壁，我高皇帝龍興地，建武之業可望也。」則又閉關如初。踰年，南京又陷，則破關出，掘故所埋劍，趨錢肅樂營。引見監國魯王，問：「需何官方稱乎？」曰：「臣請以布衣居肅樂幕，入參帷幄，出捍軍旅，無需官也。」魯王奇之，授錦衣指揮，不拜，自稱白衣參軍。時諸營首鼠觀望，則詈之曰：「今日焚舟前進，猶或一逞。可逍遥坐老，以自困乎？」每江上耀兵，先衆立矢石間。一日晨起，衷甲佩劍，集麾下百人，徑渡江薄西岸。清兵以爲遊騎，不爲意。則奪劍直前，掩殺過半。乃亟出鋭師，且戒曰：「觀其帥甚奇，必生致之。」由是長圍四合，且戰且擁，陷入泥淖中，被執。誘之降，謾駡。怒剖其腹實草，懸望江門。其麾下百人，皆鬥死，無一降者。方其出也，肅樂力止之，曰：「軍行必無繼，徒入虎口，奚益？」曰：「信陵君欲以賓客赴秦軍，豈能若秦何，亦各申其志也。吾將觸門而死，以愧諸營之賦清人者。」王聞而悼之，贈都督。

趙毅，字金城，平湖人。尚氣節，工武略。王在紹興，慨然仗劍從之，授左營遊擊。率軍戰杭城外，飛礮中首，首已飛，去猶持劍策馬大戰，清兵駭爲少卻。毅單騎馳逐數里，馬蹶，墮地乃仆。

沈宗埰，字幼文，仁和人。宗墱弟。諸生。魯王監國，與吕宣忠、鮑周鼎謁紹興陳策，授兵部司務。隆武元年十一月，升職方主事。丙服渡江覘清軍，密聯絡浙西義旅，躬詣龐培元，約再起兵。歸，改監紀推官、浙西監軍副使，督羽林五千巡江。王大喜，賜金帛刀劍。復間渡江，清大索之。培元兵敗，復入山，有款得之者以獻。宗埰曰：「培元感吾義起，安得令執死？」遂奔赴同往，見執。清撫責不跪，大駡曰：「吾世受國恩，與培元俱不欲生，焉能屈？」遂同死。

兄宗垓，字梯生，選貢。景寧教諭。江上潰，歸。

培元，字會直，德清人。從金有鑑起兵，復湖州，授總兵。

沈儒通，字宗福，仁和人。父獅，字調象，崇禎十二年舉於鄉，上饒知縣，入清卒。儒通，崇禎十五年舉於鄉，慷慨喜功名。王授職方主事，凡營畫調度，皆倚之。後爲同列所忌，見害死。

行謐，字二隱，四川人。爲僧嵩江，工詩。與曹勳交。後入嵊山，以義師連逮杭死。

查美繼，字仲含，海鹽人。繼佐族弟，諸生。南京亡，散聚家財萬金，交結豪俠陳萬良、范大倫、鮑國鼎。杭州降，以幾百人奉宗室華堞，會韓茂貽、王光祉起兵湖州。嗣王期昇迎宗室盛瀓爲盟主，美繼以武銜聽約束，轉戰武、孝、長、德間。隆武元年九月諸師敗，美繼乞師紹興，啟萬良可大用，授兵部司務。熊汝霖間招萬良將軍印，令深入。時奉命浙西者畏不進，各部又不肯分萬良，美繼乃説副總兵徐龍達，合兵不及五百，於十二月十八日濟吴家埠，横行内地十餘日，累勝，然卒以兵少不能復城，全師歸，請益兵。明年集兵益艱，美繼爲萬良勉請餉七百，所募一日至，不備一寸鐵、一片甲。監軍僉事胡景仁潛内地來，密約内應，已數百舟伺某處，無失時。遂徒手千人往，美繼、沈宗琛以職方主事監軍。既至，不見一舟，乃大愕。萬良初欲倚内應，休兵於山，備具而發。至是急，衆心亂，令士咸翦偏其鋒以爲槊。遇敵，戰不利，亡十之五。不得已，擬急下一邑自保。美繼曰：「此未可倖，必東馳黄道湖，以淩應章、湯瑞麟至，合力夾攻，乃萬全。」乃單身飛漿，夜行二百里。及應章、瑞麟百餘舟千人至，則萬良已敗德清西門，龍達死。美繼還黄道湖。會四月十七日清攻袁花集，退經通園，美繼督應章、瑞麟、周紹賢、王志麟舟五百餘、衆五千餘人，午餘競發，追及之，斬百餘級。敵果登岸走，瑞麟首馳逐之，發大礮，風反舟火，衆救不及，重傷死。衆潰，美繼呼進援，敵矢中胸死，舟皆失。汝霖爲涕下，曰：「儒生敢壯往，莫美繼若。幾有功，失之，天也夫！」贈御史。

楊定國，字寧宇，濟寧人。諸生。崇禎末，清招撫山東。檄至，士大夫議迎降，定國獨不從。被執，作帶血吟，戟手大罵。尋脱，南下謁監國魯王紹興，授行人，招集義旅。江上潰，人勸降，不應，呼酒痛飲，闔户自經死。

同死者郝愈，字弗如，筠連人。崇禎九年於鄉，蕭山知縣。

翁遜，字大生，蕭山人。與陳潛夫共事。江上潰，請視師，所至皆空壁，還告潛夫曰：「國尚可爲乎！南北淪亡，不意又及江東也，皇皇欲何之！我將以錢江潮蕩我鬱憤耳。請先辭去。」躍江而死。

楊守程，字雪門，蕭山人。諸生。江上潰，清騎迫薙髮，曰：「吾頭可斷，無言髮也。」被害。妻湯及二子，各抱石投村之去虎池死。族雲門，來集之妻弟，諸生，自經死。

邑人任之豪，字希亮，歲貢。蘇州訓導致仕，執死。來凝之，執死；子誼，杖死。樓成道、丁元勳，執死。

時有蕭山三義，失其姓名，清兵渡江，三人至山陰趙氏大港梓潼祠。餉不足，遣壯士飛舸截富陽江上清兵餉。起兵二月，兵敗，相抱歌哭於舟中，登岸相牽，投橋下死。

八十九，姓沈，佚其名，負販爲業。永曆二年，劄寨榆青嶺。清從山背板藤入内。易銑數十，擊殺數十人，清逃歸者三十人。

吴從魯，字金堂，紹興山陰人。萬曆四十四年進士。授南陽知縣，遷兵部主事、郎中，出爲川南副使，轉參政，歸。魯王監國，王思任薦擢通政左參議。紹興陷，野服入山，設棺於庭，曰：「有蹤跡我者，即蓋棺。」旋病作，櫛沐衣冠，含笑入卧，命家人蓋之氣絶，年八十。謚襄愍。

張名翰，會稽人。給事中焜芳子。任司餉主事。紹興陷，經死。

邑人嚴于麟，字海明，諸生。書案曰：「志不可奪。」辭墓，投水死，年二十四。

陸孝蓋，太僕少卿夢龍子，諸生。入山經死。

朱奇生，諸生。爲平遠鎮王幕客，參謀議。平遠先渡浙西，未從，完髮投水死；平遠亦不薙髮獄死。

朱應聘，自題：「寧爲束髮鬼，不作薙頭人。」投亭山潭死。

茹明焕，不薙髮，斫死。

邵大有，不食死。

李謙行，字止厓，諸生。永曆二年入海死。

陶子詵，字仲元，永曆二年斫死。

俞士彥，字元夫，諸生。從從父邁生遊。三年，聞八閩盡陷，大慟，赴賀家湖死。邁生，崇禎九年舉於鄉，紹興亡，從父隱。

高岱，字魯瞻，會稽人。崇禎三年順天武舉。昌平陷，嘗疏陳安危計，格不上。監國魯王授職方主事，禁兵伍打糧、送劄諸弊，民賴以蘇。及紹興陷，慨然曰：「主恩厚矣。國家重文輕武，佔嗶小生，持議廟堂，而戮力疆場者，指爲粗人，以致神州陸沈。我武學授文職，尚不能以一死報國乎！」絶粒八日。薙髮令下，子朗跪而請曰：「大人教兒忠孝，國不可無臣，家亦不可無子，請先往泉下掃除。」岱瞠目曰：「有是哉！若能先我乎？」朗巾服北面再拜，躍入海。舟人入水救之，囓臂始脱。幘欹，復出水正巾而歿。岱聞之，一笑而絶。

朗，字子亮，爲諸生甫十日。兵至，青衿徧謁所親，曰：「此來别也，無煩答拜。」

葉汝薢，字衡生，會稽人。崇禎三年舉於鄉。監國魯王授行人，監鄭遵謙軍江上，加職方主事。與高岱抵掌共言忠孝事。紹興陷，偕妻王出居桐隖墓所，岱送之曰：「君殆隱是乎？」曰：「非也。我無城守責，我死墓耳。」謂王曰：「吾得死所，子奈何？」王曰：「我豈不能從子！」汝萓遽投地拜之，曰：「成吾者，子也。」乃同赴水。王被救，里人勸之食，不可，越日復投水死。

朱瑋，字鴻儒，紹興山陰人。諸生，居梅里尖。聞江上潰，痛哭曰：「此日而生，全歸之謂何？」書絕命詞几上，衣冠潛往礁石，躍水死，年二十四。

邑人范史直，字域之，諸生。負石投江死。王文宇，富饒於財，城陷，子勸出避，不許，挈妻妾投井死。董垣，哭三日，投渡東橋下死。

韓晃，字賓仲，諸暨人。萬曆二十八年舉於鄉。青田知縣，寬仁爲政，乞休歸。杜門，不食死，年七十七。

邑人陳廷俊，字九嶷，府左長史，討擒通天柱致仕。國亡，憤卒。

傅日炯，字中黄，劉宗周弟子。諸生。工詩畫。江上潰，偏別所親，赴湄池江死，屍兀坐不仆。子愉，力學世家。叔均，一名衡，字平公，天啟五年武進士，從宗周遊，能挽五石弓，悲憤死。從弟商霖，字天賚，聞日炯死，作詩弔之，與諸生王三善入化城山，不食七日死；兩霖，字奉峨，亦宗周弟子，與日炯誓同死，其母不許，乃養日炯母終身。

周駿聲，諸生。北拜不食死。

方炯，字煌中，諸生。水死。

五竈張甲，任俠好經濟，人稱張魏公。以謀起兵，事洩，被執死。

陶元康，上虞人。永曆二年執，刃死。

張仲選，字紫巖，嵊縣人。廩生，博通經史。入西橋庵痛哭經死。

吕曾梂，字少鵬，紹興新昌人。通天文兵曆，爲宗周忘年交。慷慨爲詩歌，入山哭泣死。

族曾槱，孝友，工文，悲憤死。

倪文徵，字舜年，紹興山陰人。訓蒙自給，兼通醫術，避亂入鄉。已而自賣藥囊，易二缸，以餘資置酒食，召里中少年飲，既酣，曰：「吾大明人。今不鬼，鬼不明矣。請以二缸覆我。」諸少年笑其妄，文徵長跽搏顙，强再三，姑應之。翌日，舁缸坎祖墓旁。諸少年至，遽躍入，自題句畢，曰：「候至矣，請覆。」少頃曰：「開，開。」諸少年復大笑，出之。曰：「否。吾坐未正也。」既正坐，乃覆。衆環坐呼之，初輒應，久之漸微，又久之而絶。諸少年歎息泣下，對土去。

張樋，字子隆，鄞縣人。世以孝友稱，里中呼雍睦堂張氏。性喜酒，醉即陶然卧，或彌日不醒。江上潰，乃閉户取酒獨酌，既醺，遶床而坐。復索酒，連舉百餘杯，自摩其頂而歎曰：「彼曲局者，惡可以兵之乎？」時方盛暑，爇炭床下，覆以重衾，俄頃而絶。家人舁屍出，則已紺色矣。隆武二年六月二十日事。

李桐，字封若，鄞縣人。三歲而孤，事母以孝聞。讀書通大義，董其昌、曹學佺深器之。北京之變，桐於大臨所，諸發義旅次江干，以待撫臣勤王之師。盧若騰是之，然未能應也。桐日號咷當事馬前，並詰責諸鄉老，遂遭嗔怒，至有欲殺之者。馮元飈曰：「諸公即力薄，不能報國仇，奈何更殺義士！」與若騰共呵護之，得免。南京馬、阮亂政，邑邑不得志，遁入白鷗莊。南京亡，昕夕祈死，疾遂篤。已聞錢肅樂起義，則霍然進食，遣長子文泉從軍。肅樂疏授兵部主事。已而事不支，疾復篤。江上潰，桐曰：「吾今定死矣。」隆武二年六月卒。文泉哭謂其弟文昱曰：「汝知吾父所以死乎？」葬畢，相與墨絰赴海上，崎嶇兵間。文昱亦授户部主事。永曆五年秋，舟山陷，從監國魯王航海，舟覆，兄弟同溺死。惟少子文遲，杜門養母，亦以孝稱。

又族人評事文爟、參軍見智，皆從事海上。事敗，憂憤死。

同時朱懋華，字仲韜，寧國人。崇禎十六進士。定海知縣，與兵戰，加職方主事。已兵潰，憂憤不不已，望海拜，自經死。

張作相，富陽人。歲貢。奉化教諭。衣冠觸明倫堂石柱死。

李遹觀，金華人。慈谿訓導。執死。

趙甲，慈谿人。諸生。衣巾水死。

趙景麟，字天生，鄞縣人。諸生。江上潰，題詩案上，誓死不食。已念貸友人金未償，晨起詣其家返金。友人諗其貧，迓返之速，叩之，笑不答。歸，整巾服，懷所作文，謁文廟畢，投泮池，爲人救起。復走城東，躍入江，漁人驚拯之，家人亦跡至，强輿入山，不食。則譫語之曰：「李長祥復紹興矣。」則又曰：「黄斌卿、張名振奉監國魯王恢復矣。」半年，病稍愈。間出，問樵者，則曰：「天下歸清，何問焉？」景麟大慟踣地，更不復食，尋死。

葉向榮，字鍾日，金華人。萬曆四十六年舉於鄉。授寧都知縣，廉明有惠政。土寇邱旭東行劫鄰邑，向榮捐金購械，獲其魁七人。張獻忠略江西，去寧都百里爲營，向榮晝夜登陴。獻忠知有備，不敢犯。已而獻忠屯馬羊坑，先伏十人於關下。向榮偵得，立斬之，陳屍於郊，自督鄉勇銜枚出擊，斬級二百餘，生禽渠十五人，餘皆竄去。弘光時，袁繼咸、周燦交章薦之，以忤馬士英意，量移吉安同知，遂投劾歸。升江西僉事，未行，金華陷，衣冠投項村之野塘死。

子永堪，字更生，博通經籍，不應試。

邑人倪泰亨，諸生。兵部主事。城陷執死。子士伯、士佩，抱屍死。

周之翰，字泰生，湯溪人。中書舍人。邑人胡允嘉，廩生，中書舍人。從朱大典守城死。

李汝斌，宣城人。吏員。金華丞，歷知縣，加職方主事。城陷，與二妾斫死。

王如春，字開熙，商丘人。太學生。金華經歷，攝府縣印。經死。贈同知。

潘大成，字魯生，紹興新昌人。歲貢。金華訓導。與子經明倫堂死。

陳道立，字自修，湯溪人。廩生。授徒金華。與僕死。

馮宏德，金華人。選貢。執死。邑人倪士儼，諸生，與子懋參，觸石死。朱邦禄、朱鈐，執死。索大機，與妻章及子，水死。何應嚮，與妻盧，大罵死。倪明廷，與妻徐，觸石死。

王之栻，字瞻卿，武進人。尚書章子。任兵部司務。疏請終制，魯王監國命以墨絰還車駕主事，兼鄞縣知縣。奉表福京，仍故官。劾鄭芝龍逗遛，擢金衢監軍僉事。朱大典命練兵。武義兵敗，入永康山中。謀再舉，被執，曰：「若不得與而對仗矣。」清兵怒，斷其二手；大罵，抉舌死。

兄之柯，博學工文，任錦衣僉事。痛父死國，不仕卒。

呂如賓，宣城人。蘭谿知縣。聞大典死，刎死。

王家臣，分水入。歲貢，蘭谿教諭。衣冠自經，救免，抑塞死。

趙有念，蘭谿人。與妻柯，經死。

王應麟，義烏人。大罵死。

朱君正，字子性，浦江人。諸生。衣冠賦絶命詞，經明倫堂死。

朱憲宗，字闇生，崑山人。歲貢。授丹陽訓導。弘光時，調西安。監國魯王遷知縣，以戢撫勞，擢監軍僉事，宣諭江上，理刑，專餉事。轉餉開化，被執。誘降，不從；殺五弁脅之，不動。械致南京，有故交以百口保之，放還，卒於家。

子晟，字與升，諸生。守崑山死。晨，字孝升，諸生。隨父浙西，後哭母死。晟子謐，十歲，被掠歸，痛父死。

紀成佺，不知何許人。淳安典史。城陷死。

徐志進，字剛峯，分水人。選貢。襄陽通判、知府，致仕。城陷，與子萬炤死。萬炤，字旭如，諸生。

施建元，開化人。諸生。隆武二年元旦城陷，衣巾經死。諸生汪宗月、劉國裕，皆不薙髮死。

徐起家，字克齊，嘗山人。諸生。城陷，不食死。

柴國楹，江山人。中書舍人。城陷，執死。

袁應麟，字拱之，龍遊人。諸生。不食死。

章一焯，字伯勉，樂清人。選貢。以耒陽知縣致仕。江上潰，肅衣冠投泮池，爲人救起，亡入山中。舉兵不克，走太平縣學泮池死。

王景鸞，字子鳳，臨海人。副貢。賦絕命詞死。

邑人陳期奎，字豫嘉，萬曆四十年舉於鄉。淳安教諭，遷鹽城知縣，建時公隄、陸秀夫祠，致仕。聞監國魯王出海，衣冠哭拜，不食死，年七十八。

章良際，字時遇，寧海人。諸生。南京亡，哀痛死。

許帝臣，字伸謙，天台人。與弟賚臣，皆諸生。與王之仁，衣冠仰藥死。

鄒欽堯，字維則，瑞安人。作書別父，投永寧江死。

鄒之琦，永嘉人。衣巾赴水死。

章靖難，樂清人。歲貢。衣巾投泮池死。

鄭思恭，字允之，平陽人。歲貢。歷永康訓導、藍山教諭，乞終養歸，杜門著書。薙髮令下，不食死。

南明史卷一百六

列傳第八十二

無錫錢海岳撰

忠義六

周元懋　弟元初等　續孔教　樓士鶴　張學田　李裴　沈齊賢　于大昭等　葉尚高　陳繼新　林珽　楊毓奇等　謝龍震　鍾皂隸　沈八　商周胤　陸宇燝　弟宇爆　兄宇熺　全美閑等　陳琦　毛聚奎　吴岳生等　華夏　林時躍　凌之驃　王家勤　兄家亮等　李萿　趙驥等　杜懋俊　施邦炌　父翰　杜兆茁　趙翁　屠獻宸　子孝麟　兄鼎忠等　董德欽　兄德鏞　李文纘　從弟文縉等　紀曆祚　陳聚奎　史謀　陳峽　潘國緒　沈之泰　弟之益　湯使聘　徐泰　婁文煥　盛道禄　俞文淵　陳砥流　鄒延琦　路邁　鄒延玠　俞子久等　吴維修　楊逢辰　許煌　許旌祖　莊保生　毛遠　張天儀　鮑承恩　計布臣　吴庸之　梁華南　朱鴻儀　沈鍾成　體凡　魏耕　錢纘曾　潘龍基

周元懋，字柱礎，鄞縣人，尚書應賓從子。任南京右軍都事、屯田郎中，出爲貴陽知府，調思南，丁内艱未赴，而國難作。浙東建國，服未闋。錢肅樂屢招之，辭不出，而破家輸餉弗少吝。隆武二年六月，家人自江上告失守，乃慟哭自沈於水，救之甦，即削髮入灌頂山中。性故善飲，至是益飲無度。灌頂去所居百里，酒不時至。又以深山覓酒伴不易，始返其城西枝隱軒。每晨起，即呼子弟飲，已而積飲成病。或以無子，勸少飲。有長者勸之曰：「郎君不思養身待時耶？」乃瞿然不飲。出三日，則縱飲如初。然雖以酒困，凡江湖俠客之有事投止者，雖甚醉，蹶然起接，無失詞，傾所有以輸之，因是家盡喪。旋得嘔血疾卒。妻俞，亦自毁繼死。

弟元初，字自一，貢生。嗣應賓後，讓任子於同祖兄弟元登、元懋，時人賢之。與華夏、王家勤、陸宇爆以忠孝相期。與從弟元越，從肅樂起兵。授郎中，不受，以白衣參軍事。江上潰，走山中。家本素封，輸餉蕩其十五。永曆二年，力救夏、家勤五君子難，又蕩其十三。既又與舟山通消息，遂盡散其資。脱粟草履，晏如也。嘗寫捫蝨圖見志。歎曰：「今之江左，並桓玄子亦不可得。」年八十餘卒。元登，任刑部郎中，扈監國魯王海外，亦以苦節死。

元越，字石公，諸生，監軍江上。

續孔教，字庭授，麗水人。萬曆末副貢。父蒙勳，任指揮，改温處營總，待士有恩，遷浙西漕運都司，搜革積弊，漕政一清，以侍養歸。父卒，哀毁甚，繳符，兩臺不允，强起視事。南京亡，捐資集義旅，保衛本州。方國安擁魯王索餉諸郡。江上潰，清兵至處。孔教營糧久乏，力不支，乃與麾下士遁居海溪山中。有言孔教於當事者，孔教命僕自言於守曰：「孔教固不薙髮，薙則寧死。」守遣人捕之。收者至，孔教手刃男女若干人。守亦心敬，勸薙髮，不可。乃問：「何惜髮乃爾？」曰：「余欲往見先帝耳。」比至杭州，撫按又勸之曰：「去髮即得生。」孔教不肯，曰：「江山已失，何惜此頭顱！」乃遇害。先一日，爲絶命詞，以屍託李孟韜葬於父墓側。

樓士鶴，字振之，義烏人。以偏裨防畿輔，調東牟升守備，敗賀一龍。擢都司，禽劉超。歷遊擊、參將。剿袁時中，升副總兵；剿張獻忠，加都督同知，守處州。投水死。

張學田，字思過，麗水人。廩生。不薙髮死。

李裴，太倉人。隆武二年舉於鄉，授泰順知縣。清兵至，從容刃死。

沈齊賢，字寤伊，錢塘人。諸生。性峭直，一語不合，輒發聲詈，以故人無與近。父病，刲臂肉療之，弗起，屢慟至絕。時流寇犯鳳陽，直、浙騷動，治兵者議登陴，歎曰：「寇未至而勞民，奚益？」流涕上書，謂：「餉不知措，兵不知用，地不知屯，民不知卹，束於具文，畫界而保，將以聽寇之蹂躪乎？」大吏目謂妄，置勿問。乃旁皇痛飲狂號，聲徹衢路，行者皆駭避。北京之變，百官率紳士哭臨三日，齊賢亦從之。歸，復於里社私立木主，每日朝拜，伏地哭，題其楹曰：「臣身誓死，君仇必報。」家人勸以飯，進肉。怒曰：「此豈肉食時耶！」或以惡草進，亦澀喉若不可下。哭泣不時。或阻之，答曰：「君毋阻我，我淚盡當自止。」或曰：「頃御史大夫劉公至矣。」乃具白衣冠往，拂地坐，扼腕論事，聲淚與俱。聞安宗立，輒歎曰：「江左敬仲安在？」遂遁跡臯亭山下。後李自成敗九宫山，越年或告之，齊賢曰：「吾少時，期爲張代州，今乃不及吴門許秀才，吾死矣。」竟寢疾數日而死。

同邑諸生于大昭、于大曦、濮文周，山陰諸生姚萫子，於國亡後，亦憔悴死。

葉尚高，一名天章，字而立，永嘉人。諸生。浙東亡，不薙髮，故衣冠，陽狂，日荷一竿，上繫一鏡、一帶、一網巾行市中。每伺清知府出，大聲曰：「觀生冠履何如？」知府叱之，繫獄釋。永曆元年二月上丁釋奠日，尚高携水一盂、芹一束、祝文一，大哭孔子廟廷，文多痛詈降臣語。被撻，再下獄。五月四日，湯沐自經死。

同時陳繼新，一名士達，字澹持，錢塘人。諸生。任俠，從史可法軍。謁紹興，官通政。後浪遊江湖謀恢復，下獄免。居紹興，以醫自給。項子毗，坐義師事論死，家徙邊，幼子在襁褓，繼新以爲子。旋遊北京，故人有落魄者，必周贍之。晚歸嘉興，一日納石懷中，沈龍淵寺門潭中死，年七十。

林珽，字士棢，永嘉人。諸生。負文名。固欲死節，母止之，遂入深山。母死，不出户者三十年，爲淚海篇，歌咽不出聲。一日，衣冠，陳香案，自火其篇，危坐死。

楊毓奇，字洵平，瑞安人。諸生。起兵不果，與諸生陳國三入山，不薙髮。曾養性招之，不出，曰：「有顛毛行志耳。若畔，與禽獸何異？」二人皆以故衣冠死。

謝龍震，字雲生，會稽人。諸生。監國魯王時，以舌辨授中書舍人，命聯絡各鎮，尋遷職方主事。劉中藻頒詔至，廷臣議持首尾報，震龍廷叱中藻，以大義告之，王竟開詔，浙中奉正朔如故，擢郎中兼兵科給事中。江上潰，從扈舟山。間歸，與王善長立寨山中。兵不戢，團練兵執送。清巡撫訊之，則自稱「部院」。曰：「若兩榜乎？」曰：「曾見兩榜不屈者幾人？大明天下壞於兩榜。主上特用我輩以壓倒之。今雖就死，亦拚此頭顱爲諸公作法式耳。」叱之跪，不屈膝，踞坐慢罵。巡撫怒，令以尺木勒兩頤，深入寸許，使勿能有聲，血流被面，乃就刃。

邑人鍾皂隸，舊爲縣隸。永曆二年白頭兵起，從海上，齎黄斌卿檄往山寨聯絡。事露被執。田雄責之跪，不聽；撾兩膝，乃坐而向外。雄曰：「汝不過是一皂隸，敢大膽如此？」曰：「此何言！我是會稽守望，汝是虜國之小兵。論官職，爾當跪我！我是大明總兵，何弱於汝，安令我跪邪？」雄怒，痛撻之，曰：「我輕則斫，重則剮，法不當杖斃也。」令收獄中，曰：「獄中孤死，不如明正典刑也。」皂隸抵死不肯就獄，令力士舁入，數日檻送省。見巡撫，崛强如故，臠於市。

沈八，蕭山人。雇工。起義被執。張存仁問：「何爲？」曰：「中興。」縛出，存仁遠以一矢射之，八開胸受。曰：「汝不畏死耶？」乃以手足釘板。罵不絶，刃死。

商周胤，字天錫，會稽人。好學多才技，談兵擊劍，華堞尤重之。永曆元年，義師事敗，慷慨赴難，賦絶命詞死。妻胡，從死。

陸宇爊，字周明，鄞縣人。都御史世科子。諸生。好奇計。弘光元年六月，同董志寧等六人倡議，薦紳無一許者。沈吟良久，曰：「是惟錢肅樂可語。但彼以嘔血逾年，不應客，吾當排闥往見。」肅樂强起，急應曰：「諾，諾。弗敢辭。」宇爆曰：「決乎？」曰：「決矣！」遂不告於家以行。事稍集，而謝三賓致書王之仁，請殺六狂生。之仁顧與肅樂締盟，宇爆露章責三賓曰：「昔德祐之季，謝昌元贊趙孟傳誘殺袁進士以賣國，此執事之家風也。今幸總戎不爲孟傳，遂使執事不得收昌元效順之功，以是知賣國之智，亦不能保其萬全也。」三賓慚憤而已。監國魯王次紹興，授監紀同知；晋副使，仍監江上軍。時馬士英匿方國安軍，大書暴其十惡罪，乞梟首謝江左；王思任、莊元辰、黄宗羲皆助之，不報。嘆曰：「即此已不堪立國矣。」遽棄官歸。江上潰，爲馮京第、王翊募兵榆林，未幾皆敗，脱歸，則翊首懸城西門，謀之毛明山、江漢及鄞生沈質先篡取以歸，祀之密室。舟山陷，張肯堂孫以俘至，語弟宇爆計脱之。又於海上歸志寧喪，葬之。永曆十三年，張煌言以孤軍入江北，密爲飛書發使，喜形於色，事又敗。十六年，爲降卒所發，與全美閑逮至杭州。時宇爆已病，猶自用計脱，出獄門而卒。遺言：「諸子雖貧，毋得妄求仕進。」子經異，後竟以貧死。

弟宇爆，字春明。國安請以士英陪閣，議草檄逐之。紹興亡，偕宇爆力持苦節。煌言殁，設祭慟哭不波航中。家貧如洗，而凡同難諸孤，護之不遺餘力，時論高之。

兄宇熺，字初明，諸生。任都督府都司，隱。

美閑，字吾衛，同邑人。父大震，字二何，侍郎天叙子，歲貢。客北京施鳳來，工書法。

國亡不薙髮，焚死。美閑授兵部主事、監軍御史。浙東亡，結棄繻社，多忠義士。三賓曰：「此輩不復求死所耶！」後社友多死難。美閑不稍降節，貸居爲魯王治扉屨。晨炊絶，畫馬自給。既逮杭，曰：「我不可辱。」一夕卒。

陳琦，同邑人。官行人，死難。

毛聚奎，字象來，鄞縣人。貢生。慷直多節概。少與弟聚璧並有聲，稱「西皋雙鳳」。崇禎末，偕吴岳生、管道復、汪應詔、周維祚結社。弘光元年，與於六狂生之列，爲謝三賓所害，幸不死。行營將士爭求識六狂生者，聚奎曰：「狂者，不量力之謂也。量力，則愛身，愛身則君父亦不足言，若謝氏子者是矣。」尋參瓜里軍，授户部郎中，司餉。監國魯王航海，奔走山海，累遭名捕，幸遯而免，而家亦遂落。晚歲始歸。所著呑月子集，有方石銘，詞甚奇偉，不具録，録其輿人皂人丐人傳曰：

輿人者，南京武定橋人，不詳其姓氏。南京亡，夫婦同日縊死。吾友吴于蕃親見其事，爲弔之。皂人者，于姓，江陰人。南京之變，傳新縣令至，往執舊役，諦視良久，嘆曰：「此寡廉鮮恥者，吾不可以爲之役。」遂歸而縊。時新縣令者，湖州李某也。丐人者，姓氏與邑里俱未詳，聞北京亡，題詩養濟院，自縊死。

呑月子曰：「夫輿人、皂人、丐人也，汲汲赴義若此，可異也。噫！無異也。夫輿人、皂人、丐人，人之微者也，然而人也，人則義其性之者也。則亦有人而不輿人、皂人、丐人者乎？夫人而不輿人、皂人、丐人者多矣，不輿人、皂人、丐人而人者，吾未數數見也。余之爲三人者立傳也，擬曰輿公皂公丐公三先生傳。已而思之，今所謂公之、先生之者，皆其不輿人、皂人、丐人者，舉輿人、皂人、丐人而公之、先生之，是不以人目之也，故從而人之人之者，人之也；人之者，則於不輿人、皂人、丐人而不人之者也不異，固所以異之也。」

岳生，字于蕃；道復，字聖一；應詔，字伯徵，皆工詩，鄞人。未幾卒。

華夏，字吉甫，定海人。恩貢入太學，與王家勤齊名。初同師倪元璐、黄道周，已又同事劉宗周，歸築鶴山書院。夏通樂律，家勤精於禮，不與先儒苟同，浙東所稱「華王二子」者也。夏，一諸生而有范滂、陳東之風，浙東資其清議以爲月旦。

越中兵起，首與董志寧倡義，預於六狂生之目。謝三賓欲殺之，不得。監國魯王授兵部司務，累遷職方郎中，皆不受，請以白衣從軍。與陳潛夫出戰牛頭灣，礮彈從頭上過如雨，不少退。性素勁挺，即與錢肅樂議，亦不能盡合。江上潰，浙東士大夫猶惓惓故國，山寨四起，夏謂人心未去也。及肅樂航海入閩，連復二十餘城。閩告急，清浙中抽兵去，備稍虛，夏又謂此可乘之會，謀之急。永曆元年，始入舟山，乞師於黄斌卿，不應，憤而歸。未幾，慈谿有大俠以馮京第書往來海上，事洩，牽連捕夏入獄。家勤、董德欽悉力營救出之。

旋復見李長祥東山。長祥曰：「吾於紹興諸城俱有腹心，一鼓可集，但欲得斌卿師以張軍勢。」夏曰：「斌卿師，不足用也。」長祥以爲此間人以斌卿師爲望，可因其勢用之，强夏再入舟山。會京第亦在坐，力勸斌卿。斌卿曰：「我師弱，中土之助我者究得幾何？」夏慨然應曰：「布置已定，發不待時，何庸以寡助憂！將軍至蛟關，有范兆芷當以徐孚遠柴樓師會，可六百人；至鄞江，楊文琦當以王翊大蘭師會，可千人，家勤當以施邦炌管江師助，可三千人，張夢錫當以大皎師助，可四百人，而屠獻宸當以城中海道麾下陳天寵、仲謨二營之師爲内應，可千人；至茲谿，馮家楨當以子弟親兵會，可五百人；至餘姚，則長祥當已復紹興，遲於東山寨，除道以俟，而張煌言當以平岡師會，可三百人；渡曹江，章憲以僞山師會，可二千人；若急移小亹，合長祥軍西渡，蕭山尚有石仲芳寨，可千人。將軍以此衆，長驅入杭，百里之内，牛酒日至，何庸以孤助憂？」斌卿輒不爲信。夏益恨，激之怒。斌卿奮拳來擊，曰：「吾今聽子。倘諸軍爽約，則取子肝以餉軍。」然特强許之，而終無出師意。無已，廢然返。復令楊文琦往。京第等益勸斌卿，斌卿乃諾之。夏偕文琦、家勤等飛書發使，以爲功有緒也。而夏所貽大蘭帛書，又爲三賓賺取告變。清密調慈谿兵襲大蘭，定海兵犯管江，餘姚兵搗東山，三道兵皆潰，捕夏急得之。屆期，斌卿兵果入關抵三江口，諸軍無一至者，斌卿不敢進，亟引去。

清巡按令知府大陳刑具，究主司。夏慷慨曰："心腹腎腸肝膽，吾同謀也。"問帛書所載楊、王、屠、董諸名，言："皆不與。"再拷之，則大呼曰："高皇帝造謀，烈皇帝主兵，聖安皇帝司餉。其餘北京、南京殉節諸忠，范景文、史可法而下，皆同謀也。"知府三拷之，終不屈。夏在獄中鼓琴賦詩，自稱過宜居士。或叩之，曰："周公之過，不亦宜乎，何有於夏。"臨難，巡撫曰："非不欲活爾，奈國法何？"夏曰："成事則吾不汝置，事敗則汝不吾置，理也。"受刃時，忽有白光一縷沖天去。先數日，以次子懔咫託友林時躍，獲免。有謝寅生者，素與夏不往返。夏在獄，忽往詢之，曰："吾願以女許配公子。"子長，竟分田宅以成立之，蓋亦義士也。王還舟山，贈夏簡討。

時躍，字遐舉，鄞縣人，弘光元年貢生。授大理評事、直制誥御史。匿夏遺孤。時三賓誓殲諸人血胤，清邏四出，而時躍泰然也。逾十年遇赦，爲遺孤成婚復姓。煌言轉徙山海，函書往復，一歲數至，時躍爲之飛書發使。東寧訃至，哭三日；南屏訃，哭五日；緬訃，哭七日，遂入山隱居終。

邑人淩之驃，字馭和，諸生。與諸生張能信從夏起兵，見執，偕妻馮，大駡。父士宏，走舟山，後乞師日本。東錢湖樵者，失其姓名，不薙髮，作歌，沈水死。

王家勤，字卣一，鄞縣人。父雲龍，字鶴鳴，福建按察經歷。家勤，六狂生之一。弘光初，以選貢入太學，授大理評事。請救淮揚，忤馬、阮歸。南京亡，舉華夏等同倡義。監國魯王起故官。紹興亡，方使象山撫民變，一日定之。永曆元年，諸遺臣分界立寨，家勤主東南甄，踰姜山至管江。管江之豪施氏、杜氏破産募死士三千人，相與刺血誓師，約舟山水師入關，及諸山寨兵由陸路會寧波城下，是謂翻城之役。而諸道所集，莫如管江爲盛。已爲謝三賓所發。諜至，家勤謂耳目有異，率鄭、虞二將禽諜者，搜得其檄，斬之。襲大嵩，不克。清兵旋至，施、杜乃據險鬥，密遣死士衛家勤入海乞援，中道見執。時顧子者從行，亦被縛。三賓私授意，謂多引薦紳，可自免。家勤怒叱之，而顧子詐爲一紙，諸名下咸與列，由是衣冠之禍大作，家勤遭不白冤。夏從獄中驚詢之，悉其故。三賓又布言曰：「王卣一静默者，非若華子，必不可活。」清巡撫乃急移獄於省。家勤曰：「吾豈望覆巢之完卵哉！惟華、楊、施、杜爲不可負。」累訊，瞠目，遂與參將邵宗學、杜中、顧天耀同死。

兄家亮，字天棐，貢生。授監軍。弟家獻，字茂修；家纘，字石英，皆遺民。李蓓，字山顔，家勤弟子。同旋危難，隱山水。趙驥、周賡、陸崑、聞供、聞玠兄弟，皆恤家勤獄。

杜懋俊，字英侯；施邦炌，字仲茂；懋俊之仲父兆萜，字承芝，鄞縣人。世居管江，皆諸生。懋俊少喜言兵，中原不靖，海隅不逞不徒，乘間起，乃謀於兆萜，請以土團之法陳諸有司，遂部勒族人，分隊瞭野，擊柝行夜，閭黨爲之安堵。沿海諸村，皆效之。浙東陷，懋俊忽若病癇，歌哭不常。家人穴壁竊窺，則案無他物，惟黄淳耀臣事君以忠文一首，丹黄累累不絶。

邦炌父翰，字季鷹，萬曆三十五年武進士。萬安守備，四川都司，修成都城，遷雲南參將，威懷苗蠻，陞神機營都督僉事歸。崇禎十七年卒，年八十一。邦炌以廕應襲而不赴，國難作，乃悔曰：「吾非襲爵，無以號召人。」會錢肅樂起兵，即與鄭溱毁家輸餉。監國魯王許以左班换授部曹，未上而江上潰。永曆二年治兵，與於翻城之謀。聞金峨山中有賣炭趙翁者，諳兵法，親往致之，置軍中，奉以爲帥。懋俊聞而喜，爲集姜山之衆三千人，且約馮京第等軍爲應。

未及期三日，王家勤來奔，以事洩告。城中邏者踵至，邦炌即梟邏者首，與懋俊倉卒據山立寨，鳴鼓起事。有史奴，衝鋒莫當，連斬數十人。清兵退，復糾騎兵至，而急令家勤先入海，意謂城中雖有備，而黄斌卿師早晚必薄城，則勢未能分，故且部署軍士，爲入海計。城中兵果不出，而定海嘗得功預遣舟師扼海口，分軍直抵管江，家勤中途被執。

山寨頗阨塞，懋俊據險鬥三日夜，矢石雨集，夷傷殆盡。寨陷，猶以家丁力戰，頭目中矢如蝟，傷重，倚牆死，屍屹立不仆者數日，一門皆死。弟禄及杜二、李復皆死。邦炌自火其營，拔世遺佩刀自刎。兆菘被執，大罵，斫其首十二刀而後墜。趙翁、史奴跳免，後五六年間猶往來海上，尋亦死。

懋俊有子憲琦，陸宇爆撫如己出，以父死國難，縞素禁酒肉，有妻不取。宇爆以大義責之，始婚，旋卒。

屠獻宸，字天生；董德欽，字若思，鄞縣人。獻宸，兵部侍郎大山曾孫；德欽，兵部侍郎光宏孫，皆恩貢。南京亡，德欽痛哭，納衣巾文廟；獻宸西探杭州清消息。孫嘉績、熊汝霖兵起，參其軍，更自募一軍，屯瓜里龍王堂，授職方主事。德欽亦佐錢肅樂招軍輸餉，授監紀推官。

屠氏之居，大山故第也。清兵渡江後，奪其半爲署。有海道中營遊擊陳天寵、仲謨者，故史可法部。獻宸、德欽詗知二將有異，微説之。二將乃屏左右，言：「當閣部垂死，遺言屬我輩必無負國，心實勿忘，顧無所措力。今觀公等，非碌碌者，願勿疑，當效死力。」遂從衣領間出可法遺牒示之，且曰：「城下倘有警，吾等縛兵備道以應。」三人大喜，用少牢祀可法，盟於密室。與盟者：華夏、王家勤、楊文琦及陳、仲二將也。夏、家勤乃棄走山海諸道，合約大舉。德欽獨請任餉，先期斥賣家資以待。

方聚謀時，獻宸謂夏曰：「里中有外託氣節名而陰賊不可問者，宜慎之。」夏疏不甚防，已而果爲謝三賓所告。陳、仲二將猶秣馬待應，而諸道兵已盡爲清兵所截。事既洩，獻宸、德欽跳天台，三賓又力搆之，遂急逮下獄，與夏等同日死。魯王贈獻宸大理丞，德欽兵部侍郎。

獻宸子孝麟，字振趾，恩貢。從父赴難，兵潰死。

兄鼎忠，字禹銘，諸生。入家績軍，官鎮撫。獻宸死，杜門。從子孝穆，字世達，收獻宸屍，解所服青衿，與之言，則泫涕；孝程，字其武，女歸孫延齡，後連累，皆不試，抑抑死。

德欽父應雲，妻周，食節婦餼，寧波亡，戒德欽毋再受。德欽死，乃經。

兄德鏞，南京工部主事致仕。

李文纘，字昭武，鄞縣人。諸生。工詩、古文、詞，善畫。從錢肅樂起兵，監國魯王授車駕員外郎。永曆元年夏，由天台入舟山，將從王於閩。舟山諸同志者倚以中土之事，勸其歸，遂預於翻城之役。時華夏欲獨承是獄，故諸人有遜詞求免者，文纘顧倔强不撓。在獄，與楊文琦分賦雁字詩，彙成卷帙。尋清吏分繫諸人他所，獨留夏，文纘請身伴之。司獄者大駭，曰：「汝不畏死耶？」文纘笑曰：「白首同歸，何恨！」適倪元楷以蓄髮下獄，三人共一狴户，相與歌傳奇中木公不肯屈魔鬼曲，聲撼獄壁，聞者益駭。再被拷，終不屈，而夏力辨之，乃放歸。文纘曰：「過宜生我，過宜之義，我之慚也。雖然，我不求生，過宜自成其義耳。嗚呼！過宜何曾死，我虛生矣。」十三年，張煌言兵敗，微服走天台，文纘遇諸途，以死士衛之，煌言得復入林門。事去，乃遨遊四方以老。臨終，其子問遺言，取筆題曰：「衆人皆醒，非夫也。」瞋目而卒。

從弟文縉，字克佩，諸生。從瓜里軍。職方主事，卒。文燮，字元王，從江上軍，監紀同知。以督餉功，升副使，歸。

邑人紀曆祚，字永吉，推官五倫子。博學，去諸生。每年三月十九日，祭威宗。後投水死。

陳聚奎，獻球子，從軍死歷山。

史謀，參張名振軍，坎壈死。

陳峽，字璧園，參陽信王軍，入清爲諸生。皆文瓚邑人。

潘國緒，字慧公，海寧人。放佚好遊，不樂寄居。杭州陷，說魯王山中，與銜札，得管軍。好酒色，不得意於浙東，去蘇、嵩、嘉、湖聯山湖散卒，詭自曰戎政尚書。交黄得功部王升。海鹽戍卒故升部，國緒以升令之戍卒反正。事洩，清倉卒治。國緒曰：「吾亦欲從，毋後我。將盡以密吐。」卒反告。傳至，則大言曰：「事去，旦日百萬發，先失之，天也！」怒裂眥叱左右，清將色沮，爲解縛上坐。國緒竟索酒食，清將供億甚盛。復與將飲酒博，目無左右，曰：「分必死，死一人，不他及也。」將更進妓女以樂之。卒無一錢，欲出其黨姓名，終不得，割指血書帛決家人曰：「我丈夫，勢必死之，則千載之後，百隅之人亦知大明尚有人物。」談言亹亹。戊子正月廿四日，有劉師者泊海鹽海口。國緒曰：「此爲吾朝仇人。」遂將其執至湖道訊。至，不拜大坐，又自稱定西伯云，且曰：「某大臣也，焉自辱？」訊者曰：「主者安在？」乃曰：「朝中大臣。」屈指某某，皆降清之明臣。脅以刑法，以問其黨羽，則曰：「凡今爲清持戟戈者皆是。」終不出舉同謀者一人，遂遇害。

沈之泰，字魯瞻，餘姚人，尚書應文孫，弘光時恩貢。監國魯王授中書舍人。王在舟山，命常進功門子湯使聘與黄斌、曹得功、袁守仁、任進忠交通，并命使聘世父聖遞文報。一日，之泰朝王歸，賫有敕書，系分給任之英、葉副總兵，并有諸生鄒子實代傳餉票，事露被執。張杰、王天錫雅欲脱之，曰：「汝速自明汝必被禽至海者。」之泰曰：「非也，歸心大明是我一生學問所在，寧忍臨事而自晦哉！」杰終不欲致之死，叱曰：「汝舊家子，豈能閱歷波濤？汝還自明，幸事歸我，我不難寬汝。」之泰慷慨自承，終無乞寬語。在獄賦時，臨盡神氣暇適。妻吴家居，聞將收家屬，曰：「夫子死國，余死夫，不可以辱。」立自縊。

弟之益爲僧。

使聘被執拷掠，大駡曰：「十年前若非大明人乎，不食大明粟乎？若祖宗伴韃子寢生若父乎？」不屈死。邑人斌之英、張鳳雲及使聘父日新、僧心空也死於獄，餘皆被殺。

徐泰，字泰宇，好施與。江上潰，自經獲救，再經死。

婁文焕，字長明，象山人。諸生。聞舟山陷，正衣巾哭謝文廟、祖祠，徧詣親知訣别。家人環泣止之，不可，則兀立海濱沙上。俄傾，潮大至，浮之而去。家人爲具棺招魂。越數日，漁者見一屍隨潮蕩漾而來，視之即文焕也，顔色如生，舁歸殮之，莫不驚以爲神。

盛道禄，字在中，慈谿人。力田爲生。紹興亡，狂歌欲盡，將從監國魯王，不果。永曆二年，登樓扃户，日啖棗，以瓦缶承檐溜之。聞王薨，不食六日死。

俞文淵，字天池，於潛人。崇禎十六年進士，授興化知縣歸。杭州亡，起兵，會方國安復於潛。兵敗，合張實孚復平陽。再兵敗，入山。永曆元年回里，聲奉定王慈炯，號召山澤。事露亡命。五年冬，與叔姪兄弟九人死。初，慈炯當瑞昌王議瀝敗，就文淵於潛，已依陳砥流蘇州。五年四月，鄒延琦迎至嘗州西門外惲氏園，尋止宜興路邁家。事洩，爲土國寶執送北京。七年十一月，鄒延玠、俞子久、吴維修、楊逢辰、許煌、許旌祖、莊保生、錢邦韶、馬雲龍、陳闇、房七事連死。

砥流，武進人。

延琦，字欲伯，武進人。崇禎六年舉於鄉。

邁，字子就，宜興人。崇禎七年進士。歷諸暨知縣，儀制主事、文選郎中，親老乞養歸。清逮獄，得釋。

延玠，字介之，武進人。按察使嘉生子。崇禎十七年選貢。博通經史，好交遊。繫獄二年，得脱。會汪碩德事連，再入獄。妻吴，自有傳。

了久，海寧人。弘光元年貢生。遇遼王裔遵涑於徑山，大喜，迎至家，住四年。命子人淑入山送邑印。沈良已降，來視尊涑。子久詈之，被執；人俶亡命。

維修，字於嘗，太學生。逢辰，字國聞。煌，字含光，諸生。旌祖，字又嘉。皆海寧人。

保生，一名寶，字爾定，恒子。恩貢。監國魯王授兵部司務，遷中書舍人。

乇遠，字遠齊，秀水人。少披薙爲僧。紹興亡，與張天義、施鵬舉、鮑承恩、計布臣、汪受嘗、朱四、于慕橋、吴庸之、姚孟起、梁華南、朱鴻儀、易知、吴用賓、陸輔明、陸翊明、徐孚遠、馮京第、沈鍾成、陸二、紀君兆、僧體凡、新貴、陳四哥、符大雅、吕伯玉、俞小溪、王素公、姚漠冲、歸彦老、張三和子、顧公遠、姚凌雲等，往來舟山，通張名振，監國魯王授行人。永曆四年二月，盟行人韓公叙家，聯絡山海。六年正月，受嘗、朱四降，首其事於清，皆被執。十月死。

天義，官行人。

承恩，字雪波，本僧人，官行人。

布臣，官副總兵。

庸之，官職方主事，留舟山未歸。

華南，字集爰；鴻儀，字滂溪，皆海寧人。
鍾成，海鹽人。
體凡，嘉興人。

魏耕，本名璧，字楚白，慈谿人。少失業，學爲衣工於歸安，然能讀書。富人淩祥宇奇之，贅爲壻，因補歸安諸生。性豪俠，負大志，所交皆當世奇士。南京亡，與湖州義兵。事敗，亡命江湖。已與錢纘曾閉户爲詩，初學漢、魏，後學李、白，皆登其堂奥，陳三島尤心契之。東遊會稽，與張宗觀、朱士稚稱莫逆，因以交祁理孫、班孫兄弟，得盡讀淡生堂藏書，詩益工。然諸子有四方志，皆工詩而非所好。耕於酒色有奇癖，非酒不甘，非妓不寢。理孫兄弟竭力奉之，每至，輒命酒呼妓，召宗觀、士稚左右之。耕嘗遣死士致書鄭成功，謂海道甚易，南風三日可直抵京口。永曆十三年，成功如其言，幾復南京，已而敗退。張煌言將入巢湖，耕復走告曰：「巢湖入冬水涸，不可駐軍。英、霍諸營多耕舊識，請説之使迎公。」計復不就，然事頗洩，邏者益急，錢纘曾以兼金賄吏得解。十五年，江陰孔孟文者，字元章，官副總兵，從成功軍中來，有所求於纘曾。不厭，怨之，走温州，得海中及内地倡義者出入徑途。造册陳明儲藏要害，并以耕蠟書首之，且曰：「歸安，耕婦家；梅墅，則耕死友所嘯聚。

梅墅者，祁氏所居也。」時耕適館梅墅，遂並祁氏兄弟被執至杭州。明年二月，耕與祥宇、纘曾、潘龍基、朱子巍大罵不屈，磔死。妻凌、子㟧，經死；嶠，戍尚陽堡。仁和孫治、顧豹文，錢塘項溶，爲之營葬。理孫以計免。錢价人、朱錫如與晟舍閔氏兄弟以藏纘曾死。班孫、楊春華、李達以藏纘曾子，遣戍寧古塔。

纘曾，字允武，歸安人。諸生。家饒於資。

龍基，字廷聰，烏程人。歲貢。

子巍，烏程人。武生。

价人，字瞻百，歸安人。父元慤，字孺愿，天啟五年進士。兵部主事，劾魏忠賢，改文選。歷郎中、太僕少卿，致仕。國亡，隱居卒。价人工文詞，立孚社。弟虞仲、方叔、丹季，坐戍。

錫如，字宗黄，烏程人。大學士國楨孫，諸生，任中書舍人。

春華，一名遷，字友聲，會稽人。父蕃，弘光時官副總兵。春華，諸生，屢謀起兵不克。在戍所，嘗贖入官爲奴者：蘇州書賈朱方初，及沐忠顯、忠禎，皆廩之；又贖朱大典孫婦，河南李天然、李希聲夫婦。後孟文亦以戍至，一夕誅之，復父仇。

達，字兼汝，蕭山人。

同時衣工羅積生，慈谿人。北京凶問，不食七日不死。人勸之，乃慨然曰：「國家之大，遺澤之深，人才之衆，無一人奮袂者乎？吾姑待之。」然常懷利翦防萬一。魯王監國，從軍江上，以身爲前鋒，累功授遊擊。琅江敗歸，仍爲故業，髮毿毿不改。一夕，出而不返。跡之，則已經嵩浦，自書粉字屍旁，曰：「大明衣工羅某死此。」

南明史卷一百七

列傳第八十三

無錫錢海岳撰

忠義七

台　黄一淵　許元會　王音　子京　沈奇勳等　梁曒　何琛等　李田等　謝鑛　沈如懋　李世輔
王昌言　龍孔蒸　弟孔然　洪業嘉　歐陽鎮等　李有斐　劉湛　龔國瑄等　王尚行　張弘抱　吳之
瑜　彭鄙　黄燦然　殷尚聲等　盧聲先　江起龍　舒心忠等　楊惕知　謝士鏞等　蘇良楨等　呂應相
孟鳳竹　唐鍾祚　劉履吉　李壽椿等　周士元　吳廷憲　廖標　王奕昌　子孫蘭　王承憲　弟承
項等　王家祥等　司慎　向六等　徐高遷　陳大經　阮呈鳳等　陳爰謀　李光芳　王鳴鳳　高其勳　何
宗鳳　李開芳　邵元齡　伍傑　單國祚等　任士茂等　楊煥祚　蘇時譽　楊羽揚　胡其高等　張所知
方元祖等　段伯炌　李師泌　馮世寵　王士傑　段見錦等　陳誨等　高拱極等　李國材等　陳子宸等
高桂芳　程文俊等　高仕潔等　俞聯魁　兄聯輝　李在恭　王金聲等　解士英　黎雍熙等　許起鳳
陳九蛟等　楊元祐　朱荃　趙富等　黄祚承　葉孝

吳錫玉，字輯五，歙縣人。官南康通判。崇禎十七年秋，柯賊掠南康，錫玉手鐵鞭，率壯丁數百人禦之。賊隔水據岡爲陣，錫玉發一矢中賊渠，賊拔嗅之，曰：「未傅毒。」下岡返攻。錫玉躍馬獨出，鞭殺數賊。已賊大至，遂遇害。戊寅四月，贈僉事。

黄克善，合肥人。崇禎十年武進士，湖東守備。十七年七月，閻羅宋三劫龜茲，官兵合勦，斬獲獨多，馬蹶被執。將死，捋其鬚曰：「勿令血染我鬚也。」賊壯之。

陳桂楝，鄰水人。天啟四年舉於鄉。內黃知縣、徐州知州，寇至力守，升臨洮知府，命甫下而北京亡。寇攻，城守武弁內應，巷戰死。

賈東才，字林泉，曲沃人。長沙標官，餉辰州，以拒守功，官守備。十七年，戰歿。吴城子嵩，先執死。

戴紳，字書思，大同人。天啟七年武舉，康山守備。寇至迎拒，軍需缺，救不至，浹旬不支，曰：「得死所矣！」奮身衝鋒死。女欽姑殉。

袁斌，鄞縣人。江西參將。奉新寇至，力戰死。

李蕙春，雩都人。諸生。工射擊。十七年十月，拒閻王總，戰死。

張甲，不知何許人。守備。寇至童子渡，戰死。林一柱爲建祠。

邢仕礪，字帶甫，高淳人。廪生。南康主簿。隆武二年，與子振慈同死。

周憲，羅田人。歲貢。授金谿知縣，歷大理知府，判決如流，以明敏稱。轉江西副使。

弘光元年六月，左夢庚自銅陵還，至九江，招降不從，大罵死。

郭之麟，字瑞吾，威遠人。拔貢。歷真寧知縣，有城守功，遷九江監紀同知。不從畔，死。

先，夢庚反，引兵東下，一時死難者：

胡繼昌，字日俞，漢陽人。萬曆四十三年舉於鄉。力拒死。

李謐，南昌人，官黄州通判，與子維員、維寶死。

鄒胤孝，字恭甫，臨川人。天啟七年舉於鄉，官蘄水教諭。知縣孔某降，衣冠大罵死。

余士瑺，字鉅平，漢陽人。崇禎十年進士，授九江推官。入左營大罵，斷臂死。

彭永春，武陵人。官九江經歷。弘光二年四月四日，左兵突入城。永春曰：「我官雖卑，然食朝廷禄，不可不死。」命僕舉火焚其廨，大書於壁曰：「九江經歷彭永春死節處。」具衣冠，率子女六人，赴火死。

郭民勵，字不息，崇義人。歲貢。德化訓導。不屈死。

董四明，九江衛人。世襲百户，以勇升都司。事急，命妻史、妾姚及二子投池，登城射數人，自刎死。

同衛徐可行，字三山，世襲指揮僉事。聞四明死，大呼曰：「我武臣亦有人哉！」入告其母汪，汪曰：「我家何不彼若也！」即投於井。妻鄒、子婦陳繼之。可行於屏間大書曰：「世受國恩，闔門殉節。」投筆北拜，自縊望京門城樓。

傅弘祖，字謙宇，九江德化人。拔貢。福州通判致仕。不屈死，年八十。

邑人諸生李獨明，字五先；柳清，字師伯，與諸生隋周士、艾學詩，赴府學泮池死。

夏象乾，字元長，拒死。妻女亦死。

孫光前，字明軒，水死。

李全昌，字文華，依母殯不忍離，經死。妻孫，井死。

柳鴻，字漸子，負母不舍，冒刃死。

布衣孫大華，見左兵肆掠，憤殺一兵。其衆露刃而譟，袁繼咸不得已，命究殺兵者。市人大譁，大華慨然曰：「殺身以安衆，我何惜一死。」挺身出，曰：「殺兵者我也，與衆何預！」斬以徇，一城得解。

馬驄，星子人。廩生。兵至，格死。父宗伊，與驄妻傅，磔死。

成啟，字伯佑，上元人。歲貢。湖口主簿。城陷，公服端坐堂皇，叱曰：「國家養汝，將以靖亂，反爲逆耶？」兵索金，復叱曰：「吾寒官也，何金可索？」遂遇害。

王國輔，字弼卿，湖口人。以將才官廉東都司，未赴。拒死。

程九萬，字翼雲，蘄水人。恩貢。東流知縣，擢延平推官、興安知州，皆未赴。投水死。妻汪，弟九鼎、九現夫婦，從死。

賈域，歲貢。東流教諭；于國顯，東流訓導，一門死，里居不詳。

王家鐸，東流人。選貢。福寧同知歸；邑人章美煥，崇禎十五年舉於鄉，同死。

石思琳，字中潤，宿嵩人。貢生。爲鄭三俊所重。拒敵死。邑人張瓚、楊士奇，救父死。瓚妻劉，大罵死。

何文升，建德人。廩生。力拒死。

汪必進、劉長二，望江人，陣死。

王治心，字清源，忻州人。萬曆四十三年舉於鄉。武城知縣，不建魏忠賢祠，降階州學正，歷會寧知縣、大名通判、安慶同知。坐堂皇，責左兵曰：「爾何作逆？我清官王某，恨不殲爾輩！」死。

柳鳴鳳，鳳陽人。安慶訓導，經明倫堂死。兄鳴鳳，貢生，徽州訓導，不仕。

王東日，會稽人。守備，戰死。

朱兆祥，字鳳儀，懷寧人。舉於鄉。歷湖口知縣，鄭州知州歸。北拜，撞石死。邑人孟振邦，字維新，浙江都司、參將歸，罵寇死。

金應臚，遊擊，與子廷重、廷琛、廷瑄，孫士毅，巷戰死。

方都韓，字大方，選貢，代父死。妻吳從死。

張麟祖，歲貢。投水死。

蔣奕芝，字鍾韓，諸生。阮之釬，字韜甫。諸生。張應奎，字聚明。黄淡，字元味。諸生。與兄諸生中道、中德。格死。

諸生何霖，方應旗，王廷綬，周甲與妻何，戴宗燦與毌劉，陳尚炳與妻何，劉若禹與妻吳；韋文煒與妻吳，陳自懷與妻程，楊壇與母王，周家聘與妻何，或水死，或經死。

蔡復元妻蔡死，復元憤死。

胡士恂，潛山人。諸生。與妻張，駡死。子諸生再寅、紹虞，不食死。紹虞妻蔣，經死。

葉道美，字起宗，貴池人。應程世昌募，自池州守備升遊擊。城陷，力戰執，不屈死。

邑人王用憲，諸生，與母同死。

孫光裕，字益卿，桐城人。太學生，文華殿中書；邑人馬懋贊，字子翼，廩生，與兄懋修、爾恪；及諸生龍篤卿，駡賊死。

胡鯤化，字鵬南，鹿邑人。崇禎三年舉於鄉，銅陵知縣。胡國縉，字敬峯，餘姚人。銅陵典史。張緯，字象坤，安東人。歲貢。銅陵訓導。城陷，駡賊死。緯僕文鯨、文豹，從死。

蔡可獻，字素先，銅陵人。貢生。休寧訓導歸。與子啟、元兄弟同死。

邑人王國軫，保鄉里，戰死。妻佘，駡死。

孫自綸，青陽人。諸生。執，烙死。

徐永泰，字爾舒，南安人。崇禎九年武舉，累官守備。十五年，山寇斗栳反，永泰選驍卒自隨，單騎直入，禽其魁，餘黨悉解。遷九江遊擊。弘光時，擢鎮江參將、副總兵，擊高傑畔兵於江，奮力疾戰，不避矢石，卒殞於陣，贈都督同知，謚武靖。

夏斗光，字燦霄，廬江人。尚忠子。世襲百户。海寇劉六掠沿海，調揚州參將。崇禎十七年十月，與子元勳入海攻寇，風作，死戰，皆溺死。

許心亮，臨淮人，以孝稱。崇禎十七年，劉良佐畔兵執，問官軍虚實，不答。怒縛戢耳，大駡死。

邑人海珠，準提閣僧，負膽畧。良佐圍城月許，衆議上疏言狀，海珠縫疏衣帶間縋城出。疏上，帝命史可法諭良佐止攻，民得保全。因病死，年二十二。

石璘，潁上人。諸生。崇禎十七年夏，屠師賢兵畔掠城。與邑諸生石珣、葉影、葉彩、馬慎生、湯洹、葛挺生、朱良弼、王五美、邢之俊，倡率千人攻之，敗死，世稱「十義士」。

李應元，字貞元，睢州人。諸生。許定國兵掠寧陵，爲陳利害去。一夕，突入城，典史疑與定國通，與隸李崇典，皆被殺。

趙景和，字萬育，錢塘人。天啟七年舉於鄉。授嘉興教諭，累遷瀘州知州。安宗立，調廣德。帝幸蕪湖，馬士英挾太后道州，縱兵殺掠，諭出金犒師。景和裂檄怒，下令有不奉詔而南逸者，毋許入。士英在城下請見，誘以甘言，叱曰：「汝國家元臣，不思報恩，釀成禍敗，國家何負汝而如是耶？汝云護駕，駕今安在？不護帝而護太后，人傳若母，誰不知耶？速去，吾劍鋒恥飲爾賊臣血。」士英大恚，令子鑾攻之。民心雄固，城壞隨修。後力不支，遂陷。景和坐堂皇，士英入，不迎。士英曰：「爾小吏，敢抗我耶？」景和曰：「爾蠻獠，非人類，今日爲國死，然恨不死外難而死奸相耳！」士英殺之。妾秦，投井以殉。

劉景堯，字定一，紹興山陰人。世襲三江指揮。弘光元年，爲寇所執，欲以爲導，不應，射死。

戴震，字靜夫，馬平人。舉於鄉，嘗山知縣。寇陷城，執死。

丘雋，字慎夫，寧化人。崇禎四年武進士。泉州守備致仕。田仰潰兵至鄉，人誤爲寇，推雋爲帥拒之。兵未交而衆潰，與武舉吴維城、諸生丘浙、武生丘沐同死。諸生丘澍妻謝陵娘，中刃，經死。

時福建先後死寇難者：

彭機三，崇安人。崇禎十七年山寇起，結丁壯破之嵩沈坑，殲其渠，機三亦戰死。妻賴，經死。

馬乾，長汀人。隆武元年寇起，與妻黄，拒死。

邑人馬汝榜，字元冲，諸生。隆武元年秋，拒寇四保死。知府汪甲，同知沈夢鯨，通判恩縣李應午、海寧史宗彝，知縣高甲，各贈額旌之。

陳梓，字可材，丹徒人，歸化主簿。隆武元年八月，鍾淩秀犯石珩，梓督揭三龍以民兵敗之。三龍至黄陂中伏，與梓兵百人、家僕十人，皆力戰死。三龍，字叔霖，歸化人，諸生。

饒世淳，字景熙，光澤人。諸生。隆武二年，江西寇起，杉關守將遁，長驅薄城下。知縣謝中之率鄉兵數百拒之馬鞍亭，世淳死戰被執。邑城陷，世淳曰：「秀才才跪爾寇耶？」遂死，年二十三。

曹茂吾，寧化人。蕭聲、陳丹掠東坑，以衆拒江頭嶺，力戰死。

項人龍，連城人。太學生。潮州推官，未赴。永曆二年，楊齊雲掠河源里，父母拒寇陷於池，人龍與子選救之，並溺死。

郭輔畿，字咨曙，大埔人。崇禎十五年舉於鄉，與黎遂球齊名。父儼，萬曆三十六年舉於鄉，傾家團兵討寇。弘光時，應楊球調，中道死於仇家。紹宗立，輔畿請從戎雪恥，乞以都司僉書郭玉昇爲主，潮之六營爲輔，自招鄉兵爲導。旨奬其孝義，將授官。會汀州變，不果。李城棟反正，吴六奇附之。輔畿忤其部將，遇害。

張朝鼎，字光宸，開平人。諸生。議析恩平，以新興、新會二縣地益之開平縣。與舉人張鉅麟、之崑亡，爲盜所刺死。贈太嘗協律郎。鉅麟後仕清。

章希熊，涇縣人。潮州經歷。寇起，死。

賴心台，揭陽人。寇執挾攻金甌寨，誘之開門，大呼寇至，斷手足死，寨賴保全。

黄一淵，字積水，上浦人。選貢。任俠。寇起死。

許元會，程鄉人。韋處溝鄉總。先於崇禎十七年十月林尾之亂戰死。

王音，字爾貞，武進人。崇禎十六年武進士，碣石都司。海寇至，火器擊之，多火死。擢海南、樂安參將。永曆元年，剿黎酋，兵少陷重圍，射數賊死。

子京，字龍超，諸生。嘔血死。

廣東先後死寇者：

沈奇勳，蕭山人。父鎮華，乳源知縣，廣東亡，不食死。奇勳，崇禎十三年武進士，歷韶州守備、惠州遊擊。十七年十一月，虔、漳寇圍城，以三百人突其營，斬獲多。寇走追之。

復合重兵，圍七日，援絶粟盡，單騎奮攻，創重死。贈驃騎將軍。子麟孫，任百户。

梁暾，字宅羲，順德人。崇禎六年舉於鄉，興寧教諭。陳丹、陳周數萬人至，出奉招兵力守。寇屢至屢卻，遷户部司務。後死於寇。丹執，周撫，爲人所殺。

何琛，字文江，順德人。有武畧。官守備，平郭天生亂。隆武二年六月拒寇，舟火，與從子萬顯死。

李田，字見龍，忠誠興國人。歲貢。泰安教諭，遷東安知縣，有撫循勞。遷長樂，平宋銑牙，斬陳德、魏牯六。隆武二年十一月，爲李士璉所執，書絶命詞死。子淑，選貢。延平推官。

謝鑛，字均六，陽江人。崇禎十五年舉於鄉。寇至死。

沈如懋，蕭山人。崇禎十年武進士，白鴿守備。死於寇。

李世輔，字左宜，寧化人。天啟七年、崇禎六年兩中副貢，博學能文。授銅仁知縣。苗夷時出剽掠，訓練追捕，農民復業。遷昆陽知州。州城自夷難後，册籍毁於火，遂釐剔隱占，免故丁，豁虚糧，民困復甦。擢南雄同知。隆武二年，故相何吾騶赴召，道出南雄，問世輔曰：「公閩人也，閩遂贊中興乎？」世輔曰：「可。敵兵雖勁，遠則遼左、燕、齊之人，近則左夢庚、劉澤清之降卒耳，何遽不相勝乎？」何吾騶曰：「然則東晉、南宋乎？」曰：「未也。東晉自永嘉後，諸胡相呑，百年未定，故王、謝乘其閒暇，修安和寬簡之政，亦卒不能與劉、石爭長。南宋有趙、張諸相，韓、岳諸將，彌縫補苴，故金人屈就和議。今清據有中原，耿耿志在江南耳，而我跼蹐閩中，駕馭不遠，欲爲晉、宋，豈易言哉！」何吾騶曰：「然則駐贛州乎？」曰：「是其次也。漢高不拒武關，終難滅項；太祖不戰鄱湖，豈能驅元？以備、亮之才，退保益州，不能越祁山寸武，況以八閩乎？」何吾騶曰：「魯逼近金、衢，將無梗乎？」曰：「是乃所爲中興之藉也。恨岷、蜀諸王不悉倡義西北耳。凡兵勢有分合，彼合則亦利合，彼分則亦利分。今清以合力陷山、陝，而以分兵陷江南，使諸王人自爲戰，疆自爲守，即令爲竇融，爲錢鏐，亦僅爲聖主驅除耳。漢追楚至固陵，信、越之兵不至，張良曰：『君王能與共天下，可立致也。』於是捐齊、楚予兩人。既併天下，而兩人之地終歸於漢。今舉朝不患外寇而欲服屬魯王，是所謂倒持也。」又曰：「相國入朝，兩勳忮愎，其可協乎？苞苴將，其可汰乎？宿衛兵不滿萬，兩關兵不滿三萬，建寧、汀、邵罅可縫乎？能使天子擐甲胄，鏟平世文貌，行草昧開創事乎？寇、賈、岳、韓，相國意誰屬乎？即大駕駐虔，胸背單危，一萬元吉可支天乎？楚督招降之卒，可出湖迎駕乎？蜀、黔、滇、廣，苗、狼之兵可調集乎？」吾騶無以答，第曰：「人才無如君者，比覲天子，當召君以匡吾不逮也。」及陛見，所引薦二十人，皆故吏姻婭，無世輔名。是年夏，奉檄監軍五千出梅關迎駕。聞贛州警，乃率所統趨援。以策干元吉，不見用，遂辭去。旋晉鎮遠知府。行抵靈山，而汀州變聞，將詣肇慶行在。永曆元年四月，土寇猝發，遂及於難。

王昌言，字如綸，定安人。尚書弘誨孫，思明知府汝鯤子。以太學生任屯田主事，未赴。崇禎十七年，北京變，瓊州畔酋馬蹬根結林沖霄、黄敬純謀陷定安以窺郡。昌元居龍梅，破家糾士以拒，賊不敢犯。永曆三年六月，賊以數萬衆出，昌元督死士陷陣，多斬獲。及參將張遇伏潰，昌元單騎手刃數十人，毒矢雨注，不支死，一軍俱殁。九月，定安陷，妻陳死。昌言在鄉設義學，振饑貧，以有德稱。

龍孔蒸，字季霞，湘鄉人。崇禎十五年舉於鄉。張獻忠檄至，携瓢酒登絶壁，悲嘯竟日。永曆元年，潰兵掠城，以衛母死。

弟孔然，字簡卿，隆武二年舉於鄉，杜門。洪承疇欲招之，不就。卒年九十二。

邑人洪業嘉，字伯修，諸生。稱名宿。亦死潰兵。

歐陽鎮，字山公，崇禎十五年舉於鄉。雄於文。太僕少卿。子淑，字予私，工詩。永曆二年春死於兵。

時湖湘先後死寇者：

李有斐，字非文，善化人。孝友，負文名。崇禎十七年左良玉兵至，負母入山，執死。

劉湛，鎮遠人，選貢，寧鄉知縣。寇至請兵，戰死。

龔國瑄，天柱人。歲貢。茶陵訓導。寇至，與子宏盛，經死。

王尚行，字孟遲，烏程人。萬曆四十三年舉於鄉，嘗德知府。拒寇被執，大罵死。

張弘抱，雲南廣西府人。選貢。餘慶知縣，歷思恩、思南知府，辰沅副使。崇禎十七年冬，寇至死。

吴之瑜，涇縣人。辰州通判，死。

彭鄗，字孟英，廬陵人。諸生。何騰蛟薦監紀推官，命招仡佬兵，諭以大義，皆爲用。會有脅以兵者，仡佬以爲誑己，殺之。

黄燦然，字象奎，博白人。萬曆四十三年舉於鄉。大昌知縣歸。過安仁，李高、李禄寇起，執死。

殷尚聲，字黄鍾，揚州通州人。諸生，桂陽判官。寇至，與子國鼒，字全叔，男婦六人同死。

盧聲先，興隆人。歲貢。桂陽學正。衣冠死。女金姑，井死。

江起鼇，婺源人。福建都司署寧遠知縣。寇至死。

舒心忠，字若訥，邵陽人。歲貢。父有翼，字慎吾，甲午舉於鄉。泉州同知，兩浙運同歸。永曆二年，父子兵死。父年九十一。

楊愓知，字貽白，鬱林人。萬曆四十三年舉於鄉。授威縣知縣，歷刑部員外郎、郎中，出爲南陽知府，致仕。北變聞，撫膺痛哭。安宗立，赴南京，行及廣州而北狩信至，乃歸。時山寇謝正奇亂，愓知謀於有司，將誅之。永曆元年，事露，正奇圍城。城陷，愓知死。一子甫三歲，愓知顧乳母周、侍婢楊託之，并付產券。後十年，二人將託孤子與券歸其家。

謝士鏞、廖應，皆不知何許人。賓州知州。崇禎十七年，爲土人李魁所害。

蘇良楨，武緣人。歲貢。賓州衛經歷致仕。十七年冬寇起，與弟寶坻丞良輔、上林丞良臣，及駱士昇，戰死。

呂應相，泰寧人。蒼梧丞。是冬，寇起死。

孟鳳竹，字在吾，會稽人。白霞巡簡。寇起死。

唐鍾祚，平樂人。團練仙迴。永曆元年三月，起兵拒寇，被執，與妻孫、妾馬及二僕死。

劉履吉，宣化人。崇禎九年舉於鄉。永曆二年九月，陳曾禹攻城死。

李壽椿，永淳人。崇禎九年舉於鄉。永曆四年，與副貢黎逢熙，死李亞之難。

周士元，富川人。廩生。永曆初輸餉，累官富賀監軍僉事。李赤心兵不戢，率子煜岐以鄉兵拒戰死。

吴廷憲，思恩人。歲貢。尚氣節。歷惠州、荆州教授歸。遇寇死。

廖標，字君如，岑溪人。崇禎十五年舉於鄉。孝行。永曆六年爲宋國相所害。

王奕昌，字德符，嘗熟人。以太學生授江西布政理問，遷高安知縣，以敦敏稱。移廣西都司斷事，署武宣、陽朔知縣，綏鳩民，翦鯨寇，招狼目，所至大治。靖江王亨嘉久蓄異志，奕昌不爲之屈，刺狀告瞿式耜爲備。亨嘉畔，執瞿式耜，間使饋鮭菜。得曹道人衣帶手筆，星夜促東將吏進兵，亨嘉乃敗。及式耜留守桂林，以桂林同知守柳。清兵二道入，李明忠據潯畔，柳州副使、知府遁，奕昌獨城守。明忠劫降書至，縛之械送桂林，而誓死以待。奕昌故所招武宣狼目廖文登截劫清舟沈之，會陳邦傅至，事乃定。清再攻桂林敗，陽朔、平樂思內附。式耜訊諜知狀，問：「欲遣使諭順可乎？」諜曰：「王公來，即款耳。」遂以奕昌爲陽朔監軍僉事，單騎赴，陽朔人環拜馬首。焦璉兵至，一鼓下平樂。安插甫定，歷撫修仁、荔浦、永安、恭城，廣西全定。永曆二年，升廣西右參議，督理糧儲。三年，滇、黔、楚、蜀兵數十萬飢寒失伍，捲甲入桂，奕昌星馳露宿，躬自輓運。乘小舟過龍門，滇兵追掠，抱印抗詞申諭，而槍已洞脅，六月朔死。贈太僕卿。

子孫蘭，字芳谷，拔貢。瀝血疏請，誅仇亡歸。

王承憲，楚雄人。世襲衛指揮。挽强弓善左右射。崇禎十五年武舉，授遊擊。吾必奎反，其黨高科、吾定國陷定遠、武定、禄豐，吾世安破楚雄。楊畏知以迤西兵討賊，承憲爲先驅，屢捷，復楚雄。功未上而沙定洲反，楚雄城卑小，樓櫓壞，器械朽，承憲綜理備設。賊至接鬥，大破之。賊相顧謂：「勇不可當，獨王將軍耳。」三月，賊知不可拔，乃西圍大理、蒙化。隆武二年春，還攻楚雄。承憲與土官那篇更番出鬥，屢勝。賊日多，長圍濠三疊環城。承憲及弟承頊乘城曰：「賊不破城不休，我不盡殺賊不返。」起，腰弓矢佩劍、衣重甲兜牟，大呼突陣，出貫賊壘，賊大驚。承憲矢不虚發，發必應弦死。近則揮刃，手刃賊百十，賊輒辟易。尾而攢射，已而潰圍入。矢盡，顧從騎取矢。方反顧，流矢中要害死。賊褫其甲，沾濡血肉糾結不解也。承頊馳扈兄不及，戰死於陣。畏知泣曰：「天不欲殺盡此賊耶？何先斷我二臂也。」

邑人廩生王家祥，與弟宗祥、之義、之道、之路，一門二十九人投水死。

當沙定洲之反，雲南死事者：

司愼，昆明人。沐天波參隨。定洲假詞入天波府，解衣露甲，抽佩刀排闥。愼力拒，被刃斷胸死。

邑人向六、馬三，約死士十人，書「報國」字爲號，圖賊不克死。

徐高遷，天波將，糾衆入援，一門火死。

陳大經，字爾至，兩中武舉，爲天波贊畫。天波出走，叩馬曰：「尚有日月營在，殺賊不勝，行未晚。」奸人于錫朋陰爲定洲地，目攝天波，天波疑大經，刃殺之。

阮呈鳳，天波參隨。與子綱，獨銀爲招兵費。天波亦以爲間，併殺之。

陳爰謀，萬曆四十年舉於鄉。歷汝州知州、刑部郎中、太平知府致仕。逼降，不屈死。

李先芳，諸生。與母李、妻弟，斫死。

王鳴鳳，白井人。以莊人起義，力戰死。

高其勳，字懋功，馬龍人。襲所千户，以武舉爲天波中軍。必奎之亂，累功擢武定參將。定洲來犯，固守月餘。城陷，衣冠服毒死。

何宗鳳，字翎伯，曲靖衛人。世襲指揮僉事，天波中軍。同其勳、李蓋臣守武定。被執，罵賊死。

同時富民陷，李開芳，與妻張，經死。

陸涼陷，指揮使邵元齡，靈璧人，罵賊死。

伍傑，尋甸人。年十四，起兵討賊死。

通海陷，典史單國祚，會稽人。握印坐堂上罵賊，被殺，印猶在握。縣人葬之諸葛山下。

邑人趙發祥，有勇略，力禦見執死。

臨安陷，彭澤知縣任士茂，崇禎十二年舉於鄉，脅附，不屈死。民曾有坤，自焚死。

大安陷，楊煥祚，與妻陽，刃死。

趙州陷，參將蘇時譽，城守死。

石屏陷，諸生楊羽揚，不屈死。

蒙化陷，胡其高、周于德，刎死。

雲南陷，訓導張所知字誠我，安寧人，歲貢。知縣遁，獨留不去死。

雲龍陷，知州方元祖，江浦人。大關通判，死。子天憲，泣血死。

先是，必奎畔，霑益陷，段伯炌字時盛，力拒死。

姚州陷，武生李師泌，奉畏知命以守備監軍，被執支解死。

湄潭陷，歲貢馮世寵，字伯臣，博學，負介節，痛哭不食死。

王士傑，雲南人。官太和縣丞，遷浪穹知縣，未行。太和爲大理附郭縣。沙定洲圍城，士傑竭力守禦。城陷，死於城上。

同時死者：

文臣則大理教授段見錦；經歷雲南揚明盛，拒守不支，及子一甲；與司獄魏崇治，經死。而故大理同知鐵嶺歲貢蕭時顯，解任晋寧知州，以道阻寄寓，聞楚雄、大理鼎沸，首倡守，日以忠義勸人，後朝服自經。

武臣則守備陳誨，殺賊力竭死。大理指揮陳楨，巷戰，手馘數賊死。瀾滄指揮永昌李君植，領軍赴援，力戰死。大理千户關維翰，分守城西北隅，及子大中，力殺賊數人死，刀猶在手。楊淇，被執，嚙指血書几日：「吾雖死，不從賊。」繫至會城死。楊昌胤、王象乾、鮑洪協守，並一門自焚死。右衛百户高佳胤，字順符，與指揮胡安國、百户黄恩，率家丁防上關，巷戰死。

士民則舉人高拱極，投池死。楊士俊，闔門火死。諸生尹夢祺、夢符、馮大成，倡義助守，駡賊死。楊瑚，作歌駡賊死。張景仲，死學宫；妻女三人，井死。李褒，不食七日死。

宋應奎、馬斯龍、張相業，衣冠死學宫。王凝，衣冠罵賊，與陳捷，楊應祖，尹亮工，胡康及妻邵，尹宏載及妻洪，罵賊死。楊憲與妻陽，媳艾，女奇璐、奇璵，孫女順貞、習貞，一門經死。楊懋，既死復甦；，妻火死。楊毓華、時華、振華，與毓華妻李、時華妻沈、振華從母陽、子亨歌、孫女二，一門火死。李嗣淳，水死。市人李玉甫，戰死北門。蘇昇，傾家招兵，力戰兵死。人稱太和節義爲獨盛云。

時賊黨李仁、黑虎陷羅平，州人定雄所千户李國材、張鴻謨，管操百户顧紳，城守不支。國材命妻王，子調元、育元，婦吴、彭，十二人經死。國材等北拜自焚死。

蒙化亦陷，邑人陳于宸，字葵若，萬曆三十五年進士，授巴縣知縣，嚴正不阿；，左廷皋，字對揚，光禄卿重子，崇禎十三年進士，授兵部主事；，宣大成，字遇明，太學生，歷永興知縣、吉安同知，皆致仕家居，刃死。陳懷瑾，字輯瑞，諸生，城守被執，刎死；，子廷式，字玉楷，爲僧曰普明，戒子孫不仕。張烈衛，千户，巷戰，賊攢矛死。宣大政，字佑明，歲貢；，徐經，字恒宇，以孝稱；，與諸生孫繩、張藻、黄圖隆，醫生薛芬，或戰死，或罵賊死。朱萬祚，貢生，子自得，年十四，皆大罵死。

鄧川陷，州人高桂芳，拒戰見執，罵賊死。

景東陷，邑人程文俊；，張命，自舍人襲百户，戰死。

姚安陷，高仕潔，馬龍人。諸生。與諸生楊必達，從沐天波楚雄討賊歲餘，戰死。

俞聯魁，楚雄人。崇禎十五年鄉試第一。永曆元年，討山寇死。

兄聯輝，隆武二年舉於鄉，文章典麗。清徵不出。

李在恭，師宗人。隆武二年舉於鄉，與父死土寇。

王金聲，浙江人。崇禎末官禄勸知州，與毛尚逵、張順運理永昌，中道遇寇，金聲失册印，尚奎再入寇中取回，已皆執死。

解士英，興化人。禄勸知州。永曆二年撒馬土寇秦邦明陷城，執脅攻武定，迫令呼城可生。大聲呼守者曰：「我爲寇脅，頸可斷，城不可開也。」繇是城得不破，遂遇害。後賀九儀平邦明，取其心膽祭之，並上其事。贈僉事。

黎雍熙、黄文達，雲州人。二年順寧土司蔣朝臣反，戰死。

許起鳳，南直人。寧州知州，執法不撓。土酋禄㝠苛索鄉兵，忌之，被毒死。

陳九蛟，昆陽人。年九十二。州人洪文彬，年九十一；與李源，皆誓不見寇，相約經死。

楊元祐，禄勸人。副貢。趙州學正。王自奇畔，見執死。

朱荃，安寧人。居趙州。自奇畔，被執飲酖死。妻陳，在南直，聞之不食死。

趙富，印江人。黑石營把總，守秀寶關。永曆二年，張先璧兵至印江，富令民出走，曰：「以一身代羣命矣。」與歐陽鈐，見執死。

黄祚承，鎮遠人。千户。死寇。

葉孝，偏橋人。義拒先璧潰兵死。

南明史卷一百八

列傳第八十四

孝友

無錫錢海岳撰

人之所重者，莫大於孝，推以爲國則忠，故先之以孝友。然或毁傷肢體，捐糜頂踵，後世或謂之愚。夫人於父母兄弟，勢危情迫，激於性天。入水不濡，入火不爇，不知有難易，孝友而已。人當國家危難，雖肝腦塗地，亦所不惜，是以成仁取義，君子許之，忠孝一也。使執此非孝，則比干剖心，屈原沈淵，皆非忠乎？自孝友之教不講，彝倫攸斁，父子兄弟間如秦、越者多矣。賈生曰：「借父耰鋤有德色，母取箕帚有誶語。」此風俗所以日媮，而可驚可愕絶無人理之事迭出。臣弑其君，必先之以子弑其父。嗚呼！可不戒哉。明重孝友，烏頭綽楔之旌，叔季不替。惜遺文淪落，杞、宋無徵，聊因舊聞所載而存。凡樂施與、重然諾，亦以爲附列云。

趙希乾　金韡　蕭雲程　曹椿　曾忠　楊嘉楨　洪孝子　陸起鵾　顏伯璟　耿燿　從子於彝　唐紹光　劉思廣　党國虎　李復新　周繼聖　任遇亨　張維德　吴威克　蔡至中　黄向堅　父孔昭　顧廷琦　李炌　劉龍光　父廷諤　錢美恭　父士驌　厲世昌　莫之永　范鋐　趙萬全　顧大觀　王原　冷日升　林偉　湯之京　劉啟印　伍就湯　伍飛翰　賴道寄　雷俊　陳有祜　樊翻　官懋勳　蕭明燦　沈萬育　李景濂　楊紹祖等　李應麒　盧必陞　嚴書開　族廷瓚　林佳　羅奇杰　孫博雅　李明性　洪孔煃　舒加冠　桂貴　黄景臻　許達　李晋福　張福　陳德　方祖　沈年　彭君宜　胡嘉瑞　朱五十　王世寧　章華　胡端友　王承祖　孔長春　華可道　蕭京　齊洪超　吴有性　張璐　張志聰　林瀾　徐國麟　全楨

趙希乾，字仲易，南豐人。父師高早卒。希乾年十七，母病，日夜禱神祈身代，不愈。往問凶吉於日者，復言不吉。希乾踟蹰不去，曰：「何以救吾母？」日者惡其煩數，曰：「危矣，剖心其可救乎！」希乾心識日者言，歸見母病益危篤，作疏告天，書遺言付仲父及弟。時日光斜照床席，寂無一人，希乾取小刀坐床上，剖胸深寸許，以手入取其心，不可得。忽風聲震颯衝其户，希乾驚疑，以爲有人至，急反刀剜其胸肉置几上，復取腸出，斷數寸。蓋人驚則心上忡，腸盤旋滿胸腹云。希乾置腸肉釜上，悶絶於床。弟妹出見釜上物，以爲希乾割股也，烹而進之。母再視希乾，血淋灕胸腹間，氣垂絶，始知其割心。城邑喧傳，聞於知縣。知縣親往視之，命醫調治。不數日，母病愈；希乾亦漸進食飲，惟胸前腸出不得納。每日子午間，腸端瀝濡濡下。月餘胸肉合，終身矢從胸上出，而穀道遂閉，飲食男女如常人。學道侯峒曾聞其事，拔充諸生，補恩貢。國變，奉母避亂山中，貧甚，賣卜以爲養。又十餘年，母壽八十餘乃卒。未十年，希乾亦卒，年六十一。

金韡，桐城人。少遭亂，陷兵中。母老，寇棄之，以韡行。脱歸，跡母不得。一日遇葦荻間，母病不得醫，危甚，涕泣無計，刲臂進，不效。聞古有割肝療者，穴其左腹指入而肝不出，又更廣之，肝以其未見，受刃焉。僞云從兵間得鹿，乞之，止不往，因以肝進。母啜少許，立瘥。時饑饉，韡一身二手，左護創，右磨麥以供。久之，母知之，持泣。母以大年終。弘光元年六月事。

同時蕭雲程，字漸于，吴江人。母鄒病，割股。及歿，廬墓。振卹族人。路振飛疏請旌，顧錫疇復列其行，命擢用，不果。

曹椿，長洲人。諸生。割股救父。弘光初旌表。

曾忠，字清輔，寧都人。諸生。母病發，奉湯藥，護起居，歷久不衰。崇禎十七年冬夜，火起中廳，忠奮起入烈燄中救母，妻楊抱子隨救夫，皆火死。明日，衆臨觀，蠲除瓦石，得其屍。忠負母於背，妻旁跪護之，莫不悼歎。知縣葉向榮親驗報，將奏聞，會南京亡，事乃寢。

其後有楊嘉禎者，宜春人。父文盛，字用蔚，工古文。嘉禎，諸生，有學行。隆武二年春，避兵山塘。兵將至，嘉禎聞，渡報父，湍急被溺，流至深處，滅頂矣，猶躍出水面曰：「速走，速走！」遂溺死。

洪孝子，佚其名，湘鄉人。業嘉子。永曆元年長沙失守，王進才潰兵掠湘西，嘉業走縠水箐中，與姊婿瀏陽胡姓者坐谷口茅舍，詗音息。業嘉有奴，不知何因憤其主，逸出故與兵遇，告曰：「從此越箐有茅舍，胡、洪身藏多金，可取也。」兵如言執二人，索金無以應，遂殺二人。有小奚奴匿草間見之，孝子時年十五。閱旬兵去，乃行哭箐中斂之。遇小奚奴，審父所繇死狀。孝子故迎勞奴，偕之歸，密白其母，泣血請曰：「兒將手刃賊，不敢不告。」母以其稚，狎其言，未應。明日，復携奴至父殯所，捽奴跪殯前，呼小奴出證之。奴諒其無能爲，謾應曰：「兵執我，不如此，死矣。」語未絶，孝子先淬一利刃藏之殯帷，至是急斫之，奴首墮，遂刲其心置筵上，退就位號泣以告復仇。母聞大駭仆，孝子掖之入，温言以慰，神色不改。孝子清羸，髮方覆額，長不及五尺；奴故獰惡，而揮刃俄頃，頭隕胸裂，人怪爲有神助。

同時，陸起鵾，安順人。父希武，安邦彦亂，一門火死。希武爲羅戎所殺；兄起鵬被掠，起鵾贖以歸。時羅戎降清，起鵾訟之理官，判罰金。一夕，伺入城，誅之，剖心以祭希武。

顏伯璟，字士瑩，曲阜人。復聖六十六世孫。性孝友，補四氏學諸生。父允紹，河間知府。值清兵至，城孤乏援，力不支，朝服北拜，闔室自焚死，贈光禄卿。伯璟與弟伯玠時家兗州，兵亦至，城將陷，兵民皆竄。伯璟體肥，不能走，伯玠掖之行，步益窘。伯璟曰：「同死無益，弟急去，猶可活也。」伯玠不肯釋，伯璟紿弟他顧，躍下城。伯玠俯視痛哭，矢及其身而卒。伯璟仆地傷左足，夜乃甦，爲邏卒所得，舁以告渠，不爲屈。渠驚異，問之，則復聖後也，遂延留帳前。有被掠者偶語，曰：「昨見城中婦女十數輩，邏卒驅以走。中一婦不肯行，卒反刃擊其臂，臂折猶罵不已，卒殺之牆下。有媪過之，指曰：『此顏氏婦也。』」伯璟曰：「得非吾婦朱乎？」告其渠，跡之果然。蓋刃傷已四日矣。驗其息，猶未絶，載之還，復活。已聞河間陷，長號，力請於渠，護之出軍壘，蹣跚走河間。時盜賊充斥，積日不得食，已乃卒達河間，哭其父甚哀。方其父自焚，幼弟伯珣甫六歲，僕呂有年負之出火，道中流矢死，伯珣匿民間，顧得免。伯璟既拾父遺骸，復訪得其弟，與俱還。倪元璐，其父座主也，至是道經河間，爲文以祭曰：「父忠子孝，是吾師矣。」由是伯璟之名聞一時。生平坦易，而家法嚴肅，友愛季弟，訓子孫以經義，鼓琴賦詩自娱。國變後卒。

耿燿，太康人。諸生。少從兄光受業，事之如父，凡出入起居，必咨禀而後行。崇禎十五年，李自成陷太康，燿率弟炳，輿母避河朔，貿市以供甘旨。母病，燿朝出經營，暮歸侍疾，衣不解帶者累月。母歿，扶櫬渡河，將殯於祖塋。會高傑兵亂，道梗，燿出入兵刃間，挽車以葬，不怵也。

從子於彝，光子，有學行。光卒未葬，值太康陷，居民逃竄，於彝獨抱父柩號泣不去。賊大至，怵之曰：「汝獨不畏死耶？」推墮城下，傷腰膂幾死。越三日，賊退，踉蹌歸家，以土掩柩而後去。時歲大祲，人相食。邑令魄穀四十斛，悉推其餘以振貧人。年八十二，無疾而終。耿氏以孝友名世，子孫守其家法。中州稱禮讓者，以耿氏爲首。

同時唐紹光，字伯奮，固始人。父時明，鳳翔知府死難。訃至，血淚。南北道梗，徒兵戈間，扶棺及母弟歸。清欲留用，力辭，廬墓三年。清敘不應。

劉思廣，襄城人。崇禎末，父漢臣爲流寇執，思廣方十歲，號哭奔赴，父已遇害，慟哭，收父屍。賊怒，截其耳鼻，不肯去。賊憐而釋之，負父屍以歸。兄弟同居，終身無間言。有姊少寡，迎歸，撫其二子，給以田産。母歿，哀毀嘔血，遂卒。寢門外産芝三本，人咸謂純孝所感。

党國虎，富平人，崇禎末父兄爲族人所殺。少長，誘仇誅之，自首有司；令將貸之。一夕念父兄仇雪，自經死。

李復新，襄城人。崇禎末歲饑，出糴郾城，土寇賈成倫殺其父際春。衷甲日夜思報伺隙，不得。事平，偵賈成倫至，以大石擊之死。詣官請就刑，赦之。

周繼聖，字述之，長沙人。諸生。張獻忠兵至，其鄉人某故與繼聖有隙，縶其母馬、妻吴以獻，不詘，則次第殺之，闔門殲焉。繼聖力衛母，斷右腕。尋逸去，密謀聚衆復仇，斬某家三百餘人，以其首祭母。何騰蛟上其事，授教諭。繼聖痛家難，終身不仕。

同時救父者：

任遇亨，字華宇，崑山人。居千墩，有至性。澱湖錢大兵劫其父，遇亨呼天竟夕。至天明，忽奮躍持刀入兵中，負父出，身受重創，腸出於腹，竟扶父至嘉定，以壽終。

張維德，合肥人。崇禎八年張獻忠入境，執其父將殺之。維德年甫十五，延頸就刃，求代父。獻忠義而釋之。閱二十一年父卒，哀毁廬墓以終。

吴威克，歙縣人。居儀真。父華元，崇禎中遊貴州殁。凶問至，威克年十八，麻衣芒鞵，辭家還奔。行次九江，值左良玉兵東下，不得進。十七年六月，李博士頒詔四川，從之。張獻忠入蜀，黔、滇震動。李若星駐偏橋，扼五省要害；方國安屯嘗德。殘破後，涉江乏渡。一翁駕小舟至，熟視曰：「子何爲者？抑似重有哀者，子將何之？」威克泣曰：「余歙人，將求父柩於黔，失路恐客死，不得與父柩見。」翁曰：「無恐，老夫方將軍客也，可隨吾行。」至嘗德，屬副總兵王甲抵偏橋，距黔尚六七百里。王曰：「前此不能相伴矣。地險多苗，其慎之。」威克泣別，所過萬山矗立，有穴無雞，仡佬乘亂截劫，遇棺則疑藏金，必破之。威克叩頭流血，得免掠衣糧，繫錮，夜逸去。跣十五日抵貴陽，見華元柩，擗踴氣絶，經日乃蘇。徐乞募夫，跪而告曰：「吾曹遭亂，姑同寸進覓食。」衆曰：「感子誠孝，忍不助力！」於是取道遵義山中，間道無煙火，拾橡栗充食，晝則同舁棺，夜則相與擁肩露坐達旦，二十晝夜至漢陽。弘光元年三月至南京，歸葬盡禮。

蔡至中，字時卿，吴縣人。父人龍，潯州守備，討寇死羅渌洞。至中以武生隨任，得俘，親剖心祭父，三軍皆泣，乃率死士入巢求尸。時不可別，乃刺臂血爲驗，屢刺屢滴，血幾枯。最後得一顱，有紫金綱巾記在焉，心意其是，一滴血果收，遂負首歸。刺血上書，巡撫以聞，贈人龍遊擊。卒以悲成疾，終喪養母不出，人曰孝子。永曆三年卒。

黄向堅，字端木，吴縣人。父孔昭，字含美，崇禎六年舉於鄉，授大姚知縣，遷江西道御史，從□知城守，國變阻兵不得歸。向堅孑身往尋之，以家事付其妻曰：「此行不見父母，不歸也。」族黨皆阻之，不聽。已出門，遇客之舊往滇者，詢之，告以道里遠阻，瑶、僮險惡，復泥之。卒奮然往，一蓑一笠。越關數百重，將及滇。時兵戈未靖，滇人訝其形容衣服不類，疑爲諜。告以實，痛哭如嬰兒，衆乃釋之。至白鹽井，遇父母及從弟向嚴，俱無恙，喜極哭失聲，蠻人皆爲感動。踰年得歸。歸時途中，與弟親扶籃轝，怡怡如也。始永曆五年十二月，迄七年六月，往返二萬六千餘里。

顧廷琦，字佩堅，長洲人。諸生。父繩詒，以仁壽知縣死難。亂定，廷琦黧面赤踝，前後歷四寒暑，始得扶櫬歸。中間川水暴漲，幾死；絶粒數日，幾死；遇盜劫，幾死；臨穹崖絶巘，墜深淵，幾死；而卒不死。方之成都時，無有知其父瘞處者，呼號路側，誓不欲生。由遵義民展轉訪詢，始得諸龍腦橋側，廬墓數月。往返六萬四千餘里，抵家鬚髮白矣。

同時李炌，字介臣，無錫人。崇禎末，父死於兵，自積骸中刺臂血徧滴，得骨歸葬。

劉龍光，字蓼蕭，長洲人。諸生。父廷謂，字懷忠，官益府長史，國變道梗。龍光始以鄉試歸，兵後不知父母存殁，日夕涕泣。家故貧，徒往建昌。時益府舊人無在者，禱於張令公之神，夢中若有告以石漈者，然不知所謂。久之，遇一尼，云石漈爲閩、粵交界處，今官道阻兵，間詣七日可達。龍光乃冒死穿藤峽、一綫天，踰白石嶺，高萬仞，螘旋而上，血漬雙足。過山麓，得微徑，俯視山下有村，村中板屋三楹，流泉汩汩鳴石上。龍光心動，謂得毋即石漈乎？叩其户，則母管出焉，喜極而哭。問父所在，則先二年殁，殯板屋中，又大哭。村民聞之，皆來觀，曰：「吾鄉舊名見娘村，宋孝子王龍山見母處也。今遇子，又一孝子矣。」乃奉母扶櫬歸，孝養十餘年，母殁，以哭母得心疾，終其身。

錢美恭，字西侯，會稽人。父士驌，字房仲，天啟七年舉於鄉，官陽宗知縣、嵩明知州。有子三，美恭其季也。八歲時，庶母與仲兄之官，美恭及伯兄侍母留故鄉。未幾國變，滇南道梗，伯兄亦卒。美恭欲往尋親，母曰：「空囊能行萬里乎？」美恭曰：「絶處逢生，未可知也。」遂於永曆十七年秋，由江、廣抵廣南，病痁，力疾行山徑，十步九頓。至蒙自，宿土城旅店，竟夕不寐，悲吟聲達户外。有楊姓者問之，告以故。楊曰：「是故錢牧兒耶！牧以九年卒官，葬通海南山。在滇復舉二子，今不知流何所矣。」美恭遂至通海。問南山，無知者，哭於路左。有老人曰：「君家舊僕童姓尚存，盍詢之？」至則不復識。詳告之，乃相持哭。尋謁墓南山。仲兄至，亦不相識矣。探庶母幼弟俱在。謀歸父骨，無資，寄跡僧寮，展轉丐貸，始偕仲兄負骨歸，蓋往返六年云。

厲世昌，字周鼎，會稽人。諸生。父允讓，崇禎末客南海署卒。清兵南，路梗。世昌鋭求父骨，踪跡茫然，晝夜哭，日夜禱夢。及得夢，乃凝思其境，仿佛之，果往，得棺義冢牆下，埋淺土，啟之，骨黑顱邊有髻簪，故物也。嚙指，血灑滲入，大慟，歸葬芝山。年九十三終。

邑人莫之永，字予錫。父可尚，靖江王府掾，國亡音絶。之永年十八，孑身赴八百里無人烟，幾爲狼虎賊害，流離萬狀，卒歸父棺。母終，廬墓。

范鉉，父通判四川死。鉉尋父於江安怡樂莊，得父殯。崇禎十四年歸，而瀘州陷，莊人盡死，鉉脱歸。十六年再入川，而李自成兵入又往，張獻忠亂蜀又往，左兵東下，俱不得前。尋復覓扇估入川者偕行，至江西而西南兵去，哭曰：「三入川，卒不得，天乎！」嘔血歸。既老，傭書得值往，去殯三十五年。旬日得故棺，硃識尚存。

越萬全，父應麟，儒而貧，出遊四方，值國變，阻兵不得歸，轉徙他鄉以殁。萬全幼，數從母問父所在。及長，遂辭母獨行求父，度淮，歷燕、齊、楚、豫、秦、隴，日不再食，謳號於塗。初，萬全將出，懼不審父狀，張牘書應麟名及鄉里年歲容貌，揭於背以行。久之，抵馬邑。有張文義者聞之，亟走視，誦所書牘，曰：「吾幸識而翁。翁客遊無所寄食，嘗爲我授書。吾哀其死，瘞而封之。」萬全聞言，號而仆絶復蘇者數，乃負骨歸。以教授供其母。母亡，得合葬，廬冢上三年。

顧大觀，字君達，年十二，父死客，乃走萬里，扶喪歸。大風作，鄰舟盡覆，仰號風止。事母極色養，與弟友愛終身。

時又有王原者，文安人。父珣，崇禎時以役重出亡。原稍長，從羣兒學，有嘲其無父者，歸問母，母告其故，大悲。既娶婦，乃辭母求父去，足跡半天下，乞食充腹，跣步重趼，至見骨。一日，渡海至田横島，假寐神祠，夢至一寺，已在輝縣帶山，有寺曰夢覺。原心動，曰：「吾夢豈至是徵耶！」詢之，父果在，已爲僧。乃抱扶慟哭，相將歸里，夫妻子母復聚焉。

冷日升，益都人。諸生。父元植，崇禎末與次子日晟遊嶺南，國變絶消息。永曆時，間至肇慶。久之，聞父歿龍州。溯牂牁上，路出石門，幾死於虎。歷南寧、遷隆、思明，行五千里，乃龍州。客有言日晟客遷隆者。遷隆地近分茅，古銅柱界也，歧路旁皇。訪之無耗，又至明江。有蔡、鄭二客者，曾識元植龍州，與葬師譚遇。譚，元植所善也，俱抵龍州北門，荒冢不辨。市人嚴世隆見之，嘆曰：「余與子弟交，翁葬，余爲助，不在此而在東郊。葬後安南内犯，弟病，不知所終。」因述元植音容及斂時衣悉。遂於交帶橋得父冢。發視，衣未灰，與嚴言符，乃負父骸歸。

林偉，字堅之，閩縣人。父公衡，貢生，官南寧通判，永曆中卒北鄉。有從西粤至者，言不一。偉爲之廢食，決計往尋，隻身間入南寧。偏叩有司故老，無知者。屈曲行山穴中，金盡力罷，夜宿天鏡山，投僧薙髮。僧愕然曰：「公孝子也。」予十金，令行脚，指示途徑。行百武，有亭半傾，中有木主，字不可識。拭塵土，見「南寧林六」字，偉狂號曰：「父在此矣。」

抱主返庵，途遇老翁，聞偉語言，曰：「子閩人耶，胡至此？」偉告以故，翁泣曰：「吾亦閩人，祖孫客此三世，亂不得歸。聞明季有官南寧者，歿北鄉柳坡，鄉人德而祀之，其即而父耶？」偉伏地哭，往驗封土隆然，諏日啟土，負骨歸。計其行二萬里、千四百日。友聞而哀之，助之葬。偉工文詞山水篆隸，不求仕進。閱月，舟至延平津，失足水死。

同時石埭湯之京，八歲母歿，廬墓，董其昌書「孺慕」二字贈之。天啟中父歿，再廬墓，得旌。國亡後去家，不知所終。

江陵劉啟印，字夢錫。父蔚，峨眉典史，死難；母陳氏。啟印至雅州，聞母爲尼萬縣象鼻山已五十年，備歷險艱，卒見母，昇母歸。年八十一卒。

寧化諸生伍就湯，事親孝，義舉，以行誼稱。國亡不出户。

恩貢伍飛翰，以孝聞。清取孝子授官，不赴。

諸生賴道寄，字惟中。父天祚，寧番經歷，卒官，萬里歸喪。事母孝。哀憤涕泣吟咏，抑抑終。

雷俊，母徐病革，兵至，一邑人走，峻守不去，卒無恙。

侯官陳有祜，字君吉，性穎異博洽。母疾，割肝者三。後與孫學稼、陳希友隱武夷山。

福清樊翻，字逸少，隆武二年舉天興鄉試。刲股療母，居喪六年，不酒肉、入室。

邵武諸生官懋勳，字德甫，舉孝子。

泉州安海蕭明燦，生而父歿。永曆九年，鄭成功墮城，方五歲，與母相失。叔祖攜之承天。少長，知失母，行求漳、泉不得，乃與家人訣曰：「此行不見母，不歸也。」渡海至閩，遇鄭成功族人洽，母依居，大喜，迎歸，備極孝養，里人稱之。

沈萬育，字和卿，嘗熟人。南京亡，負母避兵於野。遇兵奪其糒，母固不與，兵怒將殺之，萬育泣而求代，並得免。鄰人失火。延母寢，母疾方劇，不可以遷，萬育號痛呼天，風反火息。母年八十餘，疾危篤，割股以進，弗瘳。夢緋衣神告曰：「疾非五藥所能治也。醫淩某在雙林，速致之。」淩至，以針達之，霍然愈。萬育性好義，建橋梁，施棺槥，隱居以終。

時事親孝者：

李景濂，字亦周，鄞縣人。四歲喪母，踰年父娶何氏。父死家貧，何欲守節，媒固奪之。景濂聞，潛偵人於道錐之，馳歸母，前拜哭陳故。母大慟，奉父主，誓相依終。景濂自是刻苦事母，得其歡心。何性嚴，每不怡，則長跪請責。母疾，親滌中裙厠牏，七年如一日。及歿，廬墓三年，作嗚嗚泣。故工詩，國亡棄儒爲醫，年八十六卒。

楊紹祖，無錫人。諸生。事父母有至性。崇禎末，舉賢良方正，親老不赴。巡撫祁彪佳又以道明德立、足表人倫薦。同邑秦孝維，字善先，廬墓三年。與龔廷祥、高明珸友好。二人歿，晦迹斗山。

李應祺，昆明人。清兵入，與父相失，略至迤東，乞食歸。母喪，勸父再娶。後母遇之虐，賣卜以養。失後母意，笞楚跪受杖，後乃被逐，事父母益謹。出佃人，田方耕，聞母病，輟耕求醫。後母生三子，友愛無間。後母久乃悟，善視焉。

盧必陞，字寀臣，紹興山陰人。生有異敏。年九歲，父芳患病，思得蟛蜞炙。必陞潛携筐，採諸沙口，爲潮所没，得漁者救以竹筏，筐終不釋手，而蟛蜞滿其中。仲父茂無子，以必陞爲後。南京亡，茂從事義師，不知所往。必陞奔覓諸暨山中，晝循林箐，夜則崎嶇山谷，伏屍枕籍，驚跣疾奔，兩足爲沙石所齧，血縷縷漬地，行跡皆赤。遇一僧，憐之，挾與俱，遇虎，匿高樹，虎竟不犯。閲數月，得奉父以歸。已而山寨四起，茂陷兵營，必陞往，贖以金，不應，繞岸哭三日，夜不絶聲，兵感動，爲引至父前。兵脅以刃，必陞冒刃叩頭流血。忽狂風疾雨，舟幾覆，兵震駭，乃得釋。茂既被創，病日臻，必陞日夜侍側，以兩手摹患處。茂歎曰：「人摹我痛，痛在我身。汝摹我痛，痛在汝身。」先是，茂妻徐有女，忌必陞爲後，分其資，嘗遣盜要於路，擊之垂死，遇救得免。或勸訟李。曰：「吾自出後來，蒙母恩育十有年，母止一女，不忍以此傷母心。」上書自白，謝不敏遇盜，不及他。後徐亦感悟，年七十四而終。

嚴書開，字三求，歸安人。父爾珪，字琢如，天啟二年進士，官海門知縣、禮部郎中、廬州知府、廣東參議副使，以剿撫功，升江西布政使。書開八歲能屬文，崇禎六年舉於鄉。洪偉，其座師也，北京陷，以抗節死。書開聞之慟哭，將往經紀其家。會丁母憂，居喪愈哀毀。服闋，乃走昌平，謁思陵，刲牲列祭，哭盡哀，守陵較尉嘆曰：「咫尺京都，明之貴人達官無一停驂者，子何人斯而哀若是！」既歸，杜門不出，與里中遺老爲問道社，研濂洛之旨，旁及兵刑、錢穀、屯田、水利諸學可裨世用者。其同年生陳名夏、龔鼎孳皆降清，方貴顯，遺書勸出，書開堅拒之。性孝友。父嘗臥病，百藥弗效，沈思曰：「其殆中粵蠱乎？」即裹糧踰五嶺，求靈草，旁皇山澤無所得，號泣於道，恍惚似有人告以九華山者。返至山，遇異人，授以方，疾果愈。撫庶弟如子。歲凶，出家財三千金，爲貧者輸逋賦，倣范莊義田贍族人。永曆十二三年間，海上師起，邑中大姓爲羣不逞所持，輒詆爲通海，甚者殺戮、流塞外。書開家故饒，坐是大困。邑令强之就試，宗人或怖之曰：「子不出，禍且及宗。」書開稱疾。晚結廬皋亭山，山人衲子相攜，徘徊澗壑，往往經歲，不歲卒。

族人廷瓚，父時敏。族子暘，以姑爲温體仁妻，怙餘勢，時敏斥其非，暘擠之水死。少長，聞狀，訟暘論斬，又以賄免。一夕，斧裂暘首死。後死於獄。

同時林佳，字瀚海，海陽人。父户部尚書熙春，永曆中謚忠宣。佳以任子恩貢，授户部主事。帝幸桂林，佳家居。城再陷，清兵入，抱其父柩不去。兵以柩中或有珠貝，必開之。佳固以身護，死不可。兵怒，殺佳。

羅奇杰，懷集人。諸生。事母孝，每晚衣冠省拜床下。母病，親嘗糞污，浣衣滌器。母殁，年九十三，泣血廬墓三年。李仲熊表其門曰「孝行可風」。

孫博雅，字君僑，容城人。奇逢子。幼端重，不苟嬉笑。北京亡，棄舉子業，絶意仕進。奇逢遷蘇門，博雅獨留，貧無以炊，賒柿餅以供母，徒奉至蘇門。母病，不交睫、不解帶者三旬餘。及卒，爲孺子泣，三年不見齒。奇逢年漸高，偕兄弟朝夕上食，夜則更卧床前，候其欠伸，未嘗頃刻離。時從奇逢遊者日衆，有數百里、數千里至者，博雅設榻供食，各得其宜。清詔舉山林隱逸，以父老力辭。無何父卒，偕兄望雅、弟韻雅廬墓三年，哀毁骨立。博雅，德器純粹，與人交，和易可親。見人一善，贊不去口。人有過，不顯言，間引一二古語相感發，聽者聳然，多見省改。韻雅，坐義師事被逮，繫刑部獄凡五年，將遠徙，博雅具槖饘以從，病致藥餌，更周卹其同繫者。家故貧，竭産供弟。故交所贈遺，皆拒不受。同難有械繫者，博雅以蹇驢讓之，徒步烈日，兩足皆腫。嘗遇暴風雨失道，幾溺死。飢渴困頓，遂病，每假寐，口中喃喃，皆韻雅事也。頃之，竟不起。彌留猶張目曰：「吾弟免未？」遂卒。不數日，韻雅事解，竟免流徙。

同時李明性，字洞初，蠡縣人。諸生。國亡不入城市，顔其齋曰「主一」。性篤孝。其父春秋高，日必五六食。明性率其婦馬雞鳴起，盥漱問安。每食，必手捧持之；自奉糠粃不繼。嘗侍疾數月，衣不解帶。居喪，屏酒肉，不入中門。晨興，必上冢號泣，六年如一日。時奇逢講學蘇門，刁包聚生徒里閈，明性獨篤行卻講，期爲有用之學。顔元揭其姓氏座上，出入拱揖。卒隱居以終。

洪孔煃，字景宿，晉江人。孝友。清兵掠其兄劫質百金，孔煃贖之代死。

舒加冠，字君錫，武岡人。孝友。卒年九十三。

桂貴，字天士，慈谿人。貢生。篤孝友。授經外郡，挾父母像俱，饌至，必祭而食。有受業師九，執友一。於其卒後，寒食督子孫負壺具徧祭諸墓，爲封土。女兄適魏，貧而寡，往省，即親取姊厠牏滌之，復代之任舂焉。魏居魏家橋，距貴居二十里。姊年九十，貴亦八十餘矣，魏家橋人無日不見其再三至也。初，畢十臣爲慈谿知縣，以童子試首拔貴，德之甚。清康熙中，十臣年九十矣，貴自家治餅餌果蓏之屬，擔往爲壽。行至江西，遇吴三桂兵起。清兵怪其貌，執至軍門。布政使姚啟盛知其故，義之，釋縛資行。至則燃燭列果案，坐十臣南面而自拜堂下。十臣舉家出拜之，留月許歸。貴年九十餘，無疾終。

黄景臻，字楚玫，邵陽人。慷慨負氣，嘗破産救人急而不使人知。永曆元年，王進才屯寶慶，殺掠之慘，北鄉爲甚。景臻百計調護，孑遺少甦。知縣丁宜仁，前知府永祚子。永祚有惠政，宜仁棄城來依，景臻剖宅居之，贍養備至，久而不倦。所居在小灘萬山中，兵不至；以宜仁故，欲得而甘心，環搜四十日，室十火，不悔，奉宜仁益謹。先，宜仁以數千金寄之，爲宜仁僕所匿。事平，發之無有，乃舉債還之。會所匿者出，景臻盡畀宜仁。入清，散金結客，將圖恢復，未幾卒。

許達，無錫人。馬世奇僕。國變，世奇迴復中堂，口喃喃，將圖自殉。達進曰：「僕不敢强，然願從死，不令翁獨。」世奇矍然曰：「烈哉，我久未知達。」突有甲士二人入掠，達怒，大呼排之去，還謁世奇曰：「今日之事，一母宜先之矣。」世奇妾朱、李死，世奇命市棺，饒其一，謂曰：「汝爲了我。」遂以司經局印授之間上行在。世奇投繯，達亦欲就磬，顧三死者，忽曰：「吾死，死者安所歸？」因止不死，斂畢，護柩南歸。史可法重勞苦，達曰：「不死愈於死矣。」達葬世奇畢，從容再拜，自經墓樹死。

李晋福，景州人，諸生趙尊譜僮。清兵至，與遵譜爲遊騎所掠，數日潛歸，告家人，復從遵譜出塞。兵斫遵譜幾死，晋福負歸，裹創乃愈，歷艱險，三年始抵家。

張福，江都人。黄國相僕。揚州陷，國相死兵，福項被刃，喉未殊，脅下亦創，從屍中手奉首，扶服奉主媪避匿。主媪以弱篾支其首，數日勢定，創少愈。聞小主繫南京，福行乞偏走諸營，於牧場得之，負歸，黄氏母子復聚。福終老其家。

邑人陳德，姚惠僕。城陷，惠子嘉禪被執，德偵求遇之，伺間解縛自係俘中，守者訶不似，曰：「毋多問，願以身代。」乃死。

方祖，蕭山人。何氏僕。何二世爲御史，富，祖積錢若干。何落，出諸僕，祖亦以例出，乃事營販數年，得田園，仍歸何。江上潰，何氏走，祖力請保輜重第宅不去。兵屠城，凡以僕守家而告其主所者則釋，祖卒不告死。

沈年，海鹽人。澉浦吴氏僕。母死於兵，終生蔬食泣下。

彭君宜，嵩滋人。崇府世僕。荆州陷，諸僕亡，君宜獨與主儼鑰避黄潭，以死相隨。儼鑰尋死，君宜事主母陳，幼主尊湝。尊湝窘，二人以君宜質銀店。君宜留心藝術，積資贖身，即佐尊湝，傾銀爲生理，賴以成家；陳亦以全節終。

邑人胡嘉瑞，伍氏僕。寇至，伍餘一子翼成，甫二歲。羣奴奪財物，欲殺之。嘉瑞語妻羅曰：「事急矣，不走且殆。」乃溺己女，負翼成入山。隆武二年，寇入山，擲翼成溝中脅羅，不屈死。嘉瑞覓屍瘞之，負翼成之永定，爲縫工以養，歷八年歸，翼成已十餘歲矣。嘉瑞終不娶，以報羅卒。後嘉瑞爲合葬，置祭田五十畝。

朱五十，江陵人。舉人朱瑀僕。瑀錢帛出入悉付之經紀，妻子無知者。崇禎末，寇攻荆州，主僕被執，過夷陵，瑀死於道，泣而厝之，脱歸覓瑀眷，告主死，且言窖金百兩當取付主母。無何，金至，主母勞以酒食。哽咽曰：「所以偷生歸者，以主母無安置，窖金未付耳。今既得所，何忍獨活，而令主地下無侍乎！」號泣終日，不食死。

邑人王世寧，諸生王克奇僕。克奇幼喪父，惟世寧是依。兵亂，負克奇走，傭工奉之。事定返里，爲克奇延師課讀成名。卒年八十五。

章華，公安人。某氏僕。父死於兵，兵欲以爲子，肉啖之。曰：「汝殺吾父，吾忍食殺父者手中食乎！」寇怒逐之，哀毁死。

胡端友，長沙寧鄉人。劉光初僕。光初妻胡遇兵，以幼子託，力奔得脱。事平，茹苦教育成立。

王承祖，劍州人。御史梁之棟僕。蜀亂，之棟子田璧知不免，以五歲子繩武托承祖夫婦，後田璧一門死。承祖負繩武及己子走。兵追及，棄己子，匿繩武巖穴中得脱，負之乞食山中。亂平出，爲之婚娶教育，入清舉於鄉。

孔長春，珙縣人。范學文僕。從主患難不去。亂定，力田積金，獻主佐衣食。後不知所終。

華可道，邛州人。貢生華璸僕。璸死蜀亂，可道負其幼子以瑀及己妻子至南橋，度不全，去妻子，負以瑀走。亂定，力田教以瑀成立。以瑀以兄事之。請再娶，不可。卒年八十餘。

蕭京，字正夫，閩縣人。諸生。善書古文。從黄州學官胡慎庵學醫，得其術，與齊洪超、吴有性、張璐、張志聰、林瀾、徐國麟、全楨齊名。崇禎七年，八閩大疫，里多舍病者去。曰：「是等骨肉於行道也，不仁甚矣。」因親調藥餌救之。其後家人歸，見之多愧容。永曆元年，福京受圍六月，忽得諜言，城民通鄭成功。清撫欲詰户籍而盡殺外出者之家，京不得已，説總兵張應夢止之，一城獲全。未幾卒。

洪超，字儀魯，閩縣人。諸生。以醫救世。貧者與藥，不受值，鄉人稱曰「仁醫」。

有性，字又可，吴縣人。隱洞庭山。著瘟疫論，爲瘟疫專門之始。

璐，字路玉，長洲人。亦隱洞庭山，著書。

志聰，字隱庵，錢塘人。弘、隆、永世，談醫者歸之。

瀾，字觀子，錢塘人。諸生。工文章，通醫壬遁風角。

國麟，字遂生，鄞縣人。通經史，研精醫術。就診者，徧大江南北。晚遁於詩酒。著軒岐學海，論者謂爲萃千古醫學之大成。

禎，鶴慶人。推醫國手。劉文秀胃病，延治候脈，已撮湯藥付之，曰：「服當大痛。夜半痛止，則病永不作。」文秀服之，少頃痛不可忍，怒殺之。夜半病止，精神爽健，始憶禎言，無及矣，悔甚，歸殯旌門，厚卹其子以謝。